한국 복지자본주의의 역사

서울대학교 아시아연구소총서
모노그래프시리즈 6

한국 복지자본주의의 역사

자산기반복지의 형성과 변화

초판 1쇄 발행 2018년 4월 25일
초판 2쇄 발행 2019년 11월 20일

지은이 김도균
펴낸이 오세정
펴낸곳 서울대학교출판문화원

출판등록 제15-3호

주소 08826 서울 관악구 관악로 1
대표전화 02-880-5252 | 팩스 02-889-0785
도서 주문 02-889-4424, 02-880-7995
이메일 snubook@snu.ac.kr
홈페이지 www.snupress.com

ISBN 978-89-521-2001-4 94330
978-89-521-1413-6(세트)

이 연구는 서울대학교 아시아연구소 신진학자저술지원사업연구비에 의해 수행되었음.

서울대학교 아시아연구소총서
모노그래프시리즈 6

한국 복지자본주의의 역사

자산기반복지의 형성과 변화

김도균 지음

서울대학교출판문화원

A History of Welfare Capitalism in South Korea

Emergence and Change of the Asset-based Welfare

Dokyun Kim

Seoul National University Press

머리말

이 책은 필자의 박사학위 논문「한국의 자산기반 생활보장체계의 형성과 변형에 관한 연구: 개발 국가의 저축동원과 조세정치를 중심으로」를 수정·보완한 것이다. 필자가 대학원에서 공부하던 때는 외환위기 이후 사회적으로 복지에 대한 관심이 빠르게 증가하던 때였다. 마침 한국 복지국가의 성격을 둘러싼 논쟁도 활발하게 이루어지고 있었기 때문에 자연스럽게 복지국가에 관한 연구들을 접하게 되었다. 하지만 관련 논문과 책을 읽어도 그동안 한국 사람들이 어떻게 사회적 위험에 대처하면서 살아왔는지, 왜 한국은 서구와는 다른 경로를 거쳐오게 되었는지 여전히 잘 이해되지 않았다.

결국 필자는 한국 복지자본주의의 특징을 어떻게 규정하고, 그것의 역사적 기원을 어떻게 설명할 수 있을까 하는 문제와 씨름하게 되었다. 필자의 박사논문은 이러한 질문들에 대한 나름의 고민의 산물이다. 한국 복지자본주의의 특징을 자산기반복지로 규정하고, 그것의 역사적 기원을 산업화 시기 국가의 저축동원과 조세갈등을 통해 설명해보고자 했다.

한국은 국가가 금융통제를 바탕으로 신용을 적재적소에 배분한 결과 경제성장에 성공한 것으로 잘 알려져 있다. 필자는 박사논문에서 이러한 주장의 진위 여부까지 다루지는 않았다. 다만 국가의 금융통제와 신용할당이 국민의 일상생활과 분배 갈등에 어떤 영향을 끼쳤는지 분석했다. 산업화 시기에 국가가 자본동원을 위해 끊임없이 저축을 장려하고, 저축 장려를 위해 가정생활의 깊숙한 부분까지 개입해 들어갔다면, 이러한 국가의 행위가 한국 복지자본주의의 경로 형성에 결정적인 영향을 미쳤던 것은 아닐까, 한국은 민간보험에 대한 의존도가 높다고 하는데 이러한 현상은 거슬러올라가면 산업화 시기 국가의 저축 장려 및 저축동원과 밀접한 관련이 있는 것이 아닐까 하는 생각이 들었다.

조세 문제도 마찬가지다. 보편적 복지가 가능하려면 이를 뒷받침할 수 있는 국가의 과세역량은 필수적인 전제조건이다. 하지만 한국은 조세부담 수준이 낮은 대표적인 국가들 중 하나다. 필자는 이러한 낮은 조세부담도 산업화 시기 국가의 저축동원전략과 관련이 있다고 생각했다. 산업화 과정에서 즉 증세가 번번이 정치적 저항에 부딪치는 상황에서 민간저축의 동원이 증세에 대한 부담을 우회할 수 있는 길을 제공해주었던 것이 아닐까 생각했다. 그래서 필자는 산업화 시기 국가의 저축동원전략이 어떻게 저부담-저복지라는 경로를 형성하고, 이것이 민주화와 세계화를 거치면서 어떻게 변해왔는지를 살펴보게 되었다.

산업화 시기 국가의 독특한 자본동원전략을 통해 한국 복지자본주의의 기원을 설명하는 방식은 복지 오리엔탈리즘을 극복하는 데에도 중요한 함의를 지닌다. 일반적으로 동아시아 복지국가의 저발전을 설명하기 위해 아시아적 가치나 국민성이라는 문화적 요인에 기대는 경우가 많다. 반대로 아예 동아시아적 특수성을 부정해버리는 경우도 많다. 이 두 견해와 달리 필자는 한국 복지자본주의는 독특한 역사적 맥락을 지니고 있으되, 그 이유는 문화적 요인 때문이 아니라 산업화 시기의 정치경제 상황이 서구와 매우 달랐기 때문이라는 점을 강조하고 싶었다.

서구 유럽은 세계경제와 근대 국가간 체계가 형성되는 와중에 산업화와 민주화를 동시에 겪었기 때문에 사회적 위험에 대처하는 수단들도 시민권을 강화하는 방식으로 발달해왔다. 하지만 동아시아의 경우 이미 형성된 유럽 중심의 질서에 편입해 들어가야 하는 상황에서 국가의 역할이 매우 달랐다. 산업화를 통한 근대화가 가장 시급한 과제였으며, 특히 산업화 과정에서 자본 부족 문제를 해결하는 것이 국가의 가장 중요한 역할 중 하나였다. 국가가 저축을 장려하고, 가정경제에 깊숙이 개입해 들어갔던 것은 이렇게 국가가 처한 국내외 상황이 서구와는 달랐기 때문이라고 할 수 있다. 이처럼 필자는 서구와 동아시아는 문화적 차이 때문이 아니라 근대국가의 형성 과정 및 그 과정에서 국가의 역할이 달랐기 때문에 국가와 사회가 관계 맺는 방식, 그리고 사회적 위험에 대처하는 방식이 매우 다를 수밖에 없었다는 점을 지적하고 싶었다.

한국이 산업화를 본격적으로 추진한 지도 반세기가 넘었고, 민주화에 성공한 지도 30년이 흘렀다. 하지만 이 책에서 필자는 과거에 형성된 제도와 관행이 여전히 현재 진행형임을 강조했다. 자산기반복지가 여전히 중요한 사회적 규범이자 가치로 작동하고 있다는 것이다. 비록 한국은 복지국가 이륙에 성공했다는 평가를 받지만 여전히 사람들은 자신들의 노후를, 그리고 사회적 계층 상승을 부동산에 의존하고 있는 것이 현실이다. 이러한 점에서 지금까지 한국 복지자본주의가 걸어온 길을 되돌아보는 것은 유의미한 작업이라고 할 수 있을 것이다. 한국 복지자본주의의 미래는 결국 과거의 역사와 현재의 선택에 의해 좌우될 것이기 때문이다.

이 책이 나오기까지 많은 분의 도움을 받았다. 무엇보다도 필자의 박사학위 논문을 지도하고, 책 출판까지 신경을 써주신 임현진 선생님이 아니었으면 이 책은 나오기 힘들었을 것이다. 또한 논문 심사를 맡아주셨던 서울대학교 사회학과의 송호근 선생님과 장경섭 선생님, 중앙대학교 사회학과의 신광영 선생님, 연세대학교 행정학과의 양재진 선생님의 날카로운 지적은 논문을 가다듬고 발전시키는 데 많은 도움이 되었다. 이 자리를 빌려 임현진 선생님을 비롯하여 심사위원 선생님들께 감사의 말씀을 드린다.

이 책의 출판을 지원해준 서울대학교 아시아연구소에도 감사의 말씀을 드린다. 필자의 박사논문을 연구소의 모노그래프시리즈로 출판할 수 있게 해주신 박수진 소장님과 출판 과정을 도와주신 공석기 박사님께 감사드린다.

박사 졸업 이후 공동연구의 기회를 제공해주신 SSK 복지국가연구팀 선생님들께도 감사의 말씀을 드리고 싶다. 한국의 복지국가 연구를 대표하는 선생님들과 함께 할 수 있었던 것은 필자에게 더할 나위 없는 행운이었다. 이러한 기회가 아니었다면 문제의식을 가다듬고 박사논문을 수정·보완하는 작업은 엄두도 못 냈을 것이다. 정무권 선생님, 김태일 선생님, 최영준 선생님, 이주하 선생님, 정혜주 선생님, 안종순 박사님께 감사드린다. 더불어 이 책은 2017년 대한민국 교육부와 한국연구재단의 지원(NRF-2016S1A3A2923475)을 받았음을 밝힌다.

일본 교토대학교 사회학과의 오치아이 에미코(落合惠美子) 선생님께도 감사드린다. 필자는 10년 전에 교토대학교의 Global COE 프로그램의 일환으로 1년간 일본에 머물면서 일본의 다양한 연구를 접할 기회가 있었다. 일본 연구자들의 연구를 접할 기회가 없었다면 아마도 국가의 저축동원이 복지자본주의의 경로 형성에 끼친 중요성을 깨닫는 데 훨씬 오랜 시간이 걸렸을 것이다.

가족들에게도 감사의 마음을 전한다. 한국 현대사의 굴곡을 거쳐오신 아버지와 어머니는 한국 복지자본주의의 산증인이기도 하다. 가족이라는 안전망을 지탱하기 위해 고군분투해오신 두 분이 아니었으면 지금 이 책은 세상에 나오지 못했을 것이다. 두 분께 감사드린다. 장인과 장모께도 감사의 마음을 전한다. 두 분의 물심양면의 지원은 필자에게 큰 힘이 되었다.

아이들과 아내에게도 고마움을 전한다. 박사과정에 들어오고서도 한참만에야 논문을 끝낼 수 있었다. 큰애를 유모차에 태우고 다니면서 논문을 구상하던 때가 엊그제 같은데 그 아이가 벌써 초등학교 4학년이 된다. 막내는 초등학교에 입학할 나이가 되었다. 아이들과 함께 했던 시간들이 새록새록 떠오른다. 끝으로 아내 진하에게 고맙다는 말을 전하고 싶다. 지루했을 시간들을 옆에서 함께 해 주었기에 논문을 무사히 마칠 수 있었다. 그저 고마울 따름이다.

박사학위 논문을 끝내고도 5년이라는 시간이 흘렀다. 그동안 부족한 부분을 고치고 새로 추가한 내용도 많지만 여전히 부족함을 느낀다. 아낌없는 비판을 부탁드린다.

2018년 3월
아파트 숲을 바라보며
김도균

차례

제3장 중화학공업화와 자산기반복지의 경로 형성

제4장 민주화 이행과 자가(自家)소유자 사회의 등장

제6장 나오며

표 차례

그림 차례

제1장

들어가며

1절 문제 제기

2006년 한국사회학회 주최로 한국의 중산층 실태조사를 실시한 적이 있다. 이 조사에는 '중산층은 부동산이나 주식, 저축 등을 모두 합해서 평균 얼마 정도의 재산을 갖고 있어야 한다고 생각하십니까?'라는 질문이 포함되어 있었는데, 조사 결과 우리나라 사람들은 평균 10억 원 정도를 중산층의 기준으로 생각하는 것으로 드러났다(조동기, 2008: 202). 2006년 실시한 '가계자산조사' 결과 우리나라 가계의 평균 자산 규모가 2억 8천만 원, 상위 20% 소득계층의 평균 자산 규모가 6억 원 정도였던 것을 감안하면 중산층으로서 보유해야 한다고 생각하는 자산 규모가 상당했음을 알 수 있다.

그렇다면 왜 사람들은 10억 원을 중산층의 자산 기준으로 생각한 것일까? 당시 한국 사람들이 특별히 탐욕적이기라도 했기 때문일까? 그렇지는 않은 것 같다. 그보다는 오히려 보유 자산이 10억 원 정도는 되어야 주택이나 교육비·의료비 걱정 안 하고, 자녀 결혼시키고, 노후에도 어느 정도 안정된 생활을 유지할 수 있다고 생각했기 때문일 것이다. 이런 점에서 보면 자산 10억 원은 국가복지가 미흡한 상황에서 삶의 안전장치로서 필요한 가계자산의 크기로 보인다. 비록 외환위기 이후 복지지출이 빠르게 증가해왔다고는 하지만, 아직까지 공공복지가 중산층의 기대치를 충족시키지 못하고 있는 상황이다 보니 가계자산에 대한 의존도가 큰 것이다.

이 글은 제목이 말해주는 것처럼 한국 복지자본주의의 역사를 자산기반복지(asset-based welfare)라는 관점에서 설명한다. 가계가 보유한 금융자산이나 실물자산을 복지대체수단으로 활용하는 것을 자산기반복지로 규정하고, 한국 복지자본주의가 산업화 이후 자산기반복지를 중심으로 발전해온 과정을 살펴본다. 그리고 민주화와 외환위기를 거치면서 국가복지가 성장해왔지만, 체제적 수준에서 보면 여전히 자산기반복지가 지배적인 규범으로 작동하고 있음을 보이고자 한다.

그동안 한국사회에서 가계자산이 복지대체수단으로서 맡아왔던 역할은 매우 크다. 대다수 한국 사람들이 결혼 준비를 위해, 주택 구입을 위해, 자녀교육을 위해, 노후 대비를 위해, 건강이나 불의의 사고에 대비해 열심히 저축해왔다는 점에서 알 수 있듯이, 가계저축은 사회적 위험에 대처하는 수단으로 중요한 역할을 담당해왔다. 외환위기 당시 공적 복지가 미흡했음에도 불구하고 위기에 효과적으로 대처할 수 있었던 것도 사실은 가계저축이라는 안전장치가 있었기 때문이다.[1]

가계가 보유한 실물자산의 중요성도 컸다. 최근 주택연금에 대한 관심이 급격히 증가하고 있는 현실이나 또는 주택을 보유한 은퇴세대가 부동산 시장의 등락에 일희일비하는 것을 보면 주택자산이 복지대체수단으로서 매우 중요한 의미를 지니고 있었다는 사실을 새삼 실감할 수 있다. 이것은 가계자산이 삶의 안정성을 확보하는 중요한 수단으로서 공적 복지의 공백을 메우는 역할을 해왔다는 것을 보여준다.

1 당시 한국은 가계저축률이 세계 최고 수준이었는데 실직 위기에 처했을 때 상당 규모의 가계저축을 활용할 수 있었기 때문에 사회적 파국을 모면할 수 있었다.

그런데 이렇게 복지대체수단으로서 가계자산의 중요성이 매우 컸음에도 불구하고 자산기반복지라는 관점에서 한국 복지자본주의의 역사를 설명한 연구는 없다고 봐도 무방하다. 사람들이 왜 그토록 열심히 저축을 했는지, 왜 그토록 부동산에 집착할 수밖에 없었는지, 그 과정에서 국가는 어떤 역할을 했는지 주목하지 않았던 것이다. 부분적으로 생명보험이나 민간연금에 대한 관심은 있었지만 다목적적 안전망으로서 가계저축 자체에 대한 관심은 미흡했다. 주택·부동산과 복지의 관련성에 대한 연구는 더더욱 미흡하다. 부동산과 관련한 다양한 연구가 있지만 자산기반복지라는 관점에서 주택·부동산의 문제를 다룬 연구는 소수에 불과하다.

이렇듯 복지국가의 연구에서 가계자산의 역할을 소홀히 다루어온 주된 이유는 가계자산과 복지의 관계가 모호하기 때문이다. 가령 기업연금이나 퇴직금은 공적 복지와 직접적 대체관계에 있기 때문에 민간복지의 대표적인 수단들로 설명하기가 쉽다. 하지만 노년기 임대소득을 목적으로 주택이나 부동산을 구입한다면 이것은 복지 수단인가 아닌가? 더구나 한국사회에서처럼 주택이나 부동산이 투기나 불평등 문제와 얽히고설켜 있다면, 주택·부동산은 복지 수단이라고 할 수 있는가 없는가? 또는 개인연금은 세제 혜택을 많이 받는 금융상품인가 아니면 복지 수단인가? 생명보험이 아니라 단순히 은행에 정기예금을 적립하고 있다면?

이러한 모호함 때문에 그동안 복지국가 연구들이 가계자산을 복지대체수단으로 다루기 쉽지 않았다. 비단 이러한 연구 경향은 서구도 마찬가지다.[2] 그럼에도 이 글은 자산기반복지가 한국사회의 대표적인 민

2 복지국가 연구를 대표하는 에스핑-안데르센도 주택 소유는 노인가구에게 중요한 소득원이자 소득보충 효과가 있다는 점을 인정하지만(Esping-

간복지 수단의 하나로서 한국 복지자본주의의 성격을 규명할 수 있는 핵심 고리라는 점을 강조한다. 그동안 가계자산이 사회적 위험에 대응하는 수단으로, 그리고 삶의 안전장치를 마련하는 수단으로 적극 활용되어왔기 때문이다. 특히 삶의 안전장치로서 가계자산이 중산층의 정체성을 형성하는 데 결정적인 역할을 해왔다면, 자산기반복지는 한국 복지자본주의의 성격을 이해하는 핵심 고리로서 연구될 필요가 있다.

자산기반복지는 세계화와 고령화의 맥락에서도 그 중요성이 증가하고 있다. 피어슨은 세계화에도 불구하고 복지국가는 축소되지 않았다고 주장한다. 신자유주의 개혁이 거셌던 대처(M. Thatcher) 시대의 영국이나 레이건(R. Reagan) 시대의 미국에서도 복지지출은 줄지 않았다는 것이다(Pierson, 1994). 하지만 최근에는 복지국가의 상대적 축소를 강조하는 경향이 강하다. 피어슨의 지적대로 공적 복지 자체는 축소되지 않았을지 모르지만, 새로운 사회적 위험들에 대처하기 위해 민간복지의 비중이 급격히 증가했다면, 복지국가가 상대적으로 축소되었다고 평가할 수 있다는 것이다(Hacker, 2005). 더구나 2008년 금융위기 전후로 주택자산이 중요한 이슈가 되면서 주택과 복지국가의 관계에 대한 관심도 증가하는 추세다. 고령화 시대에 공적 소득보장을 보완하는 수단으로서 주택자산(housing as welfare)에 대한 관심이 증가하고 있는 것이다(Ronald, 2008).

한국도 이러한 흐름에서 예외라고 할 수 없다. 한국은 외환위기 이후 복지 관련 지출이 빠르게 증가하면서 세계화에도 불구하고 공적 복

Andersen, 1990: 102), 대체로 복지국가 연구에서 주택은 주거복지(housing welfare) 차원에서만 간간이 다루어져왔다. 그래서 주택은 복지국가 연구의 사각지대(wobbly pillar)라는 평가를 받곤 한다(Torgersen, 1987; Malpass, 2008).

지가 확대된 예외적 사례로 주목을 받았다. 하지만 자산기반복지라는 관점에서 보면 한국은 복지국가 발전의 예외적 사례라기보다는 자산기반복지의 대표적 사례에 더 가깝다. 여전히 내 집 마련이 삶의 최우선 규범으로 작동하고 있는데다, 공적 복지가 미흡한 상황에서 최후의 안전망으로서 집이라는 부동산 자산에 거는 기대도 여전히 크기 때문이다. 오히려 가진 건 집밖에 없는 고령자들이 증가하고 있다는 점에서 자산기반복지 규범은 예전보다 더욱 강화되고 있다고 볼 수 있다.

복지대체수단 혹은 기능적 등가물(functional equivalent)로서 민간복지의 비중은 복지자본주의의 체제적 성격을 규정하는 핵심 요소라고 할 수 있다. 복지국가의 일차적인 목표는 시민 개개인이 시장에 의존하지 않고도 품위 있는 삶을 영위할 수 있도록 안전망을 제공하는 데 있다. 이것이 바로 복지국가의 탈상품화(decommodification) 효과다. 하지만 탈상품화 정도는 국가마다 다르며, 탈상품화 정도에 따라 민간복지의 역할과 비중도 달라지는 경향이 있다.[3] 민간복지의 비중이 복지자본주의의 체제적 성격을 보여주는 핵심 지표로 간주되는 이유는 이렇게 민간복지의 비중이 공적 복지의 탈상품화 정도와 불가분의 관계에 있기 때문이다(Esping-Andersen, 1990).

그렇다면 우리는 한국 복지자본주의의 변화 양상도 이러한 공공과 민간의 복지 혼합, 그리고 민간복지의 역할과 비중의 측면에서 바라볼 필요가 있다. 특히 한국사회의 대표적인 민간복지라고 할 수 있는 자산기반복지의 변화 양상에 주목할 필요가 있다. 복지지출의 증가나 복지정책 차원의 변화만 봐서는 한국 복지자본주의의 전체적인 변화 양상

3 공적 복지가 잔여적이고 탈상품화 정도가 낮을 경우 민간복지에 대한 의존성은 증가하는 반면, 공적 복지가 보편적이고 탈상품화 정도가 높을 경우에는 민간복지에 대한 의존성이 낮은 것이 일반적이다.

을 파악하기 힘들다. 공적 복지가 증가했더라도 민간복지에 대한 의존성이 여전히 크다면, 단순히 공적 복지가 확대되었다고 해서 이를 체제 수준의 변화라고 평가하기는 어렵기 때문이다. 더욱이 그동안 자산기반복지에 대한 의존성이 컸고, 세계화와 고령화의 압력으로 자산기반복지의 중요성이 증가하는 상황에서는 더욱더 공사복지혼합의 변화 양상에 주목할 필요가 있다.

이런 맥락에서 이 글은 자산기반복지의 형성과 변화라는 관점에서 역사적으로 한국 복지자본주의가 산업화, 민주화, 세계화를 거치면서 어떻게 변해왔는지를 살펴보고자 한다. 자산기반복지의 형성을 산업화 시기 국가의 저축동원전략을 통해 설명하고, 자산기반복지가 민주화와 세계화를 거치면서 경로의존적으로 변화되어가는 양상을 추적한다. 이 글은 민주화와 세계화를 거치면서 공적 복지가 확대되어온 것은 맞지만, 여전히 자산기반복지가 지배적인 규범으로 작동하고 있는 가운데 공적 복지가 확대되어왔다는 점에서 한국 복지자본주의는 중첩(layering) 발전의 양상을 보이고 있다고 주장한다.

2절 기존 연구의 한계

한국 복지자본주의가 자산기반복지를 중심으로 발전해온 과정을 설명하기 위해, 이 글은 산업화가 복지자본주의의 형성에 미친 영향을 상당한 비중을 할애해서 다룬다. 하지만 산업화 시기 자산기반복지의 형성 과정을 살펴보기 위해 지금까지의 연구들과는 달리 한국 복지자본주의의 역사를 사회정책이나 경제성장 중심으로 서술하지 않는다. 오히려 사회정책이나 경제성장 측면만 봐서는 한국 복지자본주의의 성격을 제대로 설명할 수 없다고 보고, 조세정책과 사회정책, 금융정책의 관계가 역사적으로 발전해온 과정을 비중 있게 다룬다. 이 글이 굳이 '복지국가의 역사'가 아니라 '복지자본주의의 역사'라는 제목을 선택한 이유도 한국사회에서는 사회정책보다는 사회정책 이외의 수단이 더 중요했다는 점을 강조하기 위해서다.

서구의 경험에 비추어볼 때 복지국가 혹은 복지자본주의의 역사는 대체로 사회정책의 역사이기도 하다. 사회정책이 사회적 위험에 대응하는 대표적인 정책 수단이기 때문이다. 이런 이유로 우리의 경우에도 복지국가 연구자들은 산업화 시기 사회정책의 역사에 주목해왔으며, 그 덕택에 우리는 산업화가 한국 복지자본주의의 발전에 미친 영향을 보다 잘 이해할 수 있게 되었다(김병섭 외, 2015; 김태성 · 성경륭, 1993; 양재진 편, 2008; 송호근 · 홍경준, 2006; 안상훈, 2010; 정무권, 1993; 1996).[4]

그럼에도 이 글은 사회정책만으로 한국 복지자본주의의 역사를 설명하는 데에는 분명한 한계가 존재한다는 점을 강조한다. 왜냐하면 우리의 경우에는 사회정책이 선언적인 수준에서 형식적으로 도입된 면이 강하고, 복지지출 또한 극도로 억제되어왔기 때문이다. 그러므로 당시의 사회정책이 실제로 유의미한 복지 수단으로 활용되었다고 보기는 어렵고, 이런 이유로 사회정책의 역사만 봐서는 실제로 사람들이 산업화의 충격을 어떻게 감당해왔으며, 사회적 위험을 어떻게 받아들이고 극복하려 했는지, 국가는 어떤 방식으로 대응하려 했는지를 충분히 설명했다고 보기 어렵다.

사회정책을 아예 경제성장으로 대체해버리는 설명들도 마찬가지다. 상당수 연구자들은 한국은 산업화 시기에 경제가 매우 빠르게

4 현재의 건강보험, 산재보험, 국민연금 등 주요 사회보장제도는 모두 제도적 뿌리가 산업화 시기에 있기 때문에 사회정책의 역사에 대한 연구는 한국 복지자본주의를 이해하는 데 매우 중요하다고 할 수 있다.

성장했기 때문에 사회정책 같은 건 불필요했다거나 기껏해야 부차적인 문제에 불과했다고 주장한다(Deyo, 1992; Holliday, 2000; Haggard and Kaufuman, 2008).

하지만 이러한 견해는 경제가 아무리 빨리 성장하더라도 산업화의 충격은 결코 무시할 만한 수준이 아니었다는 사실을 간과한다. 산업화 시기 인구의 도시유입에 따른 주거문제와 도시빈곤 문제는 심각한 사회문제였고, 실업률이 낮았다고는 하나 상당수의 노동자들은 저임금의 불안정한 일자리에 고용되어 있었다. 안정된 일자리에서 일하는 경우에도 고도성장이 수반하는 초인플레이션 때문에 실질임금은 하락하기 일쑤였다. 이것이 산업화 과정에서 한국사회가 그토록 심각한 갈등을 겪을 수밖에 없었고, 국가가 항구적으로 투쟁적인 시민사회를 마주해야 했던 이유다(Koo, 1993). 이러한 사실들에도 불구하고 마치 경제가 전부였던 것처럼 설명하면 결국 우리는 산업화가 복지자본주의의 형성에 미친 영향을 과소평가하게 되고 만다.

사회정책도 아니고 경제성장도 아니라면 우리는 산업화 시기 대안적인 복지 수단들의 성장 과정에 주목하지 않을 수 없다. 사실 한국 복지국가 연구에서 대안적인 복지 수단을 강조하는 것 자체는 새로울 것이 없다. 오히려 많은 연구가 그동안 국가복지의 대체수단으로서 민간보험이나 기업복지, 가족이 맡아왔던 역할을 강조해왔고, 이러한 대안적인 복지 수단들을 한국 복지자본주의의 중요한 특징으로 지적했다(김정한 · 박찬임 · 오학수, 2004; Woo, 2004; 남찬섭, 2008; 조영훈, 2009; 류진석, 1997; Kim, 2010; 최균, 1992; 정무권, 2007).

가령, 민간보험 등 시장복지의 역할이 크다는 점에서 우리나라의 복지체제는 자유주의 유형에 가깝다는 주장도 있고, 복지공급에서 가족의 역할이 컸다는 점에서 보수주의 유형에 가깝다는 주장도 있다. 두 가지 모두가 중요했기 때문에 우리나라의 복지체제는 아예 자유주의적 요소와 보수주의적 요소가 섞여 있는 혼종형에 해당한다는 견해도 있다(김연명 편, 2002). 이러한 주장들 모두 사실 그동안 사회정책의 공백을 메워왔던 대안적인 복지 수단들의 중요성을 강조한 것에 다름 아니다.

그럼에도 지금까지의 연구들이 갖는 한계는 이러한 복지대체수단들이 역사적으로 어떻게 발달해왔는지, 그 과정에서 국가는 어떤 역할을 했는지 충분히 설명하지 못하고 있다는 점이다. 그리고 그 결과 사회적 위험을 둘러싼 공공과 민간의 복지혼합이 어떻게 제도화되고, 어떻게 변해왔는지 여전히 규명되지 않고 있다는 점이다.

먼저 민간보험 문제부터 살펴보자. 대부분의 연구들은 한국사회에서는 그동안 국가복지가 미흡했기 때문에 민간보험 시장이 성장했다고 설명한다(조영훈, 2009). 일리 있는 지적이다. 하지만 국가복지가 미흡하다고 반드시 민간보험 시장이 성장하는 것은 아니다. 민간보험 이외에 다른 대체수단들이 발달할 수도 있으며, 아예 대체수단이 없을 수도 있다. 그러므로 우리나라에서 민간보험 규모가 커지게 된 것을 복지공백의 당연한 결과로 간주해서는 안 된다. 더구나 매우 권위주의적인 국가주도 산업화 과정에서 자유주의적 성격이 강한 제도와 규범이 형성되었다면 그 이유가 무엇인지를 설명할 필요가 있다. 즉, 한국 복지체제의 성격을 자유주의로 규정하기 전에 먼저 산업화 과정에서 민간보험 시장이 성장하게 된 역사적 과정은 무엇인지, 이 과정에서 국가는 어떤 역할을 했는지 구체적으로 설명할 필요가 있다.

가족의 역할도 마찬가지다. 한국사회에서 그동안 가족이 핵심적인 복지공급자의 역할을 떠맡아왔다는 사실을 부정할 사람은 없다. 그런데 가족의 역할이 너무나 결정적이다 보니, 대부분의 연구들은 이를 유교적 전통이나 문화의 영향으로 치부해왔다. 아시아 국가들은 가족의 가치를 중시했다는 것이다. 하지만 전통적으로 가족의 가치를 중시하지 않은 나라는 없으며, 지금도 대륙 유럽의 복지국가는 가족주의적 성격이 강하다. 반대로 산업화의 충격으로 전통적인 가족주의가 붕괴되는 경우도 있다.[5] 이것은 젠더 연구가 강조하는 것처럼 산업화 이후의 가족 혹은 가족주의란 적어도 국가정책과 떼어놓고는 이해하기 어렵다는 사실을 보여준다.[6] 그러므로 단순히 가족의 역할이 중요했다고 강조하는 것만으로는 부족하고, 산업화를 거치면서 가족주의가 어떻게 지속되어왔는지, 가족주의를 지탱해온 경제적 토대는 무엇이었으며, 국가의 역할은 무엇이었는지를 설명할 필요가 있다.

복지국가를 연구하는 대표적인 연구자 중 한 명인 스카치폴(T. Skocpol)은 비교연구가 무미건조한 비교를 넘어 긴장감을 가지려면 개별 사례의 독자성을 분명히 설정할 필요가 있다고 지적한다. 왜냐하면 개별 사례의 독자성이 드러나지 않는다면 비교연구를 통한 이론적 확장이 어렵기 때문이다(Skocpol, 1992; Weir, Orloff, and Skocpol, 1988). 하지만 그동안 한국 복지국가 연구들이 과연 얼마나 한국 사례의 독자성에 충실했는지는 의문이다. 주로 사회정책의 형식적 · 제도적 측면에만 주목하거나, 아니면 경제성장이 전부였다는 식의 설명이 대부분이었다. 또는 복지대체수단의 발달에 주목한 경우에도 그것이 어떻게 중요한 역할을 하게 되었는지 그 역사적 과정을 설명하지는 못했다. 이로 인해 산업화가 한국 복지자본주의의 형성에 어떤 영향을 미쳤으며, 초기의 제도 형성이 민주화와 세계화를 거치면서 어떤 변화를 겪어왔는지에 대

5 가족사회학 연구들은 산업화로 전통적인 가족주의가 붕괴하면서 가족이 맡아오던 복지공급자로서의 역할이 약화되는 사례들을 보여준다(Aboderin, 2003).

6 젠더 연구는 그동안 전통적인 성별 역할 분담으로 인식되온 것들이 사실은 국가정책과 불가분의 관계에 있다는 점을 보여주었다. 우리가 당연시하는 가족주의나 여성의 역할 규범이 사실은 근대국가의 제도적 실천의 결과라는 것이다(Pierson, 2006; O'Connor, Orloff, and Shaver, 1999; Lewis, 1992; Orloff, 1993).

한 연구는 공백으로 남게 되었다고 평가할 수 있다.

3절 이론적 배경

1. 발전국가의 재정사회학

그렇다면 한국 복지자본주의의 역사를 어떻게 설명할 수 있을까? 한국 복지자본주의가 자산기반복지를 중심으로 발전해온 이유는 무엇인가? 이 글은 산업화 시기 후발 국가의 독특한 자본동원전략이 자산기반복지의 형성에 결정적인 영향을 미쳤다고 주장한다.

일반적으로 서구의 복지국가가 성장하게 된 배경으로 산업화나 노동계급의 성장, 사민주의 정당의 등장과 함께 현대적인 조세체계의 구축이 언급된다(Steinmo, 1993). 왜냐하면 복지국가가 지속되기 위해서는 이를 뒷받침할 수 있는 안정적인 재원조달이 필요하고, 이를 위해서는 사회와 갈등을 유발하지 않으면서도 막대한 세금을 거둬들일 수 있는 국가의 과세역량이 필수적이기 때문이다. 이런 점에서 현대적인 조세체계의 구축은 복지국가 발달의 전제조건이라고 할 수 있다. 즉 아무리 노동운동이 활발하고 사민주의 정당이 집권하더라도 현대적인 조세체계가 갖추어지지 않은 상황에서는 복지국가의 성장을 기대하기 어려운 것이다.

그런데 한국은 복지국가 발달의 전제조건이라고 할 수 있는 이러한 조세제도의 구축 과정이 서구와는 매우 달랐다. 무엇보다도 산업화 시기에 국가가 조세 대신 민간저축을 재정자금처럼 활용할 수 있었다는 점에서 차이가 있다. 한국은 산업화 초기 심각한 자본부족 문제에 직면했는데, 이를 해결하기 위해 외자유치뿐만 아니라 내자동원에도 사활을 걸었다. 내자동원을 위해 국가가 나서서 저축캠페인을 벌이는 등 가계저축을 장려해왔으며, 이렇게 저축된 민간자금을 정책금융을 통해 산업 부문에 할당했다. '발전국가(developmental state)'의 역할을 강조하는 우-커밍스(Woo-Cumings, 1999) 같은 연구자는 "금융은 발전국가의 신경이다"라고 할 정도로 경제발전 과정에서 국가의 자본동원전략, 즉 금융통제와 정책금융을 통한 신용할당 전략의 중요성을 강조한다(Stiglitz and Uy, 1996; Vittas and Cho, 1996; 김상조, 1991: 248-256).

그렇다면 이렇게 국가가 민간저축을 재정자금화하는 저축동원전략은 복지자본주의의 경로 형성과는 어떤 관련이 있는가? 만약 국가가 산업화를 추진하는 과정에서 조세수입 외에 달리 방법이 없었다면, 당연히 국민의 조세부담은 증가했을 것이다. 그리고 조세부담의 증가는 당연히 복지지출 증가에 대한 압박으로 작용했을 것이다. 왜냐하면 복지 없는 증세는 정치적으로 매우 위험할 수 있기 때문이다.[7] 반면 금융통제와 정책금융으로 금융이 재정의 역할을 대신하는 상황에서는 조세부담 수준을 낮게 유지하는 것이 가능하고, 그 덕택에 복지지출 수준도 낮게 유지할 수 있을 것이다. 즉, 산업화 시기의 저축동원전략이 저부담-저복지 체제가 형성되는 데 유리하게 작용했다고 할 수 있다.

저축동원은 국가와 국민 모두에게 조세동원과는 전혀 다른 의미를 지닐 수 있다. 우선 국가의 입장에서 보면 저축동원전략은 직접적인 과세로 인해 발생하는 정치적 부담 및 사회세력과의 마찰을 피하면서 자

7 뒤에서 자세히 살펴보겠지만, 정책적으로 임금 수준을 낮게 유지하고, 여기에 더해 심각한 인플레이션으로 실질임금이 하락하는 상황에서, 조세부담까지 증가한다면 아무리 권위주의적인 정부라고 해도 작은 복지국가를 유지하기는 어려웠을 것이다. 1970년대 후반 부가가치세 도입이 한국사회에 미친 충격은 복지 없는 증세가 정치적으로 얼마나 위협적일 수 있는지를 잘 보여준다.

금을 조달하는 매우 매력적인 수단일 수 있다(Park, 2011). 국민의 입장에서도 저축동원은 그것이 아무리 재정자금처럼 활용된다고 하더라도 여전히 재산권을 보장받는다는 점에서 조세보다 매력적일 수 있다. 즉, 민간자금의 재정자금화는 과세행위와 달리 재산권을 침해하지 않는다는 바로 그 점으로 인해 국가와 국민 모두에게 매우 매력적일 수 있다.

또한 가계저축과 같은 민간자금을 활용할 경우 국가는 반대급부로서 복지지출보다는 저축에 대한 인센티브를 제공할 필요성이 증가한다. 왜냐하면 가계저축은 개개의 규모가 영세하고 그 주체가 광범위해서 개별 저축자에 대한 세심한 정책적 고려가 필요하기 때문이다(한국은행, 1978). 따라서 국가는 저축 장려를 위해 가계의 현금흐름에 미시적으로 개입해 들어가는 한편, 가계저축과 가계의 재산 형성을 촉진시킴으로써 경제성장의 과실을 향유케 하고, 또한 자산 형성을 삶의 안전망을 구축하는 핵심 수단으로 강조하게 될 가능성이 높다.

이렇게 우리나라는 산업화 시기에 저축동원과 정책금융이라는 독특한 자본동원전략을 취한 덕택에 복지와 자본주의가 결합하는 방식이 서구와는 매우 달랐다고 가정해볼 수 있다. 국가 주도의 산업화와 저축동원전략이 조세정책, 사회정책과 맞물려 '저부담-저복지'의 복지국가 경로가 형성될 수 있었으며, 저축을 통한 자산 형성이 가족단위의 생존과 복지 욕구를 충족하는 복지대체수단으로 활용되어왔다고 추론해볼 수 있다.

하지만 지금까지 한국 복지국가에 대한 논의들은 산업화 시기의 저축동원과 금융통제 같은 금융정책이 한국 복지자본주의의 발달에 미친 영향에 대해서는 크게 주목하지 않았다. 정책금융 및 가계저축의 강조가 높은 가계저축률 및 민간보험과 같은 민간 복지 수단의 발달과 밀접한 관련이 있을 수 있음에도 불구하고 말이다. 국가 주도 산업화 과정에서 가계저축의 역할이 중요했기 때문에 국가는 다양한 세제 혜택을 주어가면서 가계저축을 적극적으로 장려했으며, 이렇게 저축을 장려하는 과정에서 가계저축과 민간보험을 대안적인 복지 수단으로 강조하는 것은 불가피했을 것으로 보인다. 하지만 그동안 복지국가 연구들은 산업화 과정에서 정책금융과 저축의 중요성을 간과했기 때문에 전반적으로 왜 민간보험과 같은 자유주의적인 복지 수단이 권위주의 체제하에서 발달하게 되었는지 설명하는 데 실패하고 말았다.

슘페터는 국가와 사회의 모든 역사가 공공재정에 그 기록을 남기며, 그렇기 때문에 재정은 사회를 연구하는 최상의 출발점 중의 하나라고 강조하면서 재정사회학의 중요성을 지적한 바 있다(Schumpeter, 1991[1918]). 이러한 재정사회학적 접근에 따르면, 조세란 일종의 사회계약으로서 사회구성원의 재산권을 침해함과 동시에 사회적 권리의 토대가 된다는 점에서 사회적 갈등과 사회적 연대가 출현하는 매우 핵심적인 장소라고 할 수 있다(Martin, Mehrotra, and Prasad, 2009).

그런데 조세를 둘러싼 권리와 의무의 문제, 그리고 국가와 사회의 관계는 한국처럼 국가가 어떤 재정전략 혹은 자본동원전략을 취하는가에 따라 매우 다르게 제도화될 수 있다. 서구처럼 조세동원의 결과 사회적 권리의 문제가 정치화되기보다는 저축동원의 결과 가족 단위의 개별화된 생존을 중시하는 방식으로 국가 · 사회관계가 제도화될 수 있는 것이다. 하지만 그동안 발전국가론은 정책금융이 국가-기업관계에 미치는 영향에만 주목했을 뿐, 이것이 국가-사회관계 그리고 시민권의 발전에 미치는 영향에 대해서는 주목하지 않았다(Evans, 1995; Chang, 2011; 김도균, 2012: 165).

이런 맥락에서 우리는 재정사회학적 관점에서 발전국가의 저축동원전략이 민주주의와 사회적 권리, 그리고 복지국가의 발달에 어떤 영향을 미쳤는지 살펴볼 필요가 있다.[8] 국가의 과세행위는 그것이 근본적으로 권리와 의무의 문제를 제기하기 때문에 매우 중요한 정치적 함의를 지닌다. 그런데 국가가 감세전략을 취할 경우 이는 의도했든 안 했든 사회적 권리와 사회적 연대의 토대를 매우 취약하게 만드는 경향이 있다(Tilly, 2007). 반대로 저축은 재산증식을 통해 개인주의나 가족주의 의식을 급속히 확산시킴으로써 사회적 연대의 기반을 축소시키고, 연대의 폭을 가족 단위로 축소시킬 수 있다. 그러므로 우리는 비교사적 관점에서 서구 유럽에서는 조세를 통한 동원이 사회적 권리의 발달과 복지국가의 등장으로 귀결되었던 반면, 한국에서는 저축을 통한 동원이 '사회적 권리 없는 민주주의'(최장집, 2005)의 경로를 형성하게 되었다는 가설을 제시해볼 수 있을 것이다.

2. 역사적 제도주의

이 글은 한국 복지자본주의가 산업화, 민주화, 세계화를 거치면서 어떻게 서구와 다른 역사적 궤적을 그려왔는가를 추적한다. 하지만 후발 국가의 산업화가 필연적으로 저축동원과 같은 금융 수단에 대한 의존성을 키우고, 이것이 다시 필연적으로 자산기반복지에 대한 의존성을 증가시켰다는 식의 주장은 하지 않는다. 왜냐하면 국가가 동원할 수 있는 재정 수단은 다양하며, 어떤 수단을 적극 활용할지는 역사적 맥락과 상황에 따라 달라지기 때문이다. 그러므로 작은 조세국가의 경로가 이미 산업화 과정에서부터 배태되어 있었다는 식의 선험적 가정은 무의미하

8 재정사회학적 연구들은 중동이나 남미 산유국, 동유럽의 체제 이행 국가들의 경우는 서구와 달리 석유나 천연가스 판매 등 비조세수입을 국가의 주된 재정수입원으로 삼아왔으며, 이러한 재정구조 및 재정전략이 국가의 자율성과 역량을 높일 수는 있지만 결과적으로 민주주의의 발달에는 부정적인 영향을 미쳐왔다는 점을 지적한다(Ross, 2001; Herb, 2005; Tilly, 2007; Brautigam et al., 2008; Moore, 2004).

고, 산업화 과정에서 조세정책보다 저축동원과 같은 금융 수단에 대한 의존성이 증가하게 되는 역사적 과정을 살펴볼 필요가 있다.

이런 맥락에서 이 글은 역사적 제도주의 접근법을 통해 한국 복지자본주의의 역사를 살펴볼 것이다.[9] 역사적 제도주의 접근에서 제도의 형성과 변화를 설명하는 핵심 개념은 결정적 국면(critical juncture)과 경로의존성(path dependency)이다(Thelen, 1999; Pierson, 1993). 결정적 국면이 제도 발생의 우발성 혹은 비의도성을 강조한다면, 경로의존성은 이렇게 우연히 형성된 제도가 지속적으로 재생산되는 과정을 강조한다. 특히 경로의존성 개념은 복지국가 연구에서 가장 중요한 개념 중 하나로 활용되어왔다.[10]

하지만 경로의존성을 강조하는 역사적 제도주의 접근은 제도 변화를 설명하기 어렵다는 비판을 받아왔다(Steinmo and Thelen, 1992). 경로의존성 혹은 정책 피드백 개념(Pierson, 1993)은 제도란 일단 한 번 형성되면 행위자의 기대와 선호에 중요한 영향을 미치고, 행위자는 이미 수립

9 제도의 형성과 변화를 설명하는 방식에는 크게 합리적 제도주의와 역사적 제도주의라는 두 가지 방법이 있다. 합리적 제도주의는 제도가 수행하는 기능을 통해 역으로 제도의 기원을 설명하는 방식이다. 제도란 합리적 행위자의 의도된 결과로 형성된다고 보기 때문이다. 반면 역사적 제도주의는 제도란 그때그때 문제를 해결하는 과정에서 우발적으로 등장하는 것이며, 행위자들의 정치적 갈등의 산물이기 때문에 행위자의 의도치 않은 결과로 귀결되는 경우가 많다고 지적한다. 이 글은 역사적 우연과 우발성을 강조하는 역사적 제도주의 접근법을 통해 한국 복지자본주의의 역사를 설명한다. 왜냐하면 서구의 경우에도 복지국가란 체계적인 설계도를 바탕으로 설계된 것이 아니라 산업화 과정에서 사회적 문제들을 임기응변적으로 대응해나가는 과정에서 출현한 것이기 때문이다. 이러한 점을 고려할 때, 한국 복지자본주의의 역사 또한 역사적 제도주의 접근을 통해 설명하는 것이 타당하다.

10 이 개념의 핵심 내용은 현재의 정책과 제도를 둘러싼 논쟁과 개혁의 방향이 사실 상당부분 과거에 결정된 정책과 제도에 의해 방향 지워진다는 것이다(Mahoney, 2000; Pierson, 2004)

된 제도에 자신의 전략을 적응시키고자 하기 때문에 기존의 제도적 질서를 강화하는 경향이 있다는 점을 강조한다. 하지만 이 경우에 경로의존성 개념은 제도의 폐기나 실패, 혹은 변화를 설명하기 어렵다는 점에서 제도적 결정론이라는 비판을 받아왔다.

사실 역사적 제도주의 관점에 따르면, 제도는 정치투쟁의 산물로서 항상 자원배분을 둘러싼 긴장을 내포하고 있기 때문에, 제도가 지속되는 동안에도 끊임없이 정치적 동원을 필요로 한다(Thelen, 1999; Mahoney and Thelen, 2010). 즉 제도는 항상 변화하는 현실을 딛고 존재하기 때문에 제도적 안정성과 재생산조차도 자동적으로 보장되는 것이 아니다. 그러므로 경로의존의 구체적 메커니즘을 좀 더 분명히 밝힘으로써 어떤 경우는 제도가 지속되는 반면, 어떤 경우는 그렇지 않은지, 그리고 이러한 메커니즘이 결정적 국면의 성격과는 어떤 관련이 있는지 등을 밝힐 필요가 있다(Collier and Collier, 1991).

역사적 제도주의 접근들은 그동안 제도변화를 설명할 수 있는 방법들을 모색해왔는데, 이 중에서 해커(Hacker, 2005)와 마호니 · 텔렌(Mahoney and Thelen, 2010)이 제시한 제도변화의 네 가지 유형이 흥미롭다. 이들은 공공정책 분야에서 과거와 같은 빅뱅 개혁이나 세기적인 정책전환과 같은 사례들은 극히 드물지만, 그렇다고 변화 자체가 미미한 수준에만 머물렀다고 보기도 힘들다고 지적한다. 이들은 제도 변화를 '제도 전용(conversion)', '제도 중첩(layering)', '제도 방치(drift)', '제도 폐기(displacement)' 등 네 가지로 구분한다.

우선 제도 방치는 기존 제도의 옹호자들이 제도 폐기를 막아낼 역량은 있지만 새로운 환경 변화에 맞추어 제도를 혁신할 능력은 없을 때 나타나는 제도 변화의 유형이다. 이 경우 기존 제도에 도전하는 행위자들은 새로운 환경에 대응하지 못하도록 기존 제도를 방치함으로써 쓸모없는 것으로 만들 수 있다. 둘째, 제도 중첩은 기존 제도의 옹호자들이 기존 제도를 방어할 수는 있지만, 그렇다고 새로운 제도의 도입까지 막아낼 역량은 없을 때 발생한다. 이 경우 도전자들은 새로운 환경에 맞는 새로운 제도를 도입함으로써 점진적 변화를 추구할 수 있다. 셋째, 제도 폐기는 기존 제도를 완전히 허무는 것으로 고전적인 빅뱅 개혁의 유형에 해당하는 것이다. 하지만 제도 폐기는 급격한 변화를 수반하는 것으로 최근의 제도 변화에 흔한 유형은 아니라고 할 수 있다. 마지막으로 제도 전용은 기존 제도의 틀은 그대로 유지하되 그 내용을 달리 해석해서 제도를 원래 목적과는 다르게 활용하는 전략을 의미한다. 이것은 도전자들이 기존 제도를 해체하기보다는 새롭게 해석함으로써 지지자들을 결집할 수 있을 때, 그리고 기존 제도의 모호성을 적극 이용할 수 있을 때 가능한 전략이다(Thelen, 2004; Streek and Thelen, 2005; Hacker, 2005; Mahoney and Thelen, 2010).

역사적 제도주의가 제시하는 이러한 개념들은 한국 복지자본주의의 형성과 변화를 분석하는 데에도 유용하다. 그동안 역사적 제도주의가 지적해온 바와 같이 서구의 복지국가란 사회혁명과 같은 급격한 사회변동의 결과로 출현한 것도 아니고, 근대화의 정해진 경로를 따라 발전해온 것도 아니다. 사실 복지국가의 등장은 아무도 예상치 못했던 현상으로서, 복지국가는 좀처럼 큰 싸움이나 거대한 계획으로 등장한 것이 아니라 복잡하고 연속적인 정치 과정의 결과였다고 할 수 있다(Boje, 1996). 그렇다면 우리는 한국 복지자본주의도 사회적 위험에 대처해온 점진적이고 우발적인 과정으로 이해하고, 산업화 이후 점진적인 변화 과정을 추적할 필요가 있다.

이런 맥락에서 이 글은 우선 산업화 시기를 결정적 국면으로 다룬다. 산업화는 불가피하게 이전에는 경험해보지 못한 종류의 사회적 위험을 초래하기 마련이다. 이것이 그동안 대부분의 서구 복지국가 연구들이 산업화와 복지국가 출현을 동일시하지 않을 수 없었던 이유다. 반면 우리의 경우에는 산업화 시기에 과연 복지라고 할 만한 것이 있었나 싶을 정도로 공적 복지가 미흡했기 때문에 상대적으로 산업화 시기에 대한 관심이 낮았다. 하지만 분명한 사실은 이 시기를 공백으로 남겨두면 이후의 복지자본주의의 전개 과정을 이해하기 어렵다는 점이다. 왜냐하면 우리의 경우에도 산업화는 결정적으로 중요한 시기로서, 이 시기에 한국 복지자본주의의 중요한 특징들이 갖추어지기 시작했고, 이것이 결국 한국 복지자본주의의 역사에 지울 수 없는 흔적과 벗어나기 힘든 경로를 형성했기 때문이다.

다음으로 산업화 시기에 형성되기 시작한 복지자본주의가 민주화와 외환위기를 거치면서 어떻게 변화해나가는지 추적한다. 우리의 경우에는 산업화가 복지자본주의에 미친 영향에 대한 연구가 충분히 진전되지 못했고, 이로 인해 민주화 혹은 외환위기를 단절적인 계기로 보고 그 이후의 복지국가 등장을 설명하는 경향이 있다(Haggard and Kaufman, 2008). 하지만 이러한 단절적인 설명은 마치 복지국가가 백지상태에서 출현한 것 같은 인상을 주고, 산업화의 유산을 간과하게 만든다. 그러므로 산업화가 복지자본주의의 경로 형성에 어떤 영향을 미쳤는지 추적함으로써 민주화 이후 복지자본주의를 제도 변화라는 관점에서 살펴볼 필요가 있다.[11]

한국 복지자본주의의 혼종성(hybridity)을 강조하는 견해들은 암묵적으로 이러한 혼종성은 복지제도가 미성숙해서 나타나는 현상이기 때

11 물론 대부분의 연구들은 산업화 시기 형성된 사회정책의 특징이 복지국가 발전에 미친 영향을 강조한다(Haggard and Kaufman, 2008; Peng and Wong, 2008). 하지만 공사복지혼합의 관점에서 전체적인 변화 양상을 보여주지는 못하고 있다. 그 결과 한국 복지자본주의의 역사를 공적 복지의 확대 과정으로만 보게 되어 공적 복지와 민간복지를 둘러싼 정치적 경합관계와 다이내믹스를 보여주지는 못한다.

문에 독자적인 복지 모델이라 하기 어렵다고 보고, 결국 시간이 흐르면 자연히 사라질 성질로 간주하는 경향이 있다. 한국 복지자본주의의 중요한 특징으로 지적되는 자유주의나 보수주의적 특징들은 아무런 역사적 맥락도 없이 중구난방 식으로 뒤섞여서 발전해온 것에 불과하다는 것이다. 하지만 이러한 혼종성은 거슬러 올라가 보면 산업화 시기에 뿌리를 두고 있는 것으로서, 이것은 한국 복지자본주의가 강한 경로의존성을 지니면서 재생산되어왔다는 것을 보여준다. 이런 점에서 한국 복지자본주의를 자유주의적 요소와 보수주의적 요소가 단순히 병렬적으로 나열된 것으로 설명하는 것은 문제가 있다.

그렇다고 이 글이 한국 복지자본주의의 형성 과정에 어떤 대단한 계획이나 원리가 존재했다고 주장하려는 것은 아니다. 다만 여기서 강조하고 싶은 것은 유럽처럼 우리도 복지자본주의가—비록 사회정책을 중심으로 한 것은 아니지만— 산업화의 복잡하고 연속적인 과정의 결과로 제도화되어왔다는 것이다. 서구의 복지국가가 산업화 과정에서 발생한 문제들을 해결해나가는 복잡하고 연속적인 과정의 결과로 등장했듯이 말이다. 이렇게 후발 국가의 독특한 발전 경험에서 기인하는 독특한 재분배 정치의 양상에 대한 분석은 그동안의 서구 중심의 복지국가 논의에서 벗어나서 한국의 재분배 정치의 독특성과 정치적 동학을 이해하고, 앞으로 제도 변화의 방향을 예측하는 데에도 도움이 될 것이다.

4절 글의 구성

이 글은 한국 복지자본주의가 자산기반복지를 중심으로 발전해온 과정을 사회정책, 조세정책, 금융정책이라는 세 가지 구성요소를 중심으로 설명한다. 특히 조세정책과 금융정책이 복지와 자본주의를 연결하는 핵심적인 고리이자 자산기반복지를 설명하는 핵심정책임을 강조한다. 시기적으로는 한국 복지자본주의의 역사를 1960년대 산업화 시기부터 외환위기 이후 2000년대까지 세 시기로 구분해서 살펴본다.

2장은 배경적 논의로서 1960년대 산업화가 본격적으로 추진되면서 자본동원 수단으로서 저축동원전략이 채택되는 과정을 살펴본다. 1절에서는 후발 국가가 산업화 초기에 직면하는 어려움으로 자본부족 문제와 자본동원의 특징을 살펴보고, 2절에서는 1960년대 경제개발계획 추진과정에서 저축동원의 중요성이 부각되는 맥락을 살펴본다. 3절에서는 국가가 저축장려운동을 통해 가정경제에 개입하고 생활규율을 확립해나가는 과정을 살펴본다.

3장에서는 1960년대의 저축동원전략이 1970년대의 중화학공업화와 결합하여 한국 복지자본주의의 경로를 형성해가는 과정을 살펴본다. 1절에서는 축적위기와 정당성 위기에 대한 대응으로서 유신 권위주의와 중화학공업화가 추진되는 과정을 살펴보고, 2절에서는 광범위한 소득공제제도가 재정복지(fiscal welfare) 차원에서 활용되기 시작한 계기와 부가가치세가 도입되는 과정을 분석한다. 3절에서는 권위주의 체제하에서 의료보험제도가 도입되는 반면 국민복지연금제도는 시행이 유보되는 이유를 살펴보고, 4절에서는 1970년대 저축장려정책의 일환으로 '근로자재산형성저축제도'가 도입되는 등 자산기반복지의 경로가 형성되는 과정을 살펴본다.

4장에서는 1980년대 중산층 육성전략이 1970년대의 제도적 유산을 전용(conversion)해가는 과정을 살펴본다. 1절에서는 한국 민주화 이행의 성격과 정당성 위기에 대한 대응으로서의 중산층 육성대책을 살펴보고, 2절에서는 민주화 이행 시기의 분배 갈등이 조세부담 문제를 중심으로 폭발하면서 조세부담의 하향평준화로 귀결되는 과정을 살펴본다. 3절에서는 정치적 정당성을 확보할 목적으로 도입된 사회정책이 시장순응적인 방식으로 실행되는 것을 분석하고, 4절에서는 '주택 200만호 건설' 등 내 집 마련 지원이 중산층 육성의 핵심적인 수단으로 활용되면서 한국사회가 자가소유자 중심의 사회구조로 전환되는 과정을 분석한다.

5장에서는 외환위기 이후 공적 복지의 확대와 복지재원 마련을 둘러싼 갈등, 그리고 가계부채의 증가를 중심으로 한국 복지자본주의의 변화를 분석한다. 1절에서는 외환위기로 촉발된 축적위기에 대응하여 신자유주의 구조조정과 복지 확대가 동시에 추진되는 독특한 한국적 상황을 살펴보고, 2절에서는 경제위기라는 상황과 연말정산 파동과 같은 조세저항을 계기로 관대한 소득공제 같은 기존의 제도적 유산들이 다시금 활용되는 과정을 살펴본다. 3절에서는 무상급식 논쟁을 계기로 한국에서도 복지 이슈가 선거쟁점화되는 등 복지정치가 활성화되는 과정을 살펴보는 한편, 재원 마련에 대한 사회적 합의가 부재한 상황에서 '증세 없는 복지'가 추진되는 과정을 살펴본다. 4절에서는 지속적인 복지 확대에도 불구하고 '중산층 = 자산 형성 = 내 집 마련'이라는 규범은 깨지지 않고 있는 상황에서, 외환위기 이후 금융정책의 변화로 내 집 마련의 방법이 저축 중심에서 부채 중심으로 빠르게 전환되면서 가계부채가 급격히 증가하는 과정을 살펴본다.

한국사회는 그동안 압축적 성장전략을 통해 복지문제를 해결해왔으며, 그 핵심에서 자산기반복지가 중심적인 역할을 해왔다. 비록 공적 복지가 확대되어왔지만 중산층을 복지동맹으로 끌어들일 정도는 되지 못하는 상황에서 중산층 가계는 자산증식과 재테크를 중요한 가족주의적 복지전략으로 활용해왔다. 또한 공적 복지의 확대 전략이 낮은 조세부담 및 부동산 동맹체제라고 할 만한 이해관계 및 선호구조와 충돌하면서 복지국가로의 전환을 어렵게 하고 있는 것이 현실이다.

하지만 산업화와 민주화를 거치면서 공고화된 자산기반복지라는 규범은 더는 유효해 보이지 않는다. 오히려 심각한 소득·자산불평등과 불평등의 대물림, 청년세대의 결혼·출산기피 등 심각한 사회재생산 위기를 초래하고 있다. 설상가상으로 가계부채의 급격한 증가를 초래하면서 거시경제적 불안정성도 증가시키고 있다. 강한 내 집 마련 규범과 자산기반복지에 대한 집착이 소비자금융의 확대와 맞물려 가계부채를 급속히 증가시키고 있으며, 청년세대의 경제적 독립을 더욱 어렵게 함으로써 사회의 재생산 자체를 위협하고 있다.

이 글은 한국사회가 이렇게 심각한 위기에 처하게 된 이유를 한국 복지자본주의의 역사적 발달 과정과 현재의 신자유주의 금융세계화가 결합되면서 나타나는 현상으로 설명한다. 즉 한국은 세계화 시대에 복지국가 이륙에 성공한 예외적인 사례라기보다는 신자유주의적 세계화와 친화력이 있는 자산기반복지의 대표적인 사례라는 점을 강조한다. 그리고 현재의 상황을 해결하기 위해서는 자본주의의 역사적 변동이라는 맥락에서 사회정책과 조세정책, 금융정책 간에 새로운 정책조합을 모색해야 한다는 점을 강조한다.

제2장

후발 발전과 국가의 자본동원전략

1절 발전 문제와 자본동원

제2차 세계대전 종료 후 미국과 소련을 중심으로 냉전체제가 구축되면서 신생독립국의 '발전 문제'가 중요한 이슈로 부상했다. 1940~50년대의 발전 문제란 사실상 경제성장과 동일한 것으로 인식되었고, 대부분의 발전이론은 발전을 경제적 저발전 지역에서의 1인당 소득의 증가로 개념 규정했다. 대표적으로 로스토(W. Rostow)의 경제성장 5단계론은 '발전=경제발전=경제성장'이라는 도식을 제시함으로써 신속한 산업화가 문제 해결의 핵심임을 강조했다(임현진, 1998: 169).

그런데 후발 국가들이 산업화를 추진할 때 핵심적인 난관은 낮은 저축률과 그로 인한 자본부족 문제를 어떻게 해결할 것인가에 있었다. 특히, 갈브레이스(J. Galbraith)가 제3세계 국가들이 경제발전을 성취하기 위해서는 아시아에서는 자본, 아프리카에서는 교육, 라틴 아메리카에서는 혁명이 필요하다고 지적한 바와 같이(임현진, 1987: 374), 한국은 산업화 초기에 매우 심각한 자본부족 문제에 직면해 있었다. 경제개발에 대한 광범위한 합의는 존재했지만, 경제 자체는 심각한 '빈곤의 악순환' 상태에 있었고, 게다가 미국의 원조는 계속 줄어드는 상황이었다(김정렴, 2006: 100-110; 박태균, 2007).

해법은 외자, 조세, 민간저축자금 등 가용한 모든 수단을 활용해 자본을 동원하는 것이었다. 우선 한국은 전후 냉전이라는 지정학적 조건에서 자본동원의 상당부분을 원조와 차관에 의존할 수 있었다. 냉전질서하에서 한국은 반공의 전초기지로서 매우 중요한 위치를 차지했기 때문에 미국을 비롯한 자본주의 진영에서도 한국의 경제발전은 중요한 관심사 중 하나였다. 한국은 이러한 상황을 활용해 전후 원조자금을 끌어오는 것이 가능했다. 1960년대 이후 미국의 대한정책 변화로 원조자금이 축소되는 상황에서는 원조자금 대신 유상차관 도입에 상당부분을 의존할 수 있었다(Lim, 1985; 김재훈, 1988).

원조와 차관 같은 해외저축 외에 조세제도의 정비를 통한 조세동원도 중요한 자본동원 수단이었다. 한국은 축적된 민간자본도 미흡했을 뿐만 아니라 석유와 같은 부존자원도 부족했기 때문에 비조세수입에 의지할 여지는 거의 없었다. 따라서 국가세입 증대를 위해서 국세청 신설이나 조세개혁 등 조세제도의 정비가 중요했다. 특히 당시에는 탈세와 부정부패가 심각했기 때문에 새로운 세원 개발과 탈세 방지를 목적으로 국세청 신설이 시급했다(김정렴, 2006: 155-158).

마지막으로 외자 및 조세수입과 함께 중요했던 자본동원 수단은 민간저축이었다. 발전국가론자들이 지적하는 바와 같이 한국은 민간자금을 국가가 통제하기에 매우 유리한 조건들을 갖추고 있었다(Woo, 1991). 이미 산업화 이전 식민지와 한국전쟁 등을 거치면서 강력한 국가조직이 형성되어온 반면, 시민사회는 매우 허약하고, 토착 부르주아들은 헤게모니 계급으로 성장하지 못한 상황이었다(임현진·송호근, 1994). 게다가 5·16 쿠데타 세력은 부정축재자를 처리하는 과정에서 시중은행 주식을 몰수하고, 이를 국가 소유로 전환시킴으로써 민간금융기관을 통제할 수 있는 제도적 틀을 갖추었다. 이 외에도 산업은행을 비롯하여 각종 특수은행을 설립하여 이들이 민간저축 자금의 배분을 담당하도록 했다(김정렴, 2006; 박영철, 1984; 김병주, 2005).[1] 그러므로 소비억제와 저축

장려를 통해 유휴자본을 최대한 은행으로 흡수하고, 이를 국가가 금융독점과 신용할당을 통해 선별적으로 할당하는 자본동원전략이 가능했다(Stiglitz and Uy, 1996; Vittas and Cho, 1996; Woo, 1991; 김상조, 1991: 248-256).

하지만 이러한 자본동원 수단들 중 어느 것이 활용될지는 유동적이었다. 외자를 동원할지, 내자를 동원할지, 내자를 동원한다면 조세방식으로 할지, 민간자금을 활용할지는 어떤 정치세력이 어떤 방식으로 경제개발을 추진하는가에 따라, 그리고 미국의 개입 정도에 따라 좌우되는 것이었다.

또한 각각의 자본동원 수단들은 그 나름의 장점과 함께 한계도 분명했기 때문에 경제개발을 추진하는 과정에서 여러 가지 문제점을 드러낼 수밖에 없었다. 가령 외자는 국내적으로 축적된 자본이 미흡할 경우 단기간에 자본부족 문제를 해결할 수 있는 유용한 수단이지만, 원리금 상환부담이 클 뿐만 아니라 경제적 종속의 위험도 있었다(남덕우, 1973). 조세는 정부 수입의 가장 대표적인 형태지만 강제로 징수하며 개인의 재산권을 침해한다는 점에서 정치적 위험이 항상 존재했다. 민간저축과 같은 금융적 수단은 기본적으로 개인의 재산권을 전제하기 때문에 가장 용이하고 저항이 적은 수단이라고 할 수 있다(박영철, 1984a: 285-286; 1984b: 352). 하지만 금융적 수단은 높은 저축률이 전제되어야 하는데다 강제성이 없기 때문에 단기간에 자본동원 수단으로서의 역할을 기대하기는 어려웠다.

이렇듯 각각의 자본동원 수단이 그 나름의 장담점이 있었고, 여기

1 1954년 한국산업은행이 설립된 후, 1961년 중소기업은행과 농업협동조합중앙회, 1962년 국민은행과 수산업협동조합중앙회, 1967년 한국주택은행과 한국외환은행이 설립되었다. 그리고 1976년 한국수출입은행, 1980년 한국장기신용은행이 설립되는 등 특수은행의 설립은 1980년대까지 지속되었다(박영철, 1984: 369).

에 정치세력마다 선호하는 수단이 달랐기 때문에, 산업화 시기 자본동원전략은 하나의 정답이 존재했다기보다는 정치적 지형에 따라서, 그리고 경제개발의 성공 여부에 따라서 변하는 상황구속적인 것이었다.

2절 경제개발계획과 자본동원의 문제

1. '제1차 경제개발 5개년계획'과 내자동원의 실패

발전 문제가 본격적으로 논의되기 시작한 1950년대에 자본조달방식을 둘러싸고 두 가지 견해가 대립했다. 미국은 어디까지나 경제개발을 통해 저개발국을 자본주의 경제체제 내에 묶어두는 것이 목적이었기 때문에 한국에 외자를 이용한 수출 중심의 불균형 발전전략을 제시했다(정일준, 2004). 국내 정치세력 중에는 '사상계' 그룹과 민주당 신파가 국내 경제가 취약한 상황에서 무리한 내자동원은 국민의 희생을 동반할 수 있다는 점을 근거로 외자 활용을 지지했다. 반면 국가 주도 경제개발을 지지하는 입장은 불균형 성장에 기반한 수출 중심의 경제구조와 외자에 대한 의존도 심화는 경제적 종속을 심화시킬 수 있으므로 내자동원을 통한 수입대체 산업화와 경제적 자립을 주장했다(박태균, 2007: 51-70).

산업화와 자본동원 방식을 둘러싼 입장 차이는 4·19혁명과 5·16쿠데타를 거치면서 내자동원에 기반한 수입대체전략 쪽으로 정리되었다(기미야 다다시, 2008). 4·19혁명으로 집권한 민주당 정부는 외자를 이용한 수출 중심 발전전략을 추진했다. 하지만 5·16쿠데타로 집권한 박정희 정권은 미국의 대한경제원조정책에 비판적이었으며, 한국경제의 대미의존도가 너무 심각해서 한국 정부의 발언권이 없다고 인식했다. 또한 정통성 결여를 만회하기 위해 경제개발을 서둘러야 했기 때문에 외자를 신뢰할 만한 자본동원 수단으로 보지 않았다(김정렴, 2006). 따라서 쿠데타 세력은 자립경제의 당위성을 주장하면서 소비재 중심의 산업구조를 기간산업 중심의 산업구조로 개편할 필요성을 주장하고, 이를 위한 수단으로 내자동원을 강조했다(임현진·송호근, 1994: 186).

5·16쿠데타 세력이 내자동원을 위해 일차적으로 취한 조치는 제도금융권을 국가의 통제하에 두는 것이었다(김정렴, 2006: 113-131). 국가가 내자를 동원하는 방법으로는 국가세입, 즉 조세수입이나 비조세수입을 늘리거나 민간자본을 통제하는 방법이 있다. 그런데 정당성을 결여한 쿠데타 세력이 경제성장을 이유로 국민의 조세부담을 늘리기는 어려웠다. 또한 석유와 같은 천연자원도 전무하다시피 했기 때문에 비조세수입에 기대기도 어려운 상황이었다. 따라서 쿠데타 세력은 정치적 저항이 상대적으로 적은 민간자금을 동원하기 위해 금융통제를 강하게 밀어붙였다.

민간저축을 장려하는 캠페인이나 강제저축도 실시되었다(신영길, 2009). 금융통제가 가능하더라도 내자동원이 성공하기 위해서는 민간저축률이 높아야 했다. 그러므로 저축률을 끌어올리기 위해 저축캠페인이나 강제저축 등 다양한 방식이 활용되었다. 저축증대를 위해 차명계좌 등을 통한 예금주의 비밀보장도 허용되었다. 당시 고소득자들은 제도금융권에 저축하면 이것이 막대한 세금부담으로 돌아올 수 있다는 우려가 매우 컸다. 그러므로 이들이 보유한 자금을 제도금융권으로 끌어들이기 위해서는 금융거래에 대한 비밀보장이 매우 중요했다(김용환, 2006: 243-245; 김병주, 2005).

하지만 5·16쿠데타 직후 취한 내자동원 조치들은 인플레이션만 초래하고 모두 실패로 끝났다. 1962년 화폐 개혁을 통해 음성자금을 장기저축으로 동원하려는 시도는 예금봉쇄가 무산되면서 실패했다. 증권시장을 활성화하는 조치들도 1963년 증권파동으로 귀결되고 말았다(김정렴, 2006). 국민저축조합법의 실행 등 저축장려정책도 금리가 낮은 상황에서 성공하기는 어려웠다(박종기, 2005). 조세를 통한 재원조달 또한 조세행정 능력의 취약성과 지속적인 조세감면의 실시로 경제개발에 필요한 막대한 재원을 조달할 수 없었다(이진순, 1991: 174-175). 결국 1960년대 초반의 내자동원은 화폐 발행에 과도하게 의존하게 되면서 실패로 끝나게 된다.

2. '제2차 경제개발 5개년계획'과 자본동원 수단의 정비

1960년대 초반 내자동원과 수입대체 산업화 전략이 모두 실패로 끝나면서 '제2차 경제개발 5개년계획'에서는 자본동원 수단의 정비가 더욱 중요해졌다. 특히 경제개발계획 수립 과정에서 미국의 영향력이 커지면서 수입대체산업화에서 수출주도산업화로 전환되고, 이에 대응해 다양한 자본동원 수단의 효율화가 추진되었다(Haggard, 1990; 박태균, 2007; 기미야 다다시, 2008).

첫째, 외자도입과 관련된 제반 제도의 정비가 추진되었다. 1965년부터 미국의 원조가 종결될 예정이었기 때문에 이에 대응하여 원조에서 차관 형태로 제도 정비가 필요했다. 공공차관과 상업차관 등 해외차관의 조달을 원활하게 하기 위해 외자도입법이 개정되었으며, 일본과의 국교정상화도 추진되었다(Lim, 1985).

둘째, 조세를 통한 재원조달과 조세행정의 강화도 중요한 정책과제였다. 1960년대 중반 조세개혁 고문단으로 방문한 머스그레이브(Richard A. Musgrave)는 정부재정이 "소비억제에 의해 저축을 동원"하는 효과가 있다는 점을 강조했다. 말하자면 증세를 통해 세입규모가 늘어날 경우 민간소비는 줄어들지만, 그 대신 정부저축이 증가할 수 있다는 것이다. 반면 민간저축은 입법조치를 통해 증가시킬 수 있는 것이 아니며, 상당한 시간이 소요되는 일이기 때문에, 경제개발계획 초기에는 정부저축의 역할이 매우 중요하다고 강조했다(Musgrave, 1965: 9-15).

이러한 정책방향에 맞추어 1966년에는 국세청이 신설되고, 1967년에는 조세제도의 합리화와 세수증대를 위해 조세개혁이 실시되었다. 당시는 탈세와 부정부패가 심했기 때문에 새로운 세원 개발과 탈세 방지를 위해 국세청 신설이 중요했다(Musgrave, 1965). 이렇게 조세동원을 강조한 결과, 내국세수가 1965년부터 1969년까지 4년 동안 5배나 증가하고, 내국세의 GNP에 대한 비율이 1965년 5.1%에서 1971년 10.5%로 두 배 상승했다(김정렴, 2006: 155-158; 이진순, 1991: 177). 이것은 세계적으로도 유례가 없을 정도로 빠른 내국세 증가율이었다고 평가할 수 있다(김영호, 2002a: 169).[2]

그런데 이러한 자본동원 수단의 정비는 1960년대 후반 경기가 침체 국면에 들어서면서 한계를 보이기 시작했다. 우선 1960년대 후반에 오면 무분별한 외자도입의 문제점과 경제종속의 심화 현상에 대한 우려가 제기되었다. 특히 일본의 단기성 자본의 유입을 중심으로 무분별한 외자도입이 부실기업을 양산하게 되면서 외자도입을 규제할 필요성이 대두되었다(박태균, 2007).

조세마찰과 조세저항의 증가도 문제가 되었다. 당시의 조세행정은 세수목표액을 달성하기 위해 세수목표액을 세무서별, 담당 직원별로 할당했는데, 세수 목표를 달성하는 과정에서 세무사찰과 세무조사의 빈도와 강도가 늘어날 수밖에 없었다. 그런데 당시에는 납세자의 99%가 장부와 기장을 갖추지 않고 있어서 근거과세가 불가능한 상황이었기 때문에 인정과세가 불가피했고, 세금부과 과정에서 담당 공무

2 매일경제, "강행세정 그 문제점 과오납부 등 부작용 유발"(1970. 5. 19).

원의 재량권에 의한 자의적인 세금 부과가 비일비재했다. 게다가 세수 목표를 달성하기 위해 조상징수[3]와 같은 편법이 동원되기도 했다(김영호, 2002a; 윤건영, 1997; 이우택, 1997).

〈표 2-1〉은 1960년대 중반 국세청 신설 이후 증세 위주의 조세행정으로 인해 조세마찰의 빈도가 증가해왔음을 보여준다. 우선 징수세액에 불복하여 국세심사를 청구한 건수가 1969년을 제외하고는 매년 증가하여 1966년 9,387건에서 1970년에는 1만 7,209건으로 증가율이 80%에 달했다(국세청, 1971: 250). 실제 부담해야 할 조세규모보다 과잉 징수한 과오납의 사례, 그리고 납세자가 체납을 하는 비율 등도 지속적으로 증가했다. 이러한 조세마찰의 증가는 1960년대 후반 정부가 재정 주도의 경제개발계획을 추진하면서 개발재원을 주로 조세수입에 의존하게 된 결과 행정력 강화를 통해 조세수입을 늘리려 했기 때문에 초래된 결과였다.

1960년대 후반 조세행정의 강화로 불공평한 과세와 조세행정에 대한 불신은 점점 더 심각한 집단적 조세저항을 초래했다. 결국 이러한 증세위주 조세행정과 조세마찰은 집단적인 조세저항으로까지 이어졌다. 가령 1971년에 동대문시장 상인들을 중심으로 집단적 조세저항이 벌어졌는데, 이에 대해 경향신문은 평화시장의 조세저항은 중과세와 불공평과세 때문에 발생한 것으로서, 일방적이고 강압적인 '쥐어짜기식' 과세 행정이 한계에 봉착했다고 지적했다.[4]

3 조상징수란 내년에 받아낼 세금을 올해의 세금으로 앞당겨 받는 것을 말하는 것으로 이는 엄연히 조세법률주의를 위반하는 것이다. 이러한 조상징수 외에도 심한 경우 법인세 담당 공무원이 차용증을 써주고 돈을 빌려와 목표액을 채우는 극단적인 사례마저 등장한다(김영호, 2002a: 197).

4 신문기사 참조[동아일보, "전경련 새예산 삭감 주장"(1971. 9. 7), 매일경제, "조세저항 더 커질 듯"(1971. 8. 18), 경향신문, "조세저항 완화에 주력"

〈표 2-1〉 1960년대 후반의 조세마찰 (단위: 건 수, 억 원, %)

연도	국세심사 청구 건수	과오납금 (A)	내국세수 (B)	과오납금 비율(A/B)	징수결정 세액(C)	체납세액 (D)	체납비율 (C/D)
1966	9,387	8.73	705	1.24	742.95	59.35	7.99
1967	9,878	33.61	1,040	3.23	1,011.03	67.3	6.65
1968	14,190	44.39	1,569	2.83	1,563.76	126.76	8.11
1969	12,832	81.92	2,189	3.74	2,235.41	169.82	7.60
1970	17,209	150.76	2,838	5.31	2,968.06	271.45	9.15

자료: 국세청(1971: 64, 67, 250), 최광 편(1983: 76).

3절 저축장려와 민간저축제도의 정비

1. 저축캠페인

본격적으로 산업화가 추진되면서 외자동원과 조세동원만으로 필요한 자본을 조달하는 데에는 한계가 있었기 때문에 민간저축의 역할은 더욱 중요해질 수밖에 없었다. 하지만 저축은 조세와 달리 강제성을 수반하지 않으며 개개의 규모가 영세하고 그 주체 또한 광범위하다는 점에서 개별 가구의 자유의사에 맡길 경우 자본동원 수단으로서의 역할을 기대하기 힘들다. 반면 저축동원이 조세처럼 강제성을 띨 경우에는 조세동원과 마찬가지로 정치적 반발을 초래할 수 있다. 그러므로 저축동

(1971. 1. 28), 동아일보, "과대세수에 저항우려 전경련 긴급의견서 발표" (1971. 11. 2), 경향신문, "조세저항 위험 수위에"(1971. 9. 22), 동아일보, "경제시련에 뜨거운 논쟁: 조세저항에 혼난 국세청 고지서 들고 또 부들부들" (1971. 9. 18)].

원을 위해서는 개개 저축자에게 적절한 유인을 제공하기 위한 세심한 정책적 고려가 필요하고, 가정경제에 미시적으로 개입하여 가계 행태나 행동을 특정한 방향으로 끌고나갈 필요가 있었다(한국은행, 1978).

한국에서 국가가 저축동원을 위해 국민의 일상생활과 가정경제에 개입하는 방식은 대체로 저축장려운동, 저축계몽 및 저축교육의 강화와 같은 캠페인 방식이었다. 그 내용은 근검·절약이라는 자본주의적 윤리와 현모양처라는 근대적 성별 분업을 강조하는 것이었다. 국가는 다양한 캠페인과 계몽활동을 통해 가정경제의 모범적인 상을 제시하고, 근대적인 가정학 지식에 기초하여 의식주를 합리화하고 생활을 과학화하는 등 저축증대를 위해 생활개선을 강조했다. 또한 저축동원의 필요성으로 인해 국가경제와 가정경제가 밀접한 연관성을 갖게 됨에 따라, 국가경제와 가정경제의 매개자로서의 여성, 특히 가정주부의 역할을 강조했다.

우선 광복 후 1950년대까지의 저축운동은 대체로 민간금융기관이 주도하는 자발적인 저축운동이 중심을 이루었다. '국민저축운동추진중앙위원회'의 설치 등 국가의 지원이 수반되는 경우도 있었지만 저축운동 관련 국가의 역할은 대체로 미미했으며 대한금융단이 주체가 되어 계몽영화의 제작이나 노래, 라디오방송 등을 통한 저축계몽 활동이 주를 이루었다. 국가의 역할이 미흡했음에도 불구하고 국가는 여전히 한국전쟁 및 전후 복구 과정에서 애국주의 담론을 통해 내핍생활과 정신무장을 강조하고, '국민생활합리화 3대 목표'를 제시하는 등 국민의 일상생활을 통제하기 위해 노력했다(한국은행저축부, 1969). 또한 사회부 부녀국을 중심으로 부녀행정을 통해 국민의 의식주 및 소비를 통제하고자 했다(황정미, 2001: 117-119).

1961년 5·16 쿠데타 이후 1964년까지는 자발적 민간저축운동과 병행하여 국민저축조합제도의 실행 등 강제저축을 실시했다. 당시는

'제1차 경제개발 5개년계획' 실시를 위한 투자재원 조달이 가장 중요한 목표였기 때문에 재건국민운동의 일환으로 내핍저축장려운동이 전개되었다. 또한 재무부 이재국에 저축과를 신설해 국가 주도의 저축운동을 제도화했다(한국은행저축부, 1969; 신영길, 2009). 부녀행정에 있어서도 일반 가정주부를 대상으로 한 지도사업을 강화했다. 부녀행정은 애초부터 합리적이고 과학적인 생활방식과 규범을 여성에게 계몽하는 역할을 담당하고 있었는데, 1960년대 이후 조국근대화와 경제개발이 국가의 일차적인 목표가 됨에 따라 일반 여성을 대상으로 하는 부녀지도사업이 국가의 중요 사업으로 강화되었다(황정미, 2001).

5·16 쿠데타 이후 국가가 저축운동을 통해 가정주부를 동원하는 방식을 보면, 재건국민운동을 전개하는 과정에서 국가는 '계획경제를 실현하는 주부되기'라는 구호를 내걸고, 근검절약, 내핍생활을 강조했다. 가령 당시 대표적인 도시 중산층 여성 잡지였던 『여원』은 매월 호마다 부록으로 가계부를 실었는데, 가계부를 통한 합리적 소비생활과 검약과 저축을 실천하는 근대화된 현모양처상은 국가가 가정주부와 일반 가계를 동원하는 중요한 담론이었다. 이는 종종 국가의 운명이 주부에 의해 결정된다는 논리로까지 비약되곤 했다(김현주, 2008; 서연주, 2008).

2. 저축제도의 정비

저축 장려를 위한 소비합리화도 추진되었다. 적립식 목적신탁제를 도입하여 주택, 학자금, 결혼 등에 대비하는 생활설계를 통한 저축활동을 적극 권장해나갔다. 자립저축제도나 공무원 적금가입제도, 해외취업자 저축 의무화 등 강제성이 수반된 저축제도도 도입했다. 1969년에는 저축추진중앙위원회를 설립해 국민의 자발적 저축생활화 운동을 조직화하고, 저축계몽이나 저축교육, 저축 관련 조사연구 등을 체계적으로 실시했다(한국은행, 1972).

여성단체들은 여성저축생활중앙회(1967년 설립)를 중심으로 주부의 가계생활합리화를 통한 여성저축운동을 전개하여 가계부 사용, 소비절약을 통한 생활합리화 운동, 저축계몽지 『알뜰살림』을 발간하는 등의 활동을 했다(한국은행, 1972: 27-31). 이것은 반관반민 혹은 민간여성단체들이 국가의 부녀지도사업과 밀착되어 국가가 여성을 동원하는 중요한 기구로 기능하기 시작한 사례라고 할 수 있다(황정미, 2001: 171).

금리인상도 중요했다. 사실 산업화 초기에는 가계저축률이 너무 낮아서 내자동원 수단으로서 민간저축의 역할을 기대하기 어려웠다. 저축률이 낮은 일차적인 원인은 금리가 너무 낮다는 데에 있었다. 그래서 저축률 향상을 위해 '미국국제개발처(USAID)'의 제안을 받아들여 1965년 '저축증강운동계획'의 하나로 금리현실화 조치를 취했다(미하원국제관계위원회 국제기구소위원회 편, 1986: 251-255).

은행예금은 요구불예금과 저축성예금으로 구분할 수 있는데, 경제개발에 필요한 산업자금은 대부분 장기간의 대출이 필요하기 때문에 예금 중에서도 특히 저축성예금의 증가가 중요했다. 이것은 금리현실화를 추진했던 당시 장기영 경제부총리가 금리현실화의 경제적 목적은 내자조달에 있으며, 그중에서도 특히 저축성예금의 증가에 있음을 강조한 것에서도 잘 드러난다.

> 저축 없이는 내자조달을 할 수 없으며, 지금 우리나라의 경제정책의 제일 당면한 문제는 내자조달입니다. 이번 금리현실화는 정기예금에서 시작해서 적금으로 끝나야 되는 것입니다. 적금이 중요한 것입니다. 모세관에서 올라오는 피가, 영세한 돈이, 소득이 매달 적금으로 모여 올라오는 것이 중요한 것입니다. 적금 중에서도 불입 액수도 중요하지만 그보다 새 좌수가 얼마나 늘었느냐가 더 중요합니다. 지금 시작에 있어서

는 구좌 수가 늘어야 돼요. 계약고가 늘어야 됩니다. (장기영, 신동아 1965년 12월호 「왜 금리를 현실화했는가: 한 전철수의 백의종군담」)

1965년 금리현실화 조치로 정기예금 금리가 15%에서 30%로 두 배 증가하고, 소비합리화와 저축 장려를 추진한 결과, 예금은행 전체 예금액에서 저축성예금의 비중이 1960년대 중반 이후 급격히 상승했다. 전체 가계저축에서 저축성예금의 비중은 빠르게 증가하여 1970년대에는 60~70% 수준에 달했다(그림 2-1 참조).

산업화 시기에 한국의 가계저축률이 높았던 이유로 유교적 전통이나 가치관이 강조되곤 한다. 하지만 이러한 문화적 설명은 산업화 초기 저축률이 낮았다는 사실을 설명하지 못한다. 오히려 지금까지 살펴본 것처럼 국가는 저축동원 수단으로서 민간저축을 활용하기 위해 적극적

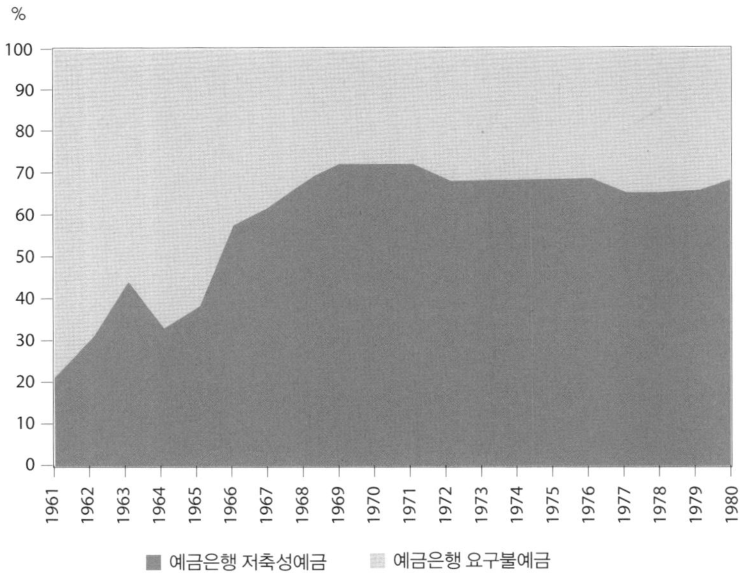

〈그림 2-1〉 저축성예금 대 요구불예금 비율

자료: 경제통계연보(한국은행), 각년도.

으로 저축을 장려하고, 저축제도를 정비해야 했음을 알 수 있다. 이러한 정책적 노력의 결과 1960년대 후반이 되면 민간저축이 자본동원 수단으로서 활용될 수 있는 조건이 갖추어지게 된다.

3. 자조적 금융으로서의 '계'에 대한 규제

국가가 저축을 동원하는 과정에서 '계'와 같은 사금융 시장의 규제도 중요한 과제였다. 왜냐하면 민간저축률이 낮은 것도 문제였지만, 이러한 민간저축이 제도금융권의 금융저축으로 귀결되지 않는 것도 문제였기 때문이다. 만성적인 악성 인플레이션으로 인해 실질금리가 보장되지 않고, 제도금융권을 통해 융자 등 소비자금융 서비스를 이용하기도 어려웠기 때문에 제도금융권에 저축을 할 유인이 별로 없었다. 따라서 일반 국민은 '계'와 같은 전통적인 금융거래를 이용해 목돈을 마련하는 경우가 많았다.

한국에서 계가 급격히 증가한 건 한국전쟁 이후다. 1953년 기준 계의 계약금 규모는 대략 100억 환 정도로 추산되었는데, 당시 금융기관 예금액 총 잔고가 166억 환이었다는 점을 고려하면, 그 규모가 매우 컸음을 알 수 있다. 1960년대 초반의 조사에서도 전국 가구의 48.2%가 계에 가입해 있을 정도로 계는 당시에 매우 일반화된 금융 수단이었다.[5] 적어도 한국전쟁 이후 계조직은 전 자본주의적 유물이거나 공동체 조직으로 평가하기는 힘들고, 화폐사회의 신용이 붕괴한 상황에서 은행을 대신한 자발적이고 자조적인 금융기구였다고 할 수 있다. 특히 주기적으로 목돈이 필요한 자녀교육비나 결혼비용, 또는 영업자금 조달을

5 당시에 사금융 수단으로서 '계'는 마담뱅크라는 신조어가 생길 정도로 일반적이었다(김현주, 2008).

위해 계조직이 활성화되었다는 점에서 계는 단순히 사치적이고 낭비적인 모임이기보다는 서민의 목돈 마련을 위한 자기방위 수단이었다고 할 수 있다(이창렬, 1970; 김삼수, 1974).

이런 의미에서 당시에 계는 공동체적 조직이기보다는 경제적 목적 추구에 더 큰 의미가 있었다. 친목이나 상호부조와 같은 이유보다는 결혼비용 및 학비 조달, 용돈 마련, 영업자금 조달 등 경제적 이유가 계에 가입하는 주된 목적이었다. 곗돈의 사용도 주로 자녀교육비와 일상적인 생활자금의 비중이 가장 컸다. 또한 계라는 조직의 특성상 계는 저축뿐만 아니라 융자의 성격이 매우 강했기 때문에 제도금융권의 대출을 이용하기 어려운 보통사람들에게 목돈 마련의 대표적인 수단 중 하나였다(이창렬, 1970: 152-159).

이렇게 계가 일반화된 상황이었기 때문에 국가 주도의 저축동원이 성공하기 위해서는 계와 같은 사금융 수단을 제도금융권으로 끌어들이는 것이 무엇보다 중요했다. 그래서 경제개발 초기에는 계가 국가경제에 해가 되는 대상으로 지탄을 받기도 했다. 은행 차원에서는 목돈 마련과 같은 계의 장점을 제도적으로 흡수하여 민간자금을 제도금융권으로 흡수하기 위한 조치를 취하기도 했다(이창렬, 1970). 또한 투자신탁이나 보험, 증권, 단자회사, 종금사 등 제2금융권을 육성하고, 이러한 제2금융권에 대해서는 금융수익을 보장함으로써 계와 같은 사금융 시장을 대체하고자 했다. 이러한 조치들은 모두 국가가 저축동원을 위해 민간의 자생적인 금융조직을 제도금융권으로 흡수하고자 한 시도였다고 할 수 있다.

4. 가정경제에 대한 국가의 개입

산업화 시기 국가 주도의 저축장려운동과 담론들은 국가가 저축동원을 위해 세밀한 사회적 '규율기제'(정용욱·정일준, 2004)와 근대적인 성별 역할 분담의 확립이 필요했다는 것을 보여준다. 가계의 저축 증대를 위해서는 일차적으로 절약과 저축, 자립과 자조 등 일상 수준의 생활태도가 매우 중요하며, 이것은 다시 자본주의적 윤리와 관습, 그리고 합리적 사고방식의 확립을 전제로 한다(Kwon, 2011). 그런데 근대화와 산업화 초기의 캠페인들이 보여주는 바와 같이 당시의 생활방식은 자본주의적 관점에서 보면 나태와 낭비가 심했다. 그러므로 전통적인 생활방식과 단절하기 의해 자립과 자조의 원칙이 강조되고 일상생활 자체가 계몽의 대상이 된다. 또한 자립과 자조, 근검과 절약이라는 사회적 규율을 확립하기 위해 무상구호나 국가 지원은 낭비적이고 비생산적인 정책으로 비판받았다(황정미, 2001: 58-59).

가정경제의 담당자로서의 여성, 특히 가정주부의 역할을 강조하기 위해 근대적인 성별 역할 분담도 중요했다. '남자=생산=일터, 여자=재생산=가정'을 강조하는 현모양처 이데올로기를 전통적인 유교문화의 유산으로 이해하는 경향이 있지만 이는 사실과 다르다. 오히려 현모양처 이데올로기는 여성을 가정의 책임자로 부상시킴으로써 수동적이고 전근대적인 지위에서 탈피시키는 효과가 있었다. 근대적인 가정학에 기반을 둔 현모양처 이데올로기는 근대 국민국가 성립 과정에서 형성된 여성근대화론이라고 평가할 수 있다(박선미, 2007; 가와모토 아야, 1999). 게다가 일상생활 수준에서 절약·저축을 담당하는 것은 주로 여성으로 간주되었기 때문에 여성은 내핍생활의 조직자이자 계획자로서 전문적인 역할을 부여받게 된다(Kwon, 2011: 171).[6]

6 사실 전통적인 가부장제 규범하에서는 가계의 살림살이는 남성이 담당해왔으며, 여성은 단지 주변화된 존재로만 위치해왔다(박선미, 2007: 219). 일본에서는 20세기 초반까지만 해도 저축장려운동이 주로 남성 가부장을 대상으

근검저축이라는 자본주의 윤리와 현모양처라는 성별 분업 원칙은 서구 근대화의 보편적인 가치이자 현상으로서 특별히 한국에만 있는 독특한 현상이라고 할 수는 없다. 다만 흥미로운 점은 한국의 경우 — 일본도 마찬가지지만 — 근대화가 위로부터 국가에 의해 추진되었다는 점, 자본동원 수단으로서 가계저축의 중요성이 매우 컸다는 점,[7] 따라서 국가는 캠페인 등을 통해 매우 적극적으로 국민들의 일상생활을 규제하고 가정경제에 개입해 들어가고자 했다는 점이다. 국가는 산업화 과정에서 저축동원을 위해 가정경제에 개입해왔으며, 이 과정에서 가정생활을 쇄신하고 근검절약하는 주부의 역할을 강조하게 되었다. 특히 1960년대 이후 국가가 경제개발과 조국근대화를 일차적인 목표로 제시함에 따라 자립과 자조, 근검과 절약이라는 자본주의적 윤리와 사회적 규율을 확립하는 것이 매우 중요한 과제가 되었다.

로 해왔는데 이것은 남성이 가계경제를 관리하는 관리자였기 때문이다(岡田和喜, 1996). 하지만 일본에서도 1차 대전을 전후로 저축장려운동의 대상이 점차 여성으로 바뀌고, 저축운동에서 여성은 가사를 책임지는 가정주부로서 어머니로서뿐만 아니라 합리적 소비자이자 저축담당자, 가정경제의 궁극적인 재무관리자로 규정되기 시작했다. 또한 가정주부의 성공적인 가사 관리가 국가를 부강하게 한다고 선전함으로써, 여성을 적극적으로 동원하는 전략을 취한다(Garon, 2010; 김도균, 2012: 183).

7 일본의 저축장려운동은 19세기 후반으로까지 거슬러올라가는 매우 오랜 역사를 지닌다(Calder, 1990). 19세기 후반 소액저축장려를 위해 우편저축제도가 도입되는데, 이는 영국의 제도를 모델로 삼은 것이었다(Garon, 2002: 99-100). 그리고 태평양전쟁이 터지고 소위 '1940년 체제'로 불리는 전시동원체제가 구축되면서 우편저축제도는 핵심적인 자본동원 수단으로서 강화된다(Fujihira, 2000: 76-125; 野口悠紀雄, 1995: 53-62; 김도균, 2012: 170).

4절 소결

이 장에서는 한국이 산업화 초기에 다양한 자본동원 수단을 활용해 산업화를 추진해나가는 과정을 살펴보았다. 그리고 이 중에서 서구와 뚜렷하게 다른 점으로 산업화 초기 자본 부족 문제에 직면하여 가계저축을 통한 자본동원전략을 적극적으로 활용하고, 저축동원을 위해 국가가 가정경제의 미시적 차원까지 깊숙이 개입해 들어가는 과정을 살펴보았다.

첫째, 한국은 산업화 초기 민간저축자금을 재정자금화할 수 있는 매우 유리한 제도적 · 사회적 조건이 갖추어져 있었다. 식민지 경험으로 인해 산업화 이전에 이미 강력한 국가관료조직이 형성되었고, 시민사회가 허약했으며, 토착 부르주아 세력의 사회적 기반 역시 매우 미약했다. 이와 함께 한국전쟁 직후의 대규모 원조자금은 국가가 자원배분에 대한 우선권을 확보하고 민간 엘리트에 의존할 필요 없이 산업화를 추진할 수 있는 조건을 마련해주었다. 5·16쿠데타 이후에는 부정축재자 처벌의 하나로 시중은행을 사실상 국유화함으로써 민간자금을 통제할 수 있는 완벽한 제도적 조건이 갖추어졌다.

둘째, 저축동원의 성패는 가계저축률의 증가에 달려 있었다. 그런데 민간저축은 조세와 달리 강제성이 수반되지 않기 때문에 가정경제에 대한 미시적 개입이 요구되었다. 따라서 국가는 가계저축을 장려하기 위해 다양한 캠페인과 저축계몽교육, 저축장려운동과 함께 금리현실화 조치 등을 취했다. 국가는 저축운동을 추진하는 과정에서 '계획경제를 실현하는 주부되기'라는 구호를 내걸고 합리적 소비생활과 검약, 저축을 강조하는 등 가정경제의 책임을 맡는 존재로서 가정주부의 역할을 강조하고, 가정주부를 합리적 소비자이자 재무관리자(financial manager)로 형성시키기 위해 노력했다. 반대로 국가의 무상구호나 복지는 낭비적이고 비도덕적인 것으로 규정함으로써 저축에 기반한 자조적인 생활체계를 구축하려고 노력했다.

한국의 복지국가 연구들은 대체로 공적 복지의 부재로 말미암아 산업화 시기에 불가피하게 자조적인 생활체계가 구축될 수밖에 없었다는 점을 당연시한다. 하지만 이 장에서 살펴본 바와 같이 한국에서 저축에 기반한 자조적인 생활양식의 형성은 국가정책과 무관한 현상이 아니었다. 오히려 국가는 저축 장려를 위해 가정경제에 깊숙이 개입하여 행동 하나하나를 규율하는 등 자본주의적인 생활규범을 구축하기 위해 노력했다. 이것은 자립지향적인 생활태도가 산업화 시기 지배 엘리트의 적극적인 통치전략의 산물이었다는 것을 의미한다.

한국의 높은 가계저축률을 유교적 전통과 같은 문화적 요인으로 설명하는 방식도 마찬가지다(Goodman and White, 1998; Jones, 1993). 문화적 설명방식은 산업화 초기 한국의 가계저축률이 매우 낮았다는 사실을 간과한다(신광영, 1999). 하지만 이번 장에서 살펴본 것처럼, 우리나라의 경우 가계저축률이 낮았기 때문에 오히려 국가가 산업자금을 조달하기 위해 낭비와 나태, 게으름 등 후진적인 문화를 비난하고, 저축증진과 근검·절약하는 생활방식을 강조하는 등 다양한 캠페인을 펼쳐야 했다. 이러한 사실들은 산업화 시기 높은 가계저축률이 유교적 전통 등 문화적 요인과는 아무 상관이 없었다는 것을 보여준다.

제3장

중화학공업화와 자산기반복지의 경로 형성

1절 유신 권위주의와 중화학공업화

1. 유신 권위주의의 등장

1960년대 경제개발계획의 성공과 경공업 중심 수출전략의 성공으로 집권세력은 정치적 정당성을 확보하는 듯했다(서중석, 2008: 140-146). 하지만 1960년대 후반의 경기후퇴와 3선 개헌 등으로 정당성이 다시 흔들리자 집권세력은 유신이라는 매우 억압적이고 배제적인 권위주의적인 통치방식을 선택하게 된다(한배호, 1994).

한국의 경우 권위주의적 정치 형태는 해방 후부터 존재해왔다. 특히 민중주의의 경험이 있는 남미와 달리 노동자와 농민이 애초부터 정치에서 배제되어 있었다는 점에서 한국의 권위주의는 남미에 비해 훨씬 더 억압적이고 배제적인 성격이 강했다(임현진·송호근, 1994; Cumings, 1989).[1] 그런데 유신 권위주의는 선거 과정에서 재집권의 불확실성을 느낀 집권세력이 이러한 불확실성을 제거하기 위해 최소한의 절차적

1 이러한 맥락에서 노동계급의 정치화 여부가 남미와 한국의 정치적 특성과 구조를 구별하는 가장 중요한 지표라고 할 수 있다(임현진·송호근, 1994: 174).

민주주의마저 생략해버렸다는 점에서 기존의 권위주의적 정치지배를 훨씬 더 강하게 밀고나간 것이었다(한배호, 1994: 265-315; 임현진·송호근, 1994).

1970년대의 중화학공업화는 이러한 유신 권위주의의 등장과 관련이 깊다. 정당성을 결여한 정치세력에게 '조국근대화'와 '경제발전'이라는 목표만큼 국민적 지지를 동원하는 데 효과적인 방법은 없었다(임현진 · 송호근, 1994: 192). 그러므로 정치적 취약성을 만회하기 위해 유신세력은 중화학공업화 전략을 통해 빠른 시간 내에 경제성장을 달성함으로써 정치적 위기를 돌파하고자 했다.[2]

하지만 중화학공업화는 기본적으로 장기간에 걸쳐 투자가 이루어지고 막대한 자본이 필요하다는 점에서 집권세력에게 심각한 자본동원의 문제를 제기했다. 거셴크론(A. Gerschenkron)이 지적하는 바와 같이 후발 국가들의 경우 공업화의 시기가 늦으면 늦을수록 공업화 과정에서 국가의 역할은 증대한다(Gerschenkron, 1962). 그런데 중화학공업같이 막대한 자본이 드는 산업을 국가가 직접 추진할 경우 국가는 커다란 재정부담 문제에 직면할 가능성이 높다. 게다가 당시에는 조세부담의 급격한 증가로 조세저항이 점차 심각해지고 있었으며, 외자도입의 급증과 부실기업의 증가로 외채상환 부담 또한 증가하고 있었다. 그러므로 중화학공업화를 추진하는 데 있어서 자본을 어떻게 조달할 것인가가 핵심 문제로 등장하게 된다.

2 이런 점에서 한국은 남미처럼 경제위기에 대처하는 과정에서 권위주의 정권이 등장한 것이 아니라, 군부 권위주의 세력이 정당성 확보 차원에서 산업화를 추진한 경우에 해당한다고 할 수 있다. 1970년대 유신체제의 등장을 '관료적 권위주의' 개념을 통해 설명하려는 시도들이 있지만(강민, 1983; 한상진, 1983; Im, 1987; 김영순, 1988), '10월 유신'을 경제적 위기에 대한 불가피한 정치적 대응으로 보기는 힘들다(한배호, 1994; 임현진 · 송호근, 1994).

2. 중화학공업화와 자본동원

1970년대의 중화학공업화는 경제개발을 위해 국가가 사회의 모든 가용한 인적 · 물적 자원을 총동원하는 것을 의미했다. 1972년에 시작된 '제3차 경제개발 5개년계획'과 달리 중화학공업화 계획은 물동계획적 성격이 매우 강해서, 철강·비철금속·조선·기계·전자·화학 등 6개 산업을 중점 육성산업으로 선정하고, 이를 위해 모든 가용한 자원들, 특히 내자를 동원하는 것을 목표로 했다. 가령 "중화학공업화를 조속히 성취시키기 위해서는 민간의 주도와 창의성을 추진 모체로 하되 정부가 앞장서서 내외자의 재원조달계획, 입지계획, 사회간접자본설비의 확충, 기술인력의 개발 등 합리적인 정책을 제시하고 계획"할 필요가 있다고 지적함으로써, 자본동원이 국가의 책임임을 강조했다(중화학공업추진위원회기획단, 1973: 6).

그런데 앞에서 설명한 것처럼 국가의 재원조달 방법은 다양할 수 있으며, 그것이 갖는 정치적·사회적 의미 또한 매우 다르다. 유신 권위주의 세력이 중화학공업화를 추진하면서 중요하게 고려한 것이 바로 이와 같은 문제였다. 권위주의는 정권의 합법성이 취약하고, 이데올로기적 통합의 정도가 낮으며, 정치적 동원 능력이 작다는 점에서 민주주의 및 전체주의와 구분되는 독자적인 정치 형태다(Linz, 1970; 송호근, 1991: 298-303). 따라서 권위주의는 정치 과정을 행정 과정으로 대체하고, 기술관료의 역할을 중시하며, 정책수립이나 문제해결에 있어 철저하게 기술적·관료적, 그리고 비인격적 접근방식을 취함으로써 정치적 공간을 최대한 축소하려는 경향이 있다(O'Donnell, 1973; Cardoso, 1979; 한배호, 1994).[3] 이러한 맥락에서 보면 조세와 같이 정치화할 가능성이 큰 자본동원방법은 권위주의 체제하에서는 매우 위험한 자본동원전략일 수 있다. 반면 민간저축의 동원은 국민을 정치적으로 탈동원하면서 경제적으로는 적극 동원하는 매우 적절한 수단일 수 있다.

실제로 1973년 경제기획원이 작성했던 「우리 경제의 장기전망, 1973-1981」(이하 「장기전망」)이란 보고서는 1980년대 초까지 연평균 경제성장률 10%, 수출 100억 불, 1인당 국민소득 1,000불을 달성하는 것을 경제목표로 제시하고, 내자동원 극대화가 이러한 목표를 달성하기 위한 핵심 관건임을 강조한다. 그런데 "담세능력의 한계 및 경상지출의 증가 등으로 정부저축의 증가가 상대적으로 둔화될 것으로 전망되므로 민간 부문 저축의 획기적인 증대가 이루어지지 않을 경우 투자증가 및 경제성장의 고도화가 제약을 받게 될" 가능성이 크고, 그렇기 때문에 1981년까지 100% 투자자립도를 달성하려면 국내저축률이 1972년 15%에서 1981년 27.1%까지 상승해야 한다고 강조한다(경제기획원, 1973: 6-8, 92). 이러한 전망하에 "지금까지는 정부저축의 증가가 크게 기여해왔으나 앞으로는 민간저축이 가속적으로 증대됨에 따라 내자조달에 있어서 정부의 역할은 감소케 될 것"임을 밝히고 있다(경제기획원, 1973: 17).[4]

국민의 광범위한 저축을 설비투자 등 중화학공업화에 효과적으로 투입하는 방법으로는 국민투자기금과 같은 공공기금제도의 활용이 제시되었다(재무부, 1974; 김용환, 2006: 111-121; 남덕우, 2009: 110-112). 국민

3 남미 사례에 적용되는 관료적 권위주의는 대중의 배제와 기술관료적 지배를 강조하는 개념으로서, 이것은 과거의 과두적 정치체제, 민중주의적 정치체제와 1960년 쿠데타 이후의 정치체제를 구분하기 위해 제기된 개념이다(Collier, 1979; O'Donnell, 1973).

4 「장기전망」 보고서는 1960년대 자본조달이 주로 세수증대를 통한 정부저축의 증대, 외자도입을 통해 이루어진 반면, 가계저축의 기여도는 일본이나 대만 등과 비교했을 때 매우 낮았다는 점을 지적하고, 가계저축률이 동 기간 중 4.6%에서 10.6%로 두 배 이상 증가해야 한다고 지적했다(경제기획원, 1973: 17).

투자기금은 '중화학공업 등 중요 산업의 건설을 촉진하고 수출을 증대하기 위해 국민의 광범위한 저축과 참여를 바탕으로 필요한 투융자 자금을 조달·공급하는 것'을 목적으로 도입되었다(김용환, 2006: 120). 이러한 목적을 위해 국민투자기금의 재원은 국민투자채권의 발행과 '저축증대에 관한 법률'에 기초하고 있는 국민저축조합 조합원의 저축자금 및 우편저축자금, 국민복지연금, 국민생명보험 등 공공기금의 여유자금, 금융기관 저축성예금이나 손해보험회사 보험금, 그리고 정부 각 회계로부터의 전입금 또는 예탁금 등으로 조성되도록 계획되었다(한국은행기금운용부, 1989).[5]

한국은 이미 경제개발 초기부터 국가가 제도금융을 통제함으로써 민간자금의 배분에 간여해왔는데, 이러한 전략은 국가의 입장에서는 재정부담과 조세마찰을 피하면서 자본을 동원할 수 있는 매우 효과적인 수단이었다. 그런데 1970년대의 국민투자기금제도는 국가의 민간자금에 대한 개입을 아예 민간자금을 재정자금화하는 방향으로 제도화하는 것으로서, 국내의 모든 가용자금, 특히 일반은행 등 민간 금융기관

5 국민투자기금의 경우 정부가 재정자금을 지원하도록 규정되어 있었지만 실제로 대부분의 자금은 금융기관이 국민투자채권의 매입 혹은 예탁금의 형태로 출연하는 예금재원으로 조달되었다. 국민투자기금법은 국민저축조합, 국민복지연금, 우편저금, 국민생명보험, 공공기금의 경우는 사업상 필요자금과 지급준비금을 제외한 자금의 80%에 해당하는 금액을 국민투자채권 인수나 기금 예탁에 사용하도록 규정하고, 금융기관은 저축성예금 증가액의 20%를 초과하지 않는 범위 내에서 재무부장관이 정하는 금액, 신탁회사는 불특정금전신탁수탁액 증가분의 10%, 보험회사는 보험료 수입에서 지급된 보험금과 사업비를 공제한 금액의 30% 이내에서 재무부령이 정한 금액을 각각 채권인수 혹은 예탁에 사용하도록 규정했다(한국은행기금운용부, 1989). 특히 기금 설립 초기에는 은행은 예금증가액의 약 10~39%, 보험회사는 수입 보험료의 약 40~50%, 그리고 공공기금은 여유자금의 약 90%를 국민투자기금에 출연시키도록 규정했다(김용환, 2006: 120-121).

이 모집한 민간 금융자금을 최대한 동원하는 데 목적이 있었다(전창환, 2004: 102; 김상조, 2003). 이것은 사회적 여론의 반응에서도 알 수 있듯이 일반 국민을 경제적으로 동원하고 정치적으로 탈동원하는 데 매우 효과적인 수단이었다.[6]

새마을운동의 하나로 저축운동도 강화되었다. 어린이 학생저축운동이나 농어촌지역 저축운동, 새마을공장 등 사업체 종업원에 대한 저축운동을 강화하는 등 저축운동의 저변을 확대하기 위해 노력하고, 저축시범지역 활동을 강화하여 저축반 편성, 호별 방문을 통한 저축계몽, 여성저축분회의 조직화 등 조직화된 저축운동이 전개되었다(한국은행, 1975). 특히 새마을 부녀회는 내부조직으로 저축부, 생활개선부, 가족계획부, 교양활동부, 소득개발부 등을 두어 저축증대나 생활개선사업을 주도했는데, 이것은 새마을운동이 여성의 활발한 참여와 동원 없이는 활성화되기 어려웠다는 것을 보여준다(황정미, 2001: 145-147).

이러한 정부의 자본동원전략에 대해 경제계, 학계, 언론계 등 사회여론도 대체로 정부의 기본 방향에 동의하면서 민간의 자발적 저축에 의한 내자동원을 강조했다. 언론들은 정부의 내자동원 극대화 계획에 대해, 직접세는 가처분소득에 영향을 주어 자발적 저축과 직접적 · 대체적 관계에 있으므로 조세를 통한 정부저축에는 한계가 있다고 지적하고, 내자동원은 국민생활과 직결된다는 점에서 강제저축보다는 생활실정을 고려한 저축증대가 필요하다고 강조했다.[7]

6 권위주의 체제를 후발 국가에서 정치세력들이 자신들의 지배를 정당화하기 위한 목적으로 빠른 시간 내에 대규모의 자본을 축적해야 하나 부족한 자본문제를 해결하기 위해 기존의 제도들을 인적·물적 자본의 동원을 위한 목적으로 더폭 개편해야 할 필요성에서 등장하는 일종의 동원체제라고 할 때(한배호, 1994), 유신체제의 등장과 국민투자기금제도의 도입은 관련성이 깊다.

7 매일경제, "장기내자동원 계획의 수립"(1973. 10. 5), 경향신문, "시정연설과

하지만 민간저축동원을 중심으로 한 자본동원전략이 강조되었다고 해도 이것이 곧 유신 권위주의 세력이 조세동원이라는 수단을 포기했다는 것을 의미하지는 않는다. 오히려 중화학공업화를 위해 모든 가용한 자원이 총동원되어야 하는 상황에서 조세는 매우 중요한 자본조달 수단이었다. 따라서 공평과세의 원칙과 능력에 따른 부담의 원칙을 구현하고 조세갈등을 완화하기 위한 방법으로 종합소득세로의 전환과 부가가치세 도입을 계획했다(세제심의회, 1971; 재무부, 1979: 178).

유신 권위주의는 자본동원 과정에서의 사회적 마찰을 피하고 정치적 공간을 최대한 축소하기 위해 일차적으로 민간저축의 동원을 중심으로 한 자본동원전략을 취했다. 하지만 모든 가용한 자원을 총동원해야 하는 상황에서 조세에 대한 의존은 불가피했다. 이것은 곧 유신체제하에서도 정치적 갈등이 불가피했다는 것을 의미한다. 유신세력은 분배갈등을 억압하려고 했지만 자본동원 문제, 특히 조세 문제를 둘러싸고는 어쩔 수 없이 분배 갈등이 발생하게 되고, 이러한 분배 갈등은 조세정책, 사회정책, 금융정책 등에 영향을 미치면서 복지자본주의의 경로를 형성하게 된다. 다음 절부터는 민간저축 중심의 자본동원전략이 어떻게 조세정책과 사회정책, 그리고 금융정책과 맞물려 복지자본주의의 경로를 형성하게 되는지 살펴보겠다.

새해 예산"(1973. 10. 5), 동아일보, "박대통령의 시정포부"(1973. 10. 5).

2절 유신체제하의 조세정치와 소득공제의 제도화

1. 조세정치와 소득공제의 확대 과정

1) '긴급조치 3호'와 근로소득세 면세점 제도

1960년대 후반 개발세제에 대한 저항이 증가했음에도 불구하고 조세는 여전히 중요한 내자동원 수단이었기 때문에 장기적인 세제개편의 하나로 1971년에 조세개혁이 실시되었다. 1971년의 조세개혁은 분류소득세제는 종합소득세제로 전환하고, 간접세제는 부가가치세로 전환한다는 전제하에 단계적인 조치로서 추진되었다. 소득세 부문에서는 갑종근로소득세 기초공제액을 1만 원에서 1만 3천 원으로 인상하고, 사업소득세 면세 최저한 3만 원을 6만 원의 기초공제제도로 전환하는 등 소득공제를 통한 소득세 감면이 추진되었다. 반면 예금이자에 대해서는 5% 세금을 부과하고, 영업세율을 인상하는 등 이자소득과 간접세 부문에서는 세율을 인상했다. 하지만 '제3차 경제개발 5개년계획'의 하나로 팽창예산과 증세가 불가피했기 때문에 실제로 조세부담 경감 효과는 미미했다(나성린, 1997; 한국조세연구원, 1997).

그런데 1974년 1월 14일 긴급조치 3호[8]를 통해 소득공제 규모가 대거 5만 원으로 인상되었다. 1973년 12월 장준하와 백기완을 주축으로 '개헌청원운동본부'가 발족되어 본격적인 반유신운동이 전개됨에 따라 유신정권은 1974년 1월 8일 긴급조치 1호와 2호를 발동해 개헌 논의를 금지하는 조치를 취한 바 있다. 그런데 긴급조치 3호는 긴급조치 1·2호와 달리 정권안보가 아니라 국민생활 안정을 이유로 취한 것

8 정식 명칭은 '국민생활의 안정을 위한 대통령 긴급조치'이며, 소위 1·14조치로 불린다.

이었다(강준만, 2002b: 121-125). 내용을 보면, 저소득층의 조세부담을 대폭 감면하고, 소득세 면세기준을 대폭 상향 조정하여 월 5만 원 이하 소득자에 대해 소득세를 전액 면제하고, 고소득자 및 사치성 소비에 대해서는 중과세하며, 강제저축의 하나로 비판받던 국민복지연금제도의 시행을 무기한 연기한다는 등의 내용을 담고 있었다(박종기, 2005; 김용환, 2006; 남덕우, 2009).

그렇다면 왜 유신정권은 의회의 입법절차가 아니라 긴급조치라는 행정명령을 빌어 근로소득세 면세점[9]을 대폭 인상했을까? 당시의 상황을 김종인[10]은 다음과 같이 진술한다.

> 1973년 정기국회에서 소득세 면세 기준을 두고 논쟁이 벌어졌습니다. 일부에서는 1만 6천 원을 면세 기준으로 하자 했고, 한쪽은 1만 8천 원을 주장했습니다. 국회에서 난장판 논쟁을 한 끝에 소득세 면세점을 1만 8천 원으로 올렸습니다. 이후 제1차 오일쇼크가 나고 사회적으로, 또 박정희 정권에 정치적으로 긴장감이 돌면서 1974년 1월에 엄청난 일이 벌어졌습니다. 새해 예산안을 확립하기 직전이었을 때, 재정에 대한 긴급명령을 발동했습니다. 소득세 면세점을 종전의 1만 8천 원에서 5만 원으로 올렸습니다. 순식간에 소득세 납세자의 85%가 없어졌습니다.
> (김종인, 『월간조선』 2012년 1월호 「버핏세 반대는 정치적 센스가 없기 때문」)

9 근로소득세 면세점이란 근로소득 중 기초공제, 배우자공제, 부양가족공제 등 인적공제와 근로소득공제를 합한 금액을 말한다.

10 김종인은 6공화국 정부하에서 보건사회부 장관과 청와대 경제수석을 역임했으며, 1987년 민주화 개헌 때 경제민주화 조항을 작성·관철시킨 것으로 유명하다. 1970년대에는 서강대학교 경제학과 교수로 재직하면서 부가가치세 도입과 의료보험 도입 과정에서 정책자문으로 깊숙이 개입한 바 있기 때문에 김종인의 진술은 유신체제하에서의 조세정치의 전개 양상을 이해하는 데 중요하다고 할 수 있다.

그리고 73년은 오일쇼크도 문제가 되겠지만 73년도 여름에 북한에서 직접세를 없애버렸어요. 그래서 북한에서 '북한은 세금이 없는 낙원'이라는 대남방송을 했어요. 그 시기가 유신 이후로 통치도 잘 안 되는 것 같고, 학생 소요는 계속 일어나고 사회적으로 불안해지는 마당에 73년 11월에 오일쇼크가 나니 기름 값이 3배나 오르고 물가가 오르니까 그 이후로 어떻게 정치·사회적으로 안정을 시키면서 경제 발전을 이룩해 나갈 것인가 하는 문제에 대해 심도 있게 검토를 했던 것 같습니다. (김종인 '국민복지연금제도 입법과 시행유보' 녹취록)[11]

이러한 김종인의 진술은 1974년 대폭적인 근로소득세 면세점 인상이 석유위기 등의 경제 불황과 인플레이션 폭등으로 인한 실질소득의 감소, 북한의 직접세 폐지와 체제경쟁, 그리고 유신이라는 권위주의 체제로의 전환으로 인한 정당성 위기와 반유신운동 등이 복합적으로 작용한 결과라는 것을 보여준다.

한국은 1960년대 고도성장의 결과 사회적 양극화가 심화됨에 따라 분배 문제가 사회운동과 정치적 차원에서 중요한 이슈로 부상했다(강원룡, 2003). 물론 당시의 경제구조나 산업화 수준을 고려할 때, 양극화가 계급갈등을 전면에 부각시킬 정도로 심각했다고 보기는 힘들다(한배호, 1994). 그럼에도 1960년대 후반에 오면 고도성장에 따른 각종 경제·사회적 문제들, 가령 주거 문제나 환경 문제, 노동 문제 등이 불거져나오기 시작했다(강준만, 2002a).[12] 1971년의 대선과 총선에서는 이러한 사회

11 한국복지국가의 태동, 성장, 재편에 관한 질적 기초자료 수집연구(KRF-2005-078-BS0009) 화일(양재진 편(2008)에 데이터베이스 목록 수록).

12 1970년 전후로 광주대단지 사건, 전태일의 분신, 대한항공 노조의 점거농성 등 사회적 갈등이 증가했다.

적 변화를 반영하여 분배 문제와 양극화 문제 등이 '대중경제론'이라는 형태로 제시되기까지 했다.[13]

이러한 상황에서 1973년 오일쇼크로 물가가 폭등하고, 실질소득 수준은 하락하는 등 심각한 경제위기가 발생했다. 게다가 대외적으로는 1973년 북한이 직접세를 폐지하고 이를 체제경쟁 차원에서 적극 활용하고, 대내적으로는 '개헌청원운동본부가'가 발족되어 반유신운동이 본격화되는 상황이었다. 즉, 유신정권은 경제적 · 정치적으로, 그리고 대내외적으로 매우 심각한 위기에 처해 있었으며, 긴급조치 3호는 이러한 상황에 대응하여 취한 매우 정치적인 조치라고 평가할 수 있다.[14]

2) 소득공제의 확대 과정

1974년 긴급조치 3호는 경제위기 상황에서 취한 매우 이례적이고 변칙적이며 임기응변적인 대응이었다. 하지만 이후 조세정책 및 사회정책과 관련된 정치적 논쟁구도를 규정짓는 매우 중요하고 결정적인 사건이 된다. 무엇보다도 1974년의 대폭적인 소득세 감면은 국민의 기대심리에 영향을 미쳐 소득세 감면이 전 국민적 관심사가 되는 계기가 되었

13 1971년 대선의 신민당 후보였던 김대중은 '부정부패를 일소하여 세금을 내리겠다'고 하는 등 당시 민감한 이슈로 부상하고 있던 세금 문제를 집권층의 부정부패 문제와 연관시켜 큰 호응을 얻기도 했다(서중석, 2008: 162). 또한 1971년 8대 국회는 신민당의 선전으로 역사상 최초의 균형국회를 이루게 되어, 물가불안이나 분배 문제, 조세저항 등 당시 민생 현안으로 부각된 주제들이 국정감사나 대정부질문, 상임위 활동 등을 통해 심도 있게 다루어졌다.

14 사실 긴급조치 3호는 긴급조치가 단지 정치안보만을 목적으로 하는 것이 아니라 국민의 안녕을 보장하기 위한 수단이라는 것을 보여주기 위한 조치였다. 긴급조치 3호의 홍보효과를 높이기 위해 당시 경제제1수석비서관이던 김용환은 방송 3사가 동시에 방송하는 가운데 긴급조치 3호를 설명하기도 했다(강준만, 2002b: 124-125).

다. 또한 유신 이후 정책결정 과정에서 완전히 배제되어 있던 야당에게 소득공제 확대는 일종의 대안적인 소득보장정책으로 활용할 수 있는 계기를 마련해주었다. 마지막으로 정부와 여당의 입장에서는 1974년의 조치가 조세부담 수준의 현상유지 차원에서라도 소득공제 규모를 지속적으로 인상하지 않을 수 없도록 하는 제도적 구속이 되었다. 그 결과 소득공제 규모 인상을 둘러싼 여야 간 공방이 매년 연례행사처럼 반복된다.

우선 1974년의 조세개혁에서부터 근로소득세 면세점 제도는 일종의 소득보장정책으로서 자리매김을 하게 된다. 1974년의 조세개혁은 사실 긴급조치 3호를 법제화한다는 의미가 컸다. 당시 재무부장관이었던 김용환은 1974년 소득세법 개정안을 국회에 제출하면서 세제개혁의 목적을 다음과 같이 지적한다.

> 이번 세법은 … 국가의 재정을 충족한다는 목적이 하나 있겠고 또 둘째로는 이렇게 하면서도 … 소득의 분배기능 내지는 균형기능을 최대한도로 발휘를 해야 되겠다 하는 점과 … 우리나라의 중산층의 재산형성 이것을 지원하지 않으면 안 되겠다는 것과 동시에 … 개발수요를 충족하기 위한 조세부담을 높이되 어떻게 하면 마찰 없이 조세징수 행위를 할 수 있겠느냐 하는 점 … 이러한 너뎃 가지가 가장 중요한 세제개혁의 목적이라고 생각합니다. 그런데 솔직히 말씀드려서 이번의 세제개혁은 … 개발수요의 충족에 중점을 두었다기보다는 오히려 후자에 중점이 놓여 있었습니다. (1974년 제90회 재무위원회 회의록 11호, 김용환 발언, 14-15쪽)

그런데 정부의 소득세 개정안은 기초공제, 배우자공제, 부양가족공제 등의 인적공제와 근로소득공제를 1974년 긴급조치 3호 당시의 5

만 원 면세점에 맞추어 5만 5천 원으로 5천 원 인상한 것에 불과한 것이었다. 따라서 세법 심의 과정에서 야당의 집중적인 비판의 대상이 된다. 국회 재무위원회 회의에서 야당의원들은 그동안의 급격한 물가인상과 사회보장제도의 부재를 근거로 소득공제 규모를 8만 원으로 인상하고 의료비공제, 교육비공제 제도를 신설할 것을 요구한다.

> 이런 면으로 보아서 적어도 한 8만 원선 이런 정도는 해주어야 … 저소득층, 중산층 이런 사람들의 세부담을 경감했다는 말을 들을 수 있을 것이에요. … 특히 우리나라에서는 늘 예산 짤 때마다 조세부담률이 14%가 되었다 내국세부담은 9%밖에 안 된다 하는데 … 이것은 무의미하다고 생각합니다. 적어도 사회보장제도가 어느 정도 정비된 나라에 있어서 조세부담률이 문제가 되는 것이지 우리나라같이 전혀 사회보장제도가 없는데 여기에서 조세부담률이 14%다 내국세 부담이 9%다 이것은 별로 의미가 없는 것 같아요. (1974년 제90회 재무위원회 회의록 11호, 신민당 의원 발언, 4쪽)

> 이 기초공제액을 결정하려면 정부가 적어도 국민들의 생계비는 보장해주는 그런 기초공제액으로 결정해야 된다는 것 하나, 또 하나는 사회보장제도가 우리나라에는 잘 안 되고 있는 실정 또 이것이 앞으로도 확충될 가망이 없는 실정 아래에서는 최소한도 의료비공제만은 당연히 있어야 된다. (1974년 제90회 재무위원회 회의록 12호, 신민당 의원 발언, 20-22쪽)

1974년 세법개정에서 여야 간에 치열한 공방이 있었지만 1974년 소득세법 개정안은 정부안이 그대로 통과되었다. 사실 국회에서 토론이 되더라도 공화당과 유정회의 의석 수가 3분의 2를 넘는 상황에서 야당인 신민당의 역할에는 한계가 있었다. 하지만 1975년에는 신민당 의원들이 소득세법 개정안 발의를 통해 더욱 적극적으로 소득공제 인상을 요구하고 나섰다. 신민당은 1975년 소득세 개정안을 발의하면서 소득공제 규모를 10만 원으로 인상하고 교육비공제와 의료비공제 제도를 신설할 것을 요구했다.

> 5인 가족 평균가계비가 교육비, 의료비 다 합쳐서 10만 원이 안 된다고 하면 이것은 거짓말이에요. … 세금을 많이 물리는 나라에 있어서는 사회보장제도가 완비되어 있어요. 그러나 우리나라 사회보장제도는 너무나 형편없습니다. … 이러한 실정하에서 각자가 아플 때에는 다 책임을 져야 하고 각자가 교육을 다 맡아야 되는 이러한 실정하에서 이 10만 원을 너무 많다 이렇게 얘기하는 것은 너무나 어불성설입니다. (1975년 제94회 재무위원회 회의록 8호, 신민당 의원 발언, 84-85쪽)

> 오히려 사회복지예산은 명년에 가서 줄어! 물가는 올라가! 기초공제액은 그대로 있어! 생계비는 늘어! 이러한 상태에 놓여 있는 것이 이 나라의 대부분의 공무원, 회사원, 서민들이라는 것을 잘 아실 것이에요. … 이 소득재분배의 역할을 재정이 할 수 있도록 이렇게 반영해야 할 것이다 하는 얘기입니다. (1975년 제94회 재무위원회 회의록 9호, 신민당 의원 발언, 13쪽)

하지만 정책당국은 이미 소득공제 수준이 매우 높다는 점을 지적하고, 세수결함 문제를 지적했다. 재무부장관 김용환의 답변은 다음과 같았다.

> 우리가 경제개발계획을 밀고 있고 또 … 적과 대치하고 있다는 이러한 입장에서 조세부담률이 … 우리나라의 방위 내지는 경제 원조를 해

주는 그런 우방보다도 훨씬 낮은 조세부담률을 가지고서 우리가 언제까지 국토방위의 문제 이것을 남에게만 의존할 수 있겠느냐 … 어느 나라를 막론하고 생계비 전액을 면세점으로 기초공제선으로 100% 커버를 해주고 있는 나라는 없습니다. (1975년 제94회 재무위원회 회의록 9호, 김용환 발언, 24쪽)

소득공제 규모를 둘러싼 이러한 여야 간의 공방은 사회보장제도가 사실상 전무한 상태에서 소득세가 세수 확보의 기능과 소득보장의 기능 두 가지를 동시에 충족시켜야 하는 모순적인 상황에 놓여 있었음을 보여준다. 하지만 정부의 입장에서는 소득공제를 통한 소득보장 및 소득재분배도 중요하지만 조세란 기본적으로 경제개발계획과 자주국방을 위한 재원조달의 수단이기 때문에 소득세의 대폭적인 경감에 부정적일 수밖에 없었다. 반면, 야당인 신민당의 입장에서는 물가가 급격히 증가하고, 사회보장제도가 전무한 상황에서, 그리고 정책결정 과정에서 배제되어 있는 상황에서 소득공제의 지속적인 확대만이 야당이 제기할 수 있는 유일한 생계비 보전 방법이었다.

여하튼 이러한 국회에서의 공방을 거쳐 1975년에는 신민당의 소득세법 개정안이 원안 그대로는 아니지만 정부와 협의를 거쳐 근로소득세 면세점이 5만 5천 원에서 7만 원으로 인상되었다. 여기에는 부양가족공제 1인당 월 5천 원에서 월 1만 원으로 인상, 상여금 특별공제 월정급여 100%(최고한도 12만 원)에서 200%(최고한도 14만 원)로 인상 등이 포함되었다(한국조세연구원, 1997).

이러한 소득공제를 둘러싼 정치적 논쟁은 비단 국회 내에만 머무는 것은 아니었으며, 사회적으로도 광범위하게 퍼져 있는 어젠다였다. 가령, 전경련은 대정부 건의를 하면서, 근로소득에 대한 세부담을 대폭 줄여야 한다고 주장했다.[15] 기업 입장에서는 근로소득세의 증가가 임금인상을 상쇄하는 효과가 있기 때문에 소득세 감면조치를 지지했다(전국경제인연합회, 1975; 양재진 · 민효상, 2013). 소득공제는 민청학련 등 사회운동 차원에서도 중요한 어젠다였다. 1974년 1·14조치를 통해 대폭적인 세금 감면이 취해진 후 그해 5월에 있었던 민청학련 사건의 결의문에는 "서민의 세금을 대폭 감면하고 국민 경제의 밑받침인 근로대중의 최저생활을 보장하라"는 요구가 포함될 정도였다(지명관, 1996: 125).[16] 이러한 것들은 모두 1974년의 대폭적인 소득세 감면 조치 이후 소득공제가 일종의 중요한 소득보장 수단으로서 부상하게 된 것을 보여준다.

3) 복지 없는 증세: 부가가치세 도입 논쟁

1976년에는 부가가치세 도입에 따른 조세개혁 논의가 치열했다. 부가가치세는 상대적으로 조세저항이 약하고 세수 확보의 기능이 뛰어나 이상적인 세제로 평가받았기 때문에, 정책당국은 1970년대 초반부터 EC형 부가가치세를 모델로 간접세 체계의 개혁을 준비해왔다(재무부, 1990; 유시권, 1995). 하지만 부가가치세의 경우 조세부담의 역진성이라는 문제가 존재하기 때문에 소득과 소비 패턴이 평준화되어 있지 않거나 사회보장제도가 잘 갖추어지지 않은 경우 심각한 분배 문제를 초래할 수 있다.[17] 당시 정책 당국이 직면한 문제가 바로 이것이었다. 한국은 사회보장제도가 전무한 상황에서 그리고 소득불평등과 사회적 양극

15 동아일보, "세제개혁의 허실(3) 서민층 보호"(1974. 9. 28).

16 당시 좌파운동의 대표적 인물이던 박현채도 조세부담의 급격한 증가를 문제로 지적하고 있는데, 이것은 그만큼 당시 조세 문제가 심각한 사회 문제 중 하나였다는 사실을 보여준다(박현채, 1978).

17 이것은 부가가치세를 도입한 국가들이 대체로 사회보장제도가 잘 갖추어진 유럽국가들인 반면, 미국이나 일본 등 공적 사회보장제도가 잘 갖추어지지 않은 국가들의 경우 부가가치세를 도입한 국가들이 별로 없다는 사실을 통해서도 확인할 수 있다.

화가 점점 더 심각해지는 상황에서 세수 증대를 목표로 부가가치세 도입을 고려함에 따라 당연히 사회적 반발이 클 수밖에 없었다. 그리고 이러한 문제점이 1976년 세법 개정 과정에서 집중적으로 부각되었다.

흥미로운 점은 부가가치세 도입에 따른 조세부담의 역진성을 해결하는 방법으로 다시 한 번 소득공제가 중요한 이슈로 등장하게 되었다는 점이다. 정책당국은 부가가치세를 도입하는 한편 저소득층의 조세부담을 경감하는 차원에서 소득공제 수준을 7만 원에서 8만 원으로 인상했다. 그리고 보험료공제와 근로자의 복지후생적 급여에 대한 비과세 조치도 신설했다. 하지만 이러한 소득세 감면 조치들은 야당인 신민당뿐만 아니라 여당으로부터도 매우 미흡하다는 지적을 받았다. 신민당은 1976년 정부의 세법 개정안에 대한 수정안을 제출하면서 이러한 점을 지적한다.

> 부가가치세를 실시하려면 직접세의 소득재분배 기능을 강화해서 … 사회보장제도를 어느 정도 확충을 시켜가지고 보다 비교적 소득이 고르고 공평한 과세가 되는 바탕 위에서 부가가치세를 실시를 해야 한다고 지적했습니다. 이러한 준비 없이 불과 인적공제를 7만 원에서 8만 원으로 올린다든지 … 이렇게 형식적으로 조치를 하고 이것이 부가가치세를 도입하기 위한 준비작업이다 이렇게 얘기하는 데 대해서는 아연실색할 수밖에 없습니다. … 정부는 입만 벌리면 국민개세를 부르짖고 있지만 사실 갑근세 형식이 아니지만 모든 국민들이 상당한 세부담을 지금 하고 있는 것입니다. 이 사실을 잊어버리고 갑근세를 안 내니까 국민개세를 해야 한다 이렇게만 주장한다는 것은 논리상 모순이 있는 것입니다. (1976년 제96회 재무위원회 회의록 14호, 신민당 의원 발언, 10-11쪽)

문제는 이 세제가 소득의 재분배 기능 특히 이 소득세에 있어서는 생활보장적인 기능이 이 세제 안에 담겨져야 된다. … 저소득층의 소득 부담이 경감이 되어가지고 생활보장적인 기능을 할 수 있는 데까지 적어도 소득에 있어서는 대폭 경감이 되어야 된다. … 부가가치세를 실시하려면 더욱이나 소득세법을 대폭적으로 고쳐야 됩니다. 다른 나라에서도 전부 그렇게 하고 있어요. 그런데 우리나라에서만은 유독 부가가치세를 실시하면서도 소득세법을 저소득층에 경감한다는 측면에서 고려하는 것이 아주 미흡하다. (1976년 제96회 재무위원회 회의록 17호, 신민당 의원 발언, 3-5쪽)

이러한 야당의 비판에 대해 정부는 소득공제 규모를 대폭 증가하는 것의 정책적 모순과 한계를 집중적으로 부각시키면서 오히려 공적 사회정책의 필요성을 지적한다. 재무부장관이었던 김용환은 신민당의 비판에 대해 다음과 같이 답변한다.

5인 가족 기준으로 해서 8만 5천 원, 월 소득을 받는 사람이 얼마의 세금을 내느냐 하면 440원을 냅니다. … 9만 원은 880원 … 그러나 (소득공제 규모를 증가할 경우) 400원, 800원이 무세가 되지만 실제 50만 원, 80만 원, 100만 원 그 단계에 가서는 3~4만원 정도가 공제가 됩니다. … 4차 계획으로서 저희가 사회개발을 하나의 개발 이념으로 지금 내세워가지고 여러 가지 사회복지지출을 정부지출 면에서 증대시키는 노력을 지금 하고 있습니다. … 금년까지는 거의 없던 제도인 이른바 의료시혜 예산만 하더라도 명년도에 127억 6,100만 원을 지금 투입했습니다. … 정부의 입장은 과세인원의 폭을 늘 줄이는 것만이 능사가 아니고 오히려 이러한 사회복지 측면에서의 정부지출정책을 가지고서 광범하게 보완을 하는 것이… 지금 월 소득이 너무 적어서 세금조차도 그야말로 안 내는 것이 아니라 내려고 하더라도 돈이 없어서 못 내는 그런 계층이 있습니다. 이런 계층에 대해서는 교육비, 의료비 넣어보았댔자 혜택이 없습니다. (1976년 제96회 재무위원회 회의록 17호, 김용환 발언, 28-30쪽)

공화당은 조세정책의 소득재분배 기능이 지나치게 강조되고 있다는 점을 지적하면서 다음과 같이 지적한다.

이번 세제개혁안을 … 개발지향형 세제로 성격을 규정지을 것이냐 … 복지지향적 세제로 성격지음으로써 이를 전면적으로 개편하려는 것이냐? 또 아니면 개발과 복지후생의 양자를 조화시키려는 세제라 할 것 같으면 … 주개발 종복지형 세제냐 선복지 후개발 세제냐 하는 데 대한 분명한 성격 구별이 있어야만 … 본위원의 견해로는 … 주개발 종복지의 주종관계만은 분명히 한 세제로서 이것을 심의통과시켜야 되겠다고 저는 믿고 있습니다. … 물가상승률은 전적으로 세제 면에서만이 완전 흡수 소화시켜야 하느냐 하는 문제를 제기합니다. … 그 나라의 경제정책, 물가정책, 임금 노동정책 세제 등 서로 함수관계에 있는 이와 같은 정책을 복합적으로 조화시켜서 그 답을 구해야지 세법에서만이 이 답을 구할 수 있겠는가? 이런 것입니다. (1976년 제96회 재무위원회 회의록 16호, 공화당 의원 발언, 7-8쪽)

사실 정부 입장에서는 '제4차 경제개발 5개년계획'을 앞두고 재정수요 확보가 중요했기 때문에 소득공제 확대에 미온적일 수밖에 없었다. 당시 재무부장관이던 김용환은 소득공제액을 11만 원으로 인상할 경우 전체 근로소득자 중 3.9%만이 근로소득세를 내게 된다는 점을 지적했다. 반면, 신민당은 그동안 기초생계비가 급격하게 증가해왔기 때문에 지출이 수입을 초과하는 적자 가계에 세금부담은 있을 수 없다는 점과 부가가치세 도입에 따른 최소한의 조치는 불가피하다는 점을 강조하면서 인적공제액을 11만 원으로 인상하고 교육비 공제를 신설하여 총 12만 원의 공제를 주장했다. 결국 실제 개정안은 정부안과 신민당안 사이의 타협으로 소득공제액을 월 7만 원에서 월 9만 원으로 인상하는 것으로 귀결되었다.

부가가치세 도입에 따른 논란은 국회에만 국한되지 않았다. 특히 1977년 시행을 앞두고 다양한 비판이 제기되었다. 상공회의소·전경련·무역협회·중소기업협회 등 경제 4단체장은 조세부담의 역진성을 강조하고, 물가인상 등 경제교란 요인이 될 수 있다는 점을 들어 부가가치세 시행을 강력히 반대했다. 여당인 공화당은 1978년 선거를 앞두고 있었기 때문에 제도 시행을 연기할 것을 주장했다(강만수, 2005: 48-51). 신민당도 제도 준비가 미흡하다는 점을 들어 시행을 연기할 것을 주장했다. 정부 내에서조차 관료들 간에 물가인상 우려를 근거로 제도 시행을 연기하자는 주장도 있었다. 세계은행과 개발연구원도 시행을 앞두고는 제도 시행에 반대하는 의견을 제출했다(김정렴, 2006: 359-371; 김용환, 2006: 139-141).

하지만 제도 강행을 주장하는 측은 현행 세제로는 세입 증대에 한계가 왔다고 주장하면서 증세가 불가피한 상황에서 부가가치세 도입을 주장했다. 또한 부가가치세 도입이 집권세력이 자의적으로 결정한 사안이 아니라 다이그난(J. Duignan), 테이트(A. Tait), 샤우프(C. Shoup) 등 IMF, IBRD, UN 등 국제기구의 조세전문가들의 조언을 받은 것이라는 점을 강조했다. 개발도상국의 세제 근대화 차원에서 매우 중요한 개혁과제라는 점도 제도를 강행하는 중요한 근거였다(강만수, 2005: 21-32; 재무부, 1990: 95-102).

결론적으로 부가가치세는 광범위한 반대에도 불구하고 1976년 법이 통과되었고, 1977년 여름에 시행되었다. 〈그림 3-1〉은 1960년대부터 1980년대 초반까지 전체 내국세 세수에서 직접세와 간접세의 비중

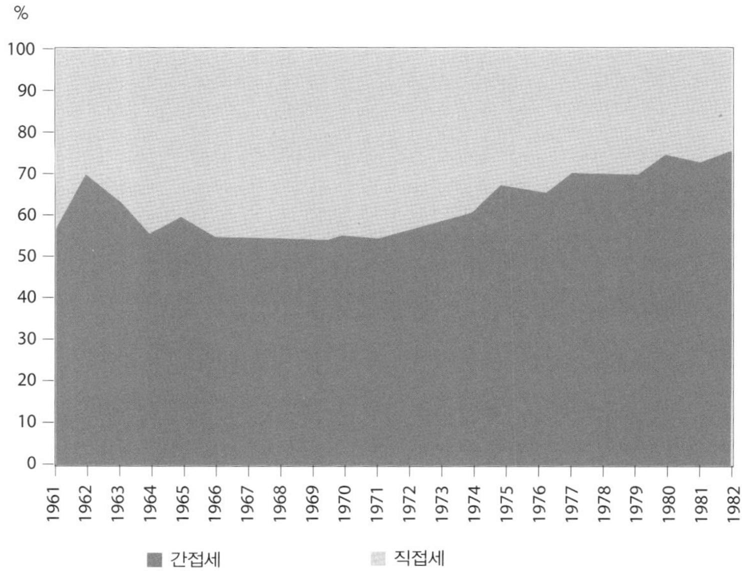

〈그림 3-1〉 내국세 중 직접세와 간접세의 비중 변화, 1961~1982

자료: 한국개발연구원(1983: 84).

변화를 보여준다. 1960년대 초반에는 간접세 비중이 60% 이상을 차지한 반면, 국세청 신설 이후 1960년대 후반에는 직접세 비중이 50% 이상으로 증가하는 것을 알 수 있다. 하지만 1970년대부터는 다시 간접세 비중이 점점 증가하여 1970년대 후반에는 60% 이상을 차지한다. 반면, 직접세 비중은 40%에도 미달하게 된다. 이를 통해 부가가치세를 중심으로 하는 간접세가 1970년대에 매우 중요한 세수 확보 기능을 맡고 있었음을 알 수 있다.

2. 소득공제에 따른 재정복지 규모

1) 근로소득세 면세점 추이

지금까지 살펴본 것처럼 1974년 긴급조치 3호 이후 근로소득세 면세점은 지속적으로 인상되어왔다. 종합소득세제로의 전환과 인적공제제도의 도입 이후 인적공제와 근로소득공제, 상여금 특별공제는 거의 매년 인상되었고, 이 외에도 1976년에는 근로자 특별공제로서 보험료 공제가 도입되었다. 근로자에 대한 복리후생적 급여와 사회정책적 성격의 급여 및 지출 항목에 대해서도 비과세 혜택이 추가되었다. 1977년에는 근로자를 대상으로 의료비 공제와 교육비 공제제도, 재형저축세액공제제도가 도입되었다. 이러한 특별공제제도는 모두 사회적으로 바람직하거나 아니면 이들 비용지출이 비자발적 성격을 지니기 때문에 도입된 것이다(배준호, 1997: 351). 게다가 공적 사회보장제도의 미비로 인해 가계의 의료비 부담과 교육비 부담이 급증하는 상황이었기 때문에 국가는 최소한 이들 비용의 지출에 대해 소득세를 경감해주는 조치를 취할 필요가 있었다.

〈그림 3-2〉는 근로소득세 면세점의 추이를 도시근로자 가계의 평균 가계소득 및 평균 가계소비지출 규모와 비교해서 나타낸 것이다. 우선 근로소득세 면세점이 그동안 지속적으로 인상되어왔으며, 특히 1974년 이후 급격하게 증가하여 평균 가계소비지출 규모보다 커지는 것을 알 수 있다. 근로소득세 면세점 규모를 도시근로자 가계의 평균 소비지출 규모와 비교해보면, 근로소득세 공제 규모가 1974년 이전에는 가계소비지출 규모에 크게 미달한 반면, 1974년 이후에는 평균 가계소비지출 규모를 능가하고, 1970년대 후반에 이르면 평균 가계소득 규모보다 커지는 것을 알 수 있다. 가계소비지출 대비 근로소득세 면세점 비율은 1960년대 중반 이후 그 비율이 0.5에도 미치지 못하다가, 1975년에는 1.14로 증가하고, 1977년에는 거의 1.5배에 달했다. 또한 경제기획원이 1975년과 1978년 실시한 최저생계비 조사 자료를 바탕으로 보면, 최저생계비가 1975년에는 연 261,000원, 1978년에는 연 1,260,000원이었던 반면(한국개발연구원, 1983: 112), 근로소득세 면세점은 1975년

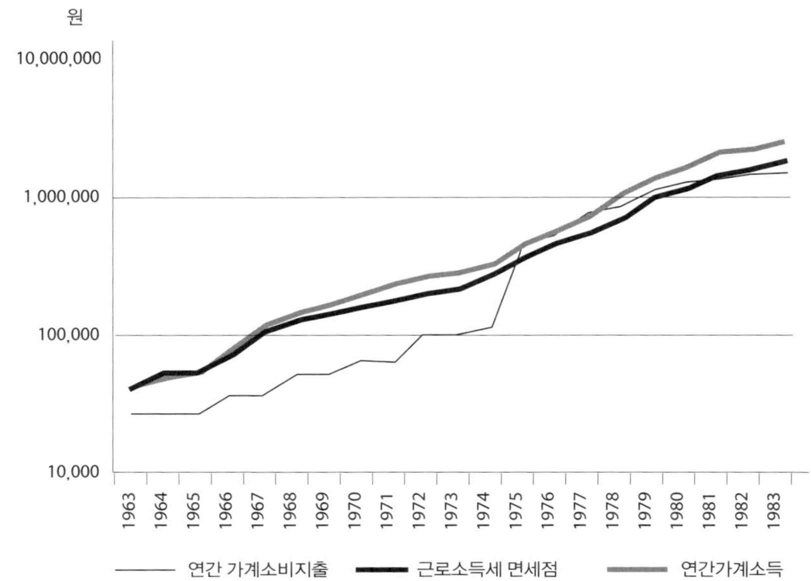

〈그림 3-2〉 근로소득세 면세점 추이, 1963~1983

주: 그림의 Y축은 로그 스케일로 조정.

자료: 가계소비지출과 가계소득은 도시가계조사(각년도), 근로소득세 면세점은 배준호(1997: 358-359) 〈표 6-3〉에서 인용.

연 780,000원, 1978년 연 1,600,000원으로, 근로소득세 면세점 수준이 1975년에는 최저생계비의 거의 3배, 1978년에는 약 1.3배에 달하는 것을 알 수 있다.

이런 점에서 보면 적어도 1970년대 중반 이후 소득세 부과에 있어 필요생계비의 보장이라는 원칙이 관철되었다는 것을 알 수 있다. 이는 1960년대에는 소득세 정책이 세수 확보라는 목표에만 고정되어 있었던 데 비해, 1970년대부터는 소득세 정책에서 생계비 보장이라는 사회정책적 목표를 중요하게 고려하기 시작했다는 것을 보여준다.

1970년대 소득공제 규모의 지속적인 확대는 기본적으로 저소득층 및 중산층의 부담 경감과 공평 과세의 원칙을 고려한 조치로서 지속적인 물가상승을 고려하여 이에 맞게 공제규모를 인상할 필요가 있었기 때문이다(한국조세연구원, 1997). 소득공제는 능력에 따른 부담의 원칙을 구현하기 위해 거의 모든 국가에서 활용하고 있는 제도로서, 이것은 일차적으로 근로자가 소득을 버는 단계에서 지출하는 비용을 제외하고 소득을 측정할 필요가 있기 때문이다. 또한 부양가족이나 배우자의 존재 여부, 그리고 이들의 경제활동 여부에 따라 개인별 담세 능력에 차이가 나기 때문에 이를 고려하여 인적공제제도가 존재한다. 마지막으로 인플레이션은 명목소득을 증가시킴으로써 과세구간, 소득공제 조항에 영향을 미쳐 평균 실효세율을 크게 증가시키는 경향이 있기 때문에, 이를 방지하기 위해 과세소득구간을 인플레이션을 고려하여 상향 조정할 필요가 있다(배준호, 1997).

하지만 소득공제제도를 활용하는 방식은 나라마다 다르다. 티트머스(R. Titmuss)가 지적하는 것처럼 소득공제제도는 일종의 재정복지로서 근로자의 소득을 보장하는 여러 수단 중 하나일 뿐 유일한 수단은 아니다(Titmuss, 1976) 그러므로 근로자의 생계비나 필요경비 등이 상승하더라도 이를 국가가 소득세 경감 조치가 아니라 공적이전 지출을 통해 보장해줄 수도 있다. 즉 조세부담 수준이 높더라도 국가의 공적이전 규모가 크다면 순조세부담 수준은 낮을 수 있는 것이다(한승수, 1982).

실제로 서구의 복지국가들은 근로자들의 소득보장을 위해 저소득층을 과세대상에서 배제시키는 대신, 적극적인 소득보장정책을 활용해왔다. 북유럽의 보편주의적 복지국가의 경우에는 관대한 사회보장제도가 존재하는 반면, 조세부담 수준이 매우 높고, 인적공제 등 사회정책적 성격의 소득공제 혜택이 거의 없기 때문에 최하층을 제외한 대부분의 소득계층이 세금을 부담한다(Steinmo, 2010).

반면 우리는 근로자의 복지 향상과 생계비 보장, 그리고 국민생활의 안정이라는 명목으로 소득공제 수준을 대폭 증가해왔으며, 그 수준이 1970년대 후반에는 도시근로자 평균가계소득보다도 높은 수준에 달했다. 그 결과 소득세 납부 비율은 실질소득의 상승에도 불구하고 오히려 하락하여 대부분의 생산직 노동자들은 소득세의 과세대상에서 제외되었다. 이로 인해 근로자 계층의 상위 3~5%가 근로소득세의 절반 가량을 부담하는 결과가 초래되어, 모든 국민이 납세 의무가 있다는 조세행정상의 원칙이 무의미해지고, 소득세 제도의 존립 근거 자체가 매우 모호해지는 결과가 초래되었다(이진순, 1991: 204; 이진순, 1990).

이러한 차이는 필요경비에 대응하는 방식이 국가별로 매우 다르다는 것을 보여준다. 〈표 3-1〉은 한국이 종합소득세제를 도입한 1974년을 기준으로 4인 가구 소득공제의 규모를 국가별로 비교한 것이다. 이것은 서구 선진국들과 일본 및 한국의 4인 가구 기준 근로소득세 면세점 및 1인당 GDP 규모의 비교를 통해 한국의 소득공제 규모의 수준을 보여준다. 선진국들의 경우 인적공제 규모가 1인당 GDP의 40%에서 50% 수준에 머물러 있는 반면, 한국은 그 비율이 무려 140%에 달하는

〈표 3-1〉 소득공제의 국제 비교(1974년 기준) (단위: 원, %)

국가	4인 가구 면세점(A)	1인당 GDP(B)	A/B
이탈리아	701,568	1,989,560	35.3
미국	1,200,000	2,778,720	43.2
영국	868,474	1,981,480	43.8
서독	941,678	2,128,640	44.2
일본	978,696	1,787,840	54.7
캐나다	1,380,000	2,500,760	55.2
한국	600,000	423,640	141.6

자료: 1974년 제90회 재무위원회 회의록 8호 21쪽 참조. 한국은 필자 계산. 1인당 GDP는 OECD.Stat(stats.oecd.org) 참조.

것을 알 수 있다. 이것은 한국의 소득공제 규모가 다른 국가들에 비해 매우 컸음을 브여주는 것으로서, 공적 복지가 부재한 상황에서 소득공제가 재정복지 수단으로 적극 활용되었다는 사실을 잘 보여준다.

2) 소득계층별 소득공제 혜택

그러면 실제로 이러한 소득공제 혜택의 규모가 어느 정도였는지, 그것이 소득계층별로 어떻게 차등적으로 분배되었는지를 살펴보자. 소득공제의 효과를 파악하기 위해서는 조세감면 자료를 활용하거나 소득세 한계세율과 소득분포, 소득공제 규모, 가구의 인적 상황 등을 고려한 '대표가계접근법(Typical Household Approach)'을 이용할 수 있다(Bird and De Wulf, 1973: 646-647; 한승수, 1982: 47). 그런데 우리나라의 경우 소득세 비과세나 조세감면 자료가 불충분하여 연도별 과세베이스의 변동 폭을 제시하기가 어렵다(배준호, 1997: 360). 게다가 1970년대의 소득분포에 관한 자료도 충분치 않아 소득분포 자료를 활용한 소득공제의 감면 효과를 파악하는 데에도 어려움이 있다(구인회, 2006; 한승수, 1982). 그러므로 '도시가계조사' 자료를 활용하여 도시근로자 가계의 근로소득에 국한하여 소득공제의 감세효과가 어느 정도였는지 '대표가계접근법'을 응용하여 구할 필요가 있다.[18]

18 대표가계접근법은 개발도상국의 조세귀착을 추정하는 데 있어 소득분포나 소비패턴 등의 자료가 미흡한 점을 해결하기 위해 활용되어왔다. 이 방법은 실제 자료를 활용하는 것이 아니라 소득규모와 소득 종류, 가족 크기, 소비패턴 등을 기준으로 몇몇 대표가계를 설정하고, 이들에 소득세나 간접세 등 조세체계를 적용함으로써 조세귀착(tax incidence)을 파악한다(Bird and De Wulf, 1973: 646). 한국의 경우는 도시가계조사나 농가경제조사 등 소득분포자료를 활용하여 10분위 소득계층별 대표가계를 설정하여 조세귀착을 파악해왔다(한승수, 1982: 45-49). 이 책에서는 한승수(1982)의 연구와 동일한 방법을 사용한다. 단, 이 글은 한승수의 연구와 달리 도시근로자 가계의

〈표 3-2〉는 1979년을 기준으로 소득공제에 따른 소득세 감면 규모를 소득분위별로 파악한 것이다. 여기서 근로소득에 대한 소득세 부담은 가구단위로 계산했다. 한국의 근로소득세제는 개인을 과세단위로 한다. 반면 소득분포나 세제혜택에 대한 연구들은 일반적으로 가구를 단위로 하는 경우가 많다. 그러므로 가구당 근로소득세 부담을 파악하기 위해서는 가구주 근로소득과 비가구주 근로소득을 각각 구분하여 소득세 부담을 파악한 후 합산을 해야 가구당 전체 근로소득세 부담 규모를 파악할 수 있다. 그런데 〈표 3-2〉를 통해 알 수 있듯이 비가구주 평균 근로소득의 규모(가구 근로소득-가구주 근로소득)가 대체로 기초공제와 근로소득공제 규모를 넘지 않는 것을 알 수 있다. 그러므로 여기에서는 실효세율을 계산할 때에는, 근로소득세가 가구주 근로소득에만 부과되는 것으로 가정하고, 실효세율을 전체 가구소득 대비 가구주 근로소득의 소득세 부담 비중으로 파악했다. 반면, 명목세율의 경우에는 일체의 공제제도가 적용되지 않기 때문에, 명목세율을 전체 가구소득에서 가구주와 비가구주가 각각 부담하는 소득세를 합한 금액의 비중으로 계산했다.

〈표 3-2〉를 통해 소득분위 4분위 계층까지 소득세를 완전히 면제받으며, 세금감면 규모는 1분위 계층은 약 5천 원, 4분위 계층은 약 1만 1천 원인 것을 알 수 있다. 또한 소득세를 부담하는 5분위와 6분위 계층도 소득세 부담 수준은 1%에도 미치지 못하는 것을 알 수 있다. 가구소득이 증가함에 따라 세금감면 규모도 증가하여, 10분위 계층의 경우 세

근로소득에 국한해서 근로소득세 면세점 제도의 효과를 파악해보고자 한다. 가구 규모는 5인 가구로 가정했다. 도시가계조사에 따르면 가구당 경제활동인구 수는 대체로 1.5명 전후인 것을 알 수 있다. 이 글은 가구당 경제활동인구를 2명으로 전제하고, 가구주 근로소득을 제외한 나머지 근로소득을 비가구주 1인의 근로소득으로 가정했다.

〈표 3-2〉 1979년 도시가계의 소득세 부담 및 경감 규모 (단위: 원, %, 월소득 기준)

소득 분위	가구 근로소득	가구주 근로소득	결정 세액	실효 세율	명목 세액	명목 세율	세금 감면	소득 공제율	1인당 연간 세금 혜택
하위 1분위	55,937.0	52,567.0	0.0	0.0	4,526.3	8.1	4,526.3	8.1	10,863.1
2분위	88,397.0	83,751.0	0.0	0.0	7,746.8	8.8	7,746.8	8.8	18,592.3
3분위	108,327.0	100,056.0	0.0	0.0	9,667.3	8.9	9,667.3	8.9	23,201.5
4분위	127,035.0	115,392.0	0.0	0.0	11,778.5	9.3	11,778.5	9.3	28,268.4
5분위	146,534.0	134,702.0	376.2	0.3	14,110.8	9.6	13,734.6	9.4	32,963.1
6분위	165,821.0	148,955.0	1,516.4	0.9	16,223.9	9.8	14,707.5	8.9	35,298.0
7분위	191,232.0	171,962.0	3,357.0	1.8	19,835.9	10.4	16,478.9	8.6	39,549.5
8분위	221,747.0	195,923.0	5,592.3	2.5	23,954.4	10.8	18,362.1	8.3	44,069.0
9분위	268,624.0	236,268.0	9,752.2	3.6	31,616.7	11.8	21,864.6	8.1	52,474.9
10분위	413,458.0	357,445.0	27,440.1	6.6	60,611.5	14.7	33,171.4	8.0	79,611.2
평균	178,711.2	159,702.1	4,803.4	1.6	20,007.2	10.2	15,203.8	8.6	36,489.1

자료: 소득자료는 도시가계조사 참조. 세금감면 규모는 필자 계산.

금감면 혜택이 약 3만 3천 원에 달하는 것을 알 수 있다.

이러한 세금감면 규모는 당시 공적 이전지출의 규모와 비교해보면 더욱 극적이다. 1979년 기준 인구 1인당 연간 사회보장비 규모는 약 1만 1천 원이었다(노인철·김수봉, 1996: 27). 이와 대조적으로 대표가계접근법으로 계산한 1인당 연간 세금혜택 규모는 평균이 약 3만 6천 원으로 사회보장비 규모의 3배가 넘는 규모임을 알 수 있다. 소득분위별로도 하위 1분위 계층을 제외한 모든 계층에서 세금감면 규모가 사회보장비 규모를 능가하고 있으며, 10분위 계층의 경우는 그 규모가 거의 8배에 달하는 것을 알 수 있다. 비록 도시가계에 국한된 것이라 직접적인 결론을 도출하기에는 한계가 있지만, 이것은 당시 소득공제 등 소득세 감면에 따른 혜택이 상당히 컸음을 보여준다.

더욱 중요한 사실은 1970년대 내내 소득공제 혜택이 증가한 결과, 저소득층보다는 중간층과 고소득층이 더 많은 소득공제 혜택을 받게 되었다는 사실이다. 여기서는 제시하지 않았지만 1972년을 기준으로 동일한 방식으로 소득세 감면 규모를 계산할 경우, 최하소득층은 1972년과 1979년 사이에 소득공제율이 1%도 채 증가하지 않은 반면, 최고소득층은 동일 기간에 소득공제율이 4% 정도 증가한다. 이는 소득공제가 명목상으로는 저소득층의 조세부담 경감 등 사회정책적 목적을 위해 취해진 것이었지만, 실제로는 고소득층에 더 많은 혜택이 돌아가는 매우 역진적인 소득재분배 정책이었다는 것을 보여준다. 소득공제의 특성상 소득세 한계세율 구조가 누진적일수록 소득공제 혜택은 역진적으로 분배되는 경향이 있기 때문이다.

지금까지 소득공제로 인한 소득세 감면의 규모를 도시근로자 가계를 기준으로 살펴보았다. 그런데 일반적으로 자영업자 가구나 농업종사자 가구의 경우 소득세 부담 수준이 도시근로자 가계의 부담 수준보다 낮다는 점을 고려할 때, 도시근로자 가계를 기준으로 한 소득세 부담 수준 및 소득공제에 대한 연구는 어느 정도 대표성을 지닌다고 할 수 있다. 자영업자의 소득파악률은 근로자에 비해 훨씬 낮으며, 또한 근로자 가구와 자영업자 가구의 조세부담 격차가 지속적으로 확대되어왔다는 점도 고려할 필요가 있다(현진권·나성린, 1996). 농업종사자 가구의 경우에는 농업소득뿐만 아니라 농가부업소득에 대해서도 광범위한 비과세 조치가 취해졌다는 점을 고려해야 한다(한국조세연구원, 1997).

정리해보면, 1970년대 소득공제 규모의 급격한 증가는 조세정책이 재정복지 수단으로 활용되어왔다는 것을 보여준다. 1970년대의 소득세 정책은 여전히 경제개발계획을 뒷받침하는 개발지원세제의 성격이 우위에 있었고, 이를 전제한 상태에서 소득재분배를 위한 형평부담의 이상을 조화하는 방향으로 정립되어왔기 때문에, 사실 공제혜택의 규모가 충분했는지는 의문이다(나성린, 1997). 더욱이 공적인 소득보장이 전무했다는 점을 고려하면 소득공제 혜택이 충분했다고 말하기는 어려울 것이다. 그럼에도 소득공제가 확대되어온 과정을 보면 소득공제가 사회정책적 기능을 떠맡아왔다는 것을 알 수 있다.

유신정권하에서 정책결정 과정은 행정부, 특히 청와대에 집중되어 있었기 때문에 야당은 물론이고 여당조차도 정책결정 과정에서 배제되어 있었다(한배호, 1994). 특히 예산계획에 대한 권한을 경제기획원이 장악하고 있었기 때문에 공적 사회지출의 확대 등 국가의 재정지출과 관련해서 정당정치가 개입할 여지는 없었다(강신택, 2000). 하지만 조세정책의 측면에서는 유신이라는 권위주의 체제에서도 국회라는 심의 의결 기구를 완전히 배제할 수는 없었다. 특히 1974년도의 대폭적인 소득세 감면조치는 야당이 소득공제를 중요한 정치쟁점으로 활용할 수 있는 계기를 제공했다고 할 수 있다.

그러므로 정책결정 과정에서 철저히 배제되어 있던 야당은 공적 사회보장정책의 도입 등 실현 가능성이 낮은 정치적 이슈들보다는 국회라는 공간을 활용하여 개입할 여지가 훨씬 많은 소득세 공제 규모의 확대 등을 중요한 정치적 쟁점으로 활용하는 전략을 택했다고 평가할 수 있다. 물론 법안 발의 등 적극적인 대응은 정부와 타협 과정을 거쳐야 했지만 말이다. 반면, 공적 사회보장에 대한 요구는 제도권 밖의 운동정치에서만 언급되는 매우 주변적인 이슈가 되었다(허은, 2010).

정부의 입장에서도 당시 매우 민감한 정치적 쟁점 중 하나였던 소득세 감면에 소극적일 수만은 없었다. 적어도 물가인상에 따른 현상 유지 차원에서라도 소득공제 인상조치를 취하지 않을 수 없었다.[19] 또한 앞으로 살펴보겠지만, 소득세 감면조치는 가계의 가처분소득 증가를 통해 결과적으로 민간저축을 증대시킬 수 있기 때문에, 민간저축 중심의 내자동원 극대화 전략과도 정합적이었다.

3절 내자동원 극대화와 사회정책의 도입

1. 국민복지연금제도의 시행 유보

한국의 사회정책 발달사에서 가장 중요한 특징 중 하나는 사회정책이 대부분 1960~70년대 권위주의 시기에 관료 주도로 도입되었지만, 최소한의 재정지원으로 한정되어 매우 형식적인 수준에 머물렀다는 점일 것이다. 우선 그동안의 연구들이 지적한 바와 같이 한국 사회정책의 기본 틀은 모두 1960년대 초반에 형성되었다. 1960년부터 1963년 사이에 공무원연금법(1960), 군사원호보상법(1961), 군인연금법(1963), 산업재해보상보험법(1963), 생활보호법(1961), 윤락행위금지법(1961), 아동복리법(1961), 재해구호법(1962), 사회보장에 관한 법률(1963), 의료보험법(1963) 등 무려 12개에 이르는 사회보장 관련 법률이 제정되었다(조흥식, 2015: 102). 이러한 것들은 대부분 5·16쿠데타 이후 '최고회의'를 통해 결정된 것들로서 쿠데타 세력이 정치적 정당성을 확보하기 위해 취한 조치로 평가받는다.

1970년대는 현대 사회보장제도의 핵심적인 두 축이라고 할 수 있는 공적인 연금제도와 의료보험제도가 도입되었다는 점에서 중요하다.

19 당시에는 농민들의 경우에는 추곡수매가 인상, 근로자들의 경우에는 소득세 감면이 가장 큰 관심사 중의 하나였다고 할 수 있을 정도로 소득세 감면은 국민의 이목을 집중시키는 매우 중요한 사안이었다.

의료보장과 소득보장은 복지국가를 구성하는 가장 핵심적인 요소라고 할 수 있는데(조영재, 2008: 65), 소득보장을 대표하는 것이 공적 연금제도라면, 의료보장을 대표하는 것이 공적 의료보험제도라고 할 수 있다. 그런데 이러한 두 제도가 모두 유신체제하에서, 그리고 별다른 사회적 투쟁과 요구가 존재하지 않는 상황에서, 관료들의 주도하에 도입되었다(김영범, 2002; Kwon, 1999; 정무권, 1993; 1996; 양재진, 2007; 2008).

하지만 사회정책 도입에도 불구하고 국가의 사회지출은 매우 낮은 수준을 유지했다. 이것은 기본적으로 다양한 조세감면과 소득공제제도 등으로 인해 국가의 재정규모 자체가 크지 않았던데다가, 대부분의 예산이 주로 경제개발이나 국방비 등에 우선 배정되는 상황에서 공적 사회지출에 사용할 수 있는 재정자원이 부족했기 때문이다(연하청, 1987; 곽태원, 1991). 그러므로 사회정책이 정치적 정당성을 확보하기 위해 폭넓게 도입되었다고 할지라도, 대부분은 정치적 제스처 이상이 되지 못했다. 오히려 권위주의 국가는 사회개발이라는 명목하에 재정지출보다는 정신개혁을 강조했다(허은, 2010).

권위주의 시기 사회정책 도입 과정에서 또 한 가지 흥미로운 사실은 국민복지연금제도가 도입과 동시에 시행이 무기한 연기되었다는 점이다. 연기방식에도 1973년 국회에서 법이 통과된 후, 1974년 긴급조치 3호를 통해 행정명령 형태로 급작스럽게 취소되었다. 그렇다면 왜 국민복지연금제도는 도입과 동시에 시행이 연기되었을까?

우선 1973년에 도입된 국민복지연금제도는 기존 연구들이 지적한 바와 같이 애초부터 내자동원이라는 목표와 매우 밀접하게 관련된 것이었다는 점을 강조할 필요가 있다(양재진, 2007). 1970년대 중화학공업화의 전망을 체계적으로 제시한 1973년의 「장기전망」 문서는 국민복지연금제도의 도입 목적으로 첫째, 노령, 장해 및 사망 등 장기적 위험으로 인한 생활의 불안과 위협을 제거함으로써 복지사회를 구현하고, 둘째, 이를 통해 국민연대의식과 참여의식을 제고하고 축적된 자금을 사회복지시설에 환원투자하거나 생산적 투자에 투입하는 것으로 밝히고 있다. 즉, 국민복지연금제도는 사회적 위험에 대응하는 사회정책으로서의 성격과 투자재원의 조달이라는 경제정책적 성격을 모두 갖고 있었다(경제기획원, 1973: 87).

하지만 권위주의 정권이 국민복지연금제도 도입을 서둘렀던 데에는 사회정책적 목적보다는 내자동원 극대화라는 목적이 더 중요했다. 즉 내자동원을 위해 국민복지연금제도를 도입하는 것이고, 이 과정에서 사회보장 목적도 충족시킬 수 있다는 의미가 더 컸다. 이러한 사실을 정책관료들도 굳이 숨기려 들지 않았다(양재진, 2008). 사실 국민복지연금제도가 당시의 사회적 문제와 밀접하게 관련된다고 볼 근거도 별로 없었다. 국민복지연금제도의 도입과 관련하여 김종인은 다음과 같이 증언한다.

> 제가 73년 당시 보건사회부에서 … 복지연금을 하겠다고 해서 깜짝 놀랐습니다. 당시의 보건사회부에서 실질적으로 사회보장제도에 대한 관심이 컸으면 현시점에서 가장 문제가 되는 사회보장제도에서부터 개입을 해야지 먼 나라에서나 볼 수 있는 노령시대에 관한 내용을 추진하느냐, 이것은 순서가 맞지 않는다는 것입니다. 본인들 자체가 사회보장제도에 관한 개념이 확실하게 잡혀 있지 않은 사람들이었습니다. (김종인 '국민복지연금제도 입법과 시행유보' 녹취록)[20]

이렇게 제도의 도입 목적 자체가 내자동원에 있었기 때문에 국민

20 한국복지국가의 태동, 성장, 재편에 관한 질적 기초자료 수집연구(KRF-2005-078-BS0009) 화일(양재진 편(2008)에 데이터베이스 목록 수록).

복지연금제도는 도입 과정에서부터 정당성을 획득하기 어려웠다. 무엇보다도 국민복지연금제도가 사실상 강제저축에 불과한 것 아니냐는 비판이 거셌다. 사회적 차원에서는 대체로 연금료 갹출로 인해 7% 정도 세금이 인상되는 정도로만 인식되었을 뿐, 연금제도의 도입으로 받을 수 있는 혜택에 대해서는 논의가 전무했다(양재진, 2008: 116-119). 그러므로 1974년 긴급조치 3호를 통해 대폭적인 소득세 감면조치가 취해지는 상황에서, 단순히 세금인상으로 비춰지는 국민복지연금제도의 도입이 정당성을 획득하기는 어려웠다(김도균, 2012: 181).

이와 함께 국민복지연금제도가 다른 수단들에 비해 내자동원 수단으로서 적합하지 않다는 고려도 제도 시행을 유보한 중요한 이유였다(김영범, 2002). 당시에는 내자동원이 가장 핵심적인 정책 관심사였기 때문에, 만약 뚜렷한 대안적인 자금조달 방법이 없었다면 국민복지연금제도는 강제저축이라는 사회적 비판에도 불구하고 강행되었을 가능성이 높다. 하지만 연금을 통한 재원조달 외에도 당시에는 민간저축의 장려와 정책금융을 통한 저축동원이 매우 중요한 수단으로 추진되고 있었다. 이것은 당시 경제기획원에서 근무하던 이형구의 증언을 통해서도 확인할 수 있다.

> 만약 연기금이 중화학공업의 재원 마련에 있어 필수불가결한 수단이었다면, 박정희 대통령은 기업이나 여론의 반대에 상관없이 밀어붙였을 것입니다. 기업이 공식·비공식적으로 청와대에 우려를 호소하는 상황에서, 굳이 시행하지 않아도 될 만큼 다른 대안들이 있었기 때문이었지요. (이형구 '국민복지연금제도 초기형성 관련' 녹취록)[21]

21 한국복지국가의 태동, 성장, 재편에 관한 질적 기초자료 수집연구(KRF-2005-078-BS0009) 화일(양재진 편(2008)에 데이터베이스 목록 수록).

1974년 국민복지연금제도의 시행 유보는 한국 사회정책 역사에서 중요한 에피소드로 다루어져왔다. 하지만 대부분의 연구는 제도 시행을 유보한 이유를 사회정책이라는 고립된 영역에서만 파악해왔다는 점에서 한계를 지닌다. 반면, 자본동원의 관점에서 보면, 국민복지연금제도의 무기한 시행유보는 긴급조치 3호를 매개로 대폭적인 소득세 감면 조치 및 가계저축 증대조치들과 동시에 취해졌다는 점에서 매우 중요한 함의를 지닌다. 이것은 한국에서 사회정책이 국가의 자본동원전략, 즉 저축동원 및 조세정책과 같은 내자동원전략과 얼마나 긴밀하게 엮여 있었는가를 보여주는 중요한 사례다. 또한 국민복지연금제도의 시행유보는 한국에서는 국민복지연금제도와 같은 강제저축조차도 정치적 부담 때문에 쉽게 실행될 수 없었다는 사실을 보여준다.

2. 의료보험제도의 도입

국민복지연금제도의 시행이 급작스럽게 유보된 반면, 의료보험제도는 제도의 도입과 함께 곧바로 시행에 들어갔다. 사실 1970년대 초중반까지만 해도 복지 관료와 경제 관료들은 모두 국민복지연금제도의 도입만을 준비해왔을 뿐, 의료보험제도의 도입은 거의 고려하지 않고 있었다(조영재, 2008: 77-78). 그런데 결과는 정책관료들의 의도와는 정반대로 국민복지연금제도는 시행이 무기한 연기된 반면, 의료보험제도는 제도 도입과 함께 곧바로 시행되었다는 점이다. 그렇다면 의료보험제도는 어떠한 이유로 제도의 도입과 동시에 순조롭게 시행될 수 있었을까?

한국의 공적 사회보장지출 수준은 대체로 낮은 수준을 유지해왔음에도 불구하고 연금과 같은 소득보장 측면보다는 의료나 교육 등 사회서비스에 대한 지출이 상대적으로 비중이 컸다. 그리고 지금까지의 연구들은 이러한 특징을 대체로 노동력 재생산비용의 절감 차원에서 설명해왔다(Haggard and Kaufman, 2008; Holliday, 2000; Deyo, 1992). 즉 수출 주도 산업화를 추진하기 위해서는 가격경쟁력 차원에서 저임금정책이 불가피할 뿐만 아니라 노동생산성 제고를 위해 양질의 교육받은 노동력이 필요한데, 교육과 의료에 대한 국가 지원은 바로 이러한 양질의 노동력을 싼값에 재생산하기 위해 필요한 정책들이었다는 것이다.

이 글도 이러한 견해에 전적으로 동의한다. 다만, 이에 더해 의료보험 도입 과정에서 내자동원 극대화 전략 및 가계저축 증대의 중요성을 강조한다. 즉, 저렴한 보건의료제도의 확립 및 의료보험제도의 실시 등으로 의료비 부담을 경감시켜 가계의 저축 여력을 증대시킬 필요성이 의료보험제도 도입의 중요한 이유 중 하나였다는 것이다(내자동원실무계획반·재정실무계획반, 1976: 31).

1970년대 초반 한국의 가계저축은 일본뿐만 아니라 대만이나 기타 신흥공업국 등에 비해서도 상당히 낮은 수준이었기 때문에 정책당국의 입장에서는 가계저축 수준이 왜 낮으며, 어떻게 하면 가계저축을 증대시킬 수 있는가가 중요한 관심사 중 하나였다(재무부, 1974; 재정금융30년사편찬위원회, 1978: 209-214; 저축추진중앙위원회, 1984). 그런데 가계저축률이 낮은 원인에 대한 정책당국의 인식은 1970년대 전반과 후반에 걸쳐 중요한 변화를 겪는다.

우선 1973년의 「장기전망」 보고서는 가계저축이 낮은 이유를 주로 지속적인 물가상승으로 인한 인플레 심리의 만연, 관혼상제비 등 비합리적 가계비 지출이나 교육비 지출 과다, 소비재 중심의 산업구조 등을 언급하고 있다(경제기획원, 1973: 16). 또한 제도적 차원에서는 증권시장이나 보험·신탁 등 비은행금융기관의 미발달, 농촌 금융기관의 부재 등도 가계저축이 낮은 이유 중 하나로 지적된다(남덕우, 1973).[22] 그러므로 가계저축 증대를 위해 첫째, 소비합리화를 통해 과도한 교육비 및 관혼상제비 등을 절감하고, 둘째, 사치성소비재 수입을 규제하고 세제를 통해 소비를 억제하며, 셋째, 기업공개나 정부소유주식의 매각, 보험·신탁·연금 등 기관투자가를 육성하여 자본시장을 근대화하고, 넷째, 중화학공업화를 통해 소비재 중심의 산업구조를 재편하며, 마지막으로 경제안정정책을 통해 물가상승을 억제함으로써 저축의 가치를 보전하는 방안이 제시된다(경제기획원, 1973: 92-93).

하지만 1976년 「내자동원 부문계획」 문서에서는 이러한 요인 외에도 높은 인구증가율로 인한 과도한 부양인구가 가계의 잠재적 저축여력을 감소시켜왔으며, 높은 교육비와 의료비 부담 또한 가계의 저축여력을 약화시켜왔다는 점을 강조한다(내자동원실무계획반·재정실무계획반, 1976: 4-12). 이전 보고서에서는 과다한 가계지출이 주로 낭비적이고 비합리적인 소비지출에 기인한다고 지적한 반면, 1976년 문서에서는 소득의 증가에도 불구하고 가계의 교육비·의료비·주거비 등에 해당하는 가계비 부담이 소득에 비해 과중했다는 점을 지적하고 있다. 그러므로 정책대응의 차원에서도 이전과 달리 가계의 교육비·의료비·주거비 부담을 경감시킬 수 있는 제도적 개선방안이 요구되는데, 의료보험제도 도입도 이와 밀접한 관련이 있다고 할 수 있다(내자동원실무계획반·재정실무계획반, 1976: 31).

이러한 지적은 1975년까지만 해도 보사부 내에서도 제도 도입을 고려하지 않고 있었다는 점, 그리고 경제관료들도 경제개발과 내자동원의 우선성을 들어 국민복지연금제도의 도입은 찬성하지만 의료보험제도의 도입은 반대했다는 점, 하지만 이러한 관료사회 내의 반대와 준

22 가계저축률이 낮은 원인에 대한 이러한 지적은 『재무행정5년사』에도 유사하게 지적된다. 여기에서는 종합적인 국내저축 증대시책의 불충분, 장기적인 인플레 심리의 지배, 비합리적인 가계지출 및 사치성 소비지출을 중요하게 지적한다(재무부, 1974: 136).

비 부족에도 불구하고 1976년에 이 제도가 전격 도입·시행되었다는 점을 통해 유추해볼 수 있다(조영재, 2008: 77-78; 김정렴, 2006: 374-375). 즉 의료보험제도가 내자동원 측면에서 갖는 중요성이 없었다면, 그리고 그것이 경제정책과의 일관성을 갖고 있지 않았다면, 그것이 과연 경제관료들의 반대를 극복하고 도입되었을까 하는 질문을 제기해볼 수 있다.

의료보험제도 자체가 경제개발을 저해하지 않도록 조합방식으로 계획되었다는 점도 중요하다(이두호 편, 1992). 제도 도입과 관련하여 대통령이라는 최고결정권자와 보건사회부장관은 이러한 사회정책의 도입이 경제개발에 피해가 가지 않도록 할 것을 가장 중요한 전제조건으로 지적하는데, 이것은 곧 국가의 재정부담을 최소화해야 한다는 것을 의미했다. 따라서 이전의 의료보험법이 사업비 전액을 국고부담으로 할 것을 명시했던 반면, 1976년에 개정된 의료보험법은 사업비의 일부만을 국고부담으로 하는 것을 제도 시행의 중요한 전제조건으로 했다.[23]

한국의 사회정책 발달사에서 1970년대는 매우 중요한 시기다. 하지만 기존의 연구들은 권위주의 국가가 추진한 사회개발의 목적과 성격, 경제개발과 사회개발의 연관성 등에 대해 충분한 설명을 제시하지 못했다. 특히 국민복지연금제도의 시행을 갑자기 유보한 이유가 무엇인지, 반대로 의료보험제도를 갑자기 추진한 이유가 무엇인지 등을 체계적으로 설명하지 못했다.

23 1976년 제96회 보건사회위원회 회의록 16호, 10-11쪽 참조. 가령 1970년대 후반 의료보험제도의 도입은 그것이 영국의 NHS 방식과는 다른 재정방식을 채택한다는 점을 분명히 함으로써 대통령의 재가를 받을 수 있었다. 지역의료보험의 경우 피보험자가 전액 부담하게 함으로써 재정중립원칙과 수익자 부담원칙을 고수했는데, 이는 사회보험을 시행하는 데 있어 국고부담의 증대를 막는 게 일차적인 과제였음을 보여준다(이혜경, 1992: 180).

이 글은 1970년대 국민복지연금제도와 의료보험제도의 도입과 시행, 시행유보 등이 모두 내자동원 극대화와 밀접한 관련이 있다는 점을 강조한다. 1970년대는 경제정책뿐만 아니라 사회정책도 모두 중화학공업화와 내자동원 극대화라는 맥락에서 규정되었다. 국민복지연금제도 도입을 추진했던 것도 내자동원이 일차적인 목적이었으며, 1974년에 시행이 유보되었던 것도 강제저축에 대한 비판이 거셌기 때문이다. 또한 의료보험이 도입된 1976년은 '총력저축의 해'로서 유신정권이 저축 캠페인을 강하게 추진하던 해이기도 했다. 따라서 내자동원 극대화와 관련이 없는 정책들을 실행하기는 매우 어려웠다.

사회정책이 이렇게 내자동원 극대화라는 맥락에서 도입되었기 때문에 사회정책 본래의 목적을 충족시키기에는 어려움이 있었다. 사회정책의 일차적인 목적이 저축증대에 있었기 때문에, 그 수혜대상 또한 대체로 경제적 여력이 되는 중산층과 고소득층에 집중되었다(이혜경, 1993: 75-76). 게다가 재정지출의 최소화를 위해 '수익자 부담원칙'과 '선별적 지원 원칙'이 강하게 적용되었다.

가령 사회보험제도의 비용부담 방식에 있어서 한국은 국가와 사용자, 피용자 간의 3자 부담 방식이 아니라 사용자와 피용자가 거의 모든 비용을 부담하는 2자 부담 방식을 취했다. 서구 유럽과 같은 3자 부담 방식의 사회보험제도는 개인의 자조원칙과 사회적 연대, 그리고 국가의 책임이라는 세 가지 차원을 결합시킴으로써 개인주의와 집합주의라는 두 가지 원칙을 조화시킨 제도라고 할 수 있다. 반면 한국과 같이 2자 부담 방식을 취할 경우 그것은 국가의 책임과 사회적 연대보다는 개인적 자조와 수익자 부담원칙을 강조하게 된다(이혜경, 1993: 66-67).

사회정책의 적용대상도 시행 초기에 사무직 근로자와 대규모 공장 노동자를 중심으로 먼저 시작하고 이후에 점차 소규모 사업장 노동자, 농어민, 도시자영업자 순으로 확대해나가는 경향을 보였다. 서구의 사회보험제도가 대체로 빈곤층과 노동계급을 중심으로 먼저 시작하여 점차 중간계급으로 확대되어왔다는 점을 고려할 때 이는 매우 이례적이라고 할 수 있다(송호근, 1999: 257). 이것은 국가가 사회보험을 내자동원 극대화라는 차원에서 고려함에 따라 한계저축 성향이 높은 경제계층부터 제도를 적용해왔기 때문이다.[24] 그 결과 한국의 사회보험제도는 사회적 취약계층을 제도에서 체계적으로 배제시키는 매우 강한 역진성을 지니게 되었다.

4절 저축동원과 자산기반복지의 경로 형성

1. 금융억압과 저축동원의 딜레마

저축은 가처분소득에서 소비지출을 제외한 나머지 금액으로 정의되기 때문에 저축의 증대는 가처분소득을 늘리거나 소비지출을 줄일 때 가능하다. 가처분소득은 일차적으로 소득이 증가하면 증가하지만, 다른 한편으로는 가계의 조세부담 등 비소비지출을 줄임으로써 증가시킬 수도 있다. 소비의 측면에서는 소비합리화나 소비억제 등을 통해 가계의 소비지출을 줄임으로써 저축을 증대시킬 수 있다. 하지만 무엇보다도 저축은 금리와 밀접한 관련이 있기 때문에 자발성에 근거한 민간저축의 경우 실질금리 보장이나 저축보조금 등과 같이 직접적인 경제적 유인이 존재하지 않을 경우 사실상 저축 증대를 기대하기 어렵다.

24 농어민과 자영업자 등 비조직부문의 경우 소득파악과 적정보험료율 산정이 어렵고, 징수가 어렵다는 행정편의적 요인도 중요한 이유로 제기된다(연하청 외, 1990: 38).

그런데 한국과 같이 국가가 산업화를 추진하면서 금융을 억압하고 자본축적을 장려하는 상황에서는 이러한 실질금리의 보장이 매우 어렵다. 실질적인 고금리의 보장은 민간의 유휴자금을 금융저축으로 끌어들이는 데 매우 유리하다. 하지만 이러한 고금리정책은 기업의 투자 마인드를 저하시키는 등 자본축적에는 역기능을 초래한다(한국경제연구원, 1985). 그러므로 기업투자를 촉진하기 위해서는 오히려 금융을 억압하여 의도적으로 저금리 수준을 유지할 필요가 있다.

한국이 저축동원전략을 추진하는 과정에서 직면했던 기본적인 딜레마가 이러한 고금리정책과 저금리정책 간의 모순이었다. 1974년부터 1978년까지 재무부장관을 역임하는 등 1970년대 내내 경제관료로서 핵심적인 역할을 해온 김용환은 이러한 투자정책과 금리정책 사이의 딜레마가 당시 경제관료들이 해결해야 했던 난제 중 하나였다고 지적한다(김용환, 2006: 241-247).

그렇다면 정책당국은 이러한 딜레마를 어떻게 해결했을까? 결론적으로 말하면 한국은 1965년부터 1972년까지 고금리정책을 추진했던 시기를 제외하고는 기본적으로 투자를 촉진하기 위해 금리정책을 희생해왔으며, 경제성장을 위해 금융을 억압하고 재벌들에게 막대한 금융특혜를 제공해왔다.

〈그림 3-3〉은 1960년대부터 1980년대 초반까지 정기예금금리와 실질금리, 그리고 가계저축률의 시계열적 변화 추이를 보여준다. 이 그림은 은행의 정기예금금리가 1965년 금리현실화 조치 이후 15%에서 30%로 급격히 증가했지만, 1972년 8·3조치 이후부터는 낮게 유지되어왔음을 보여준다. 물가상승률을 고려한 실질금리는 1965년 금리현실화 조치 이후 1972년 8·3조치까지 플러스 금리를 유지한 시기를 제외하고는 모든 기간 마이너스 금리를 유지해왔다는 것을 알 수 있다.

1965년의 금리현실화 조치에 대해서는 2장에서 살펴본 바 있다.

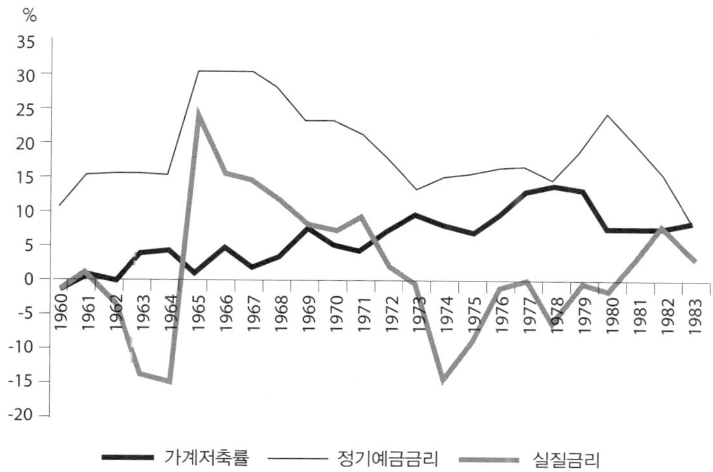

〈그림 3-3〉 정기예금금리와 가계저축률

자료: 정기예금금리는 한국은행(각년도) "예금은행 예금이율" 항목 참조.
실질금리는 GNP Deflator를 통해 필자 계산. 가계저축률은 도시가계조사.

그런데 금융저축을 증대하기 위한 방안으로 실시된 금리현실화 조치는 1970년대 초반 심각한 문제를 야기했다. 한국 기업의 재무구조는 대체로 자기자본의 비중이 매우 낮은 반면, 금융기관 융자와 외국차관 등 타인자본에 대한 의존도가 매우 높았다. 게다가 시중은행의 단기성 자금이나 사채시장의 고리사채 등을 이용해 장기시설자금에 충당하는 경우도 비일비재했다(김정렴, 2006: 310; 김상조, 1991). 이런 상황에서 1960년대 중후반의 고금리정책은 기업들의 금융비용을 급격히 증가시켰다. 게다가 1970년대 초반 세계적인 불황이 전개되자 재무구조가 취약한 기업들의 금융 부담이 급격히 증가하고 기업투자가 심각하게 위축되었다.

1972년의 8·3조치는 이러한 상황에서 재무구조가 취약한 기업들을 지원하고 한국경제의 불황을 타개하기 위해 도입되었다. 8·3조치는 일반적으로 사채동결조치 정도로만 알려져 있지만, 사실 사채조정을 통한 채권채무관계의 조정 외에도 기업재무구조 개선, 금리인하정책으로의 전환 등 한국경제의 구조적 전환에 관한 내용을 담고 있었다. 정책당국은 1970년대 초반의 경기불황과 기업도산이 구조적으로는 한국 기업의 취약한 재무구조와 높은 금융 부담에 있다고 보았기 때문에, 기업공개를 통해 자기자본 비율을 높이고 금리인하를 통해 금융 부담을 낮추고자 했던 것이다(김용환, 2006: 81-110; 김정렴, 2006).

문제는 8·3조치로 인해 1965년 금리현실화 조치 이후 지속되어온 고금리정책이 저금리정책으로 전환되면서 이것이 1970년대의 저축동원전략과 정면으로 충돌하게 되었다는 점이다. 앞에서도 지적했듯이 한국은 1970년대 초반 중화학공업화를 추진하면서 필요한 자본을 내자를 중심으로 조달하는 계획을 세우고 있었으며, 내자 중에서도 정부저축보다는 가계저축 등의 민간저축을 핵심적인 조달 수단으로 활용하고자 했다. 그런데 금리정책이 저금리정책으로 전환됨에 따라 저축증대에 필수적인 실질금리의 보장이란 정책 수단을 활용할 수 없게 된 것이다.

그러므로 정책당국의 입장에서는 저축증대를 위해 금리정책이 아닌 대안적인 저축유인 수단들과 저축증대방안을 모색해야 했다. 저축을 촉진하는 방법으로는 금리정책 외에도 보조금 지급이나 세제혜택 등의 경제적 유인이 있다. 또한 물가인상을 억제하는 것도 실질금리를 인상하는 것과 동일한 효과를 갖는다. 1972년 8·3조치 이후 저축증대를 위해 취한 조치들도 대부분 이러한 것들로서 특히 물가인상의 억제나 소비합리화, 저축에 대한 세제혜택의 제공 등이 중요한 방법으로 제시된다. 가령 1974년 1월 23일 수신금리 인상을 위한 임시조치(소위 '1·23 임시조치')가 실시되었으며, 이 임시조치는 그 후 두 차례 더 연장 실시되었다. 이러한 임시적인 금리인상 조치는 석유위기로 인한 물가상승에 대응하는 한편, 과잉유동성을 저축을 통해 흡수하는 것이 목표였다(한국은행, 1975; 1978; 재정금융30년사편찬위원회, 1978).

하지만 저축증대를 위한 이러한 다양한 조치에도 불구하고 기본적으로 실질금리가 보장되지 않는 상황에서 민간저축의 자발적 증대를 기대하는 것은 무리였다. 〈표 3-3〉은 1970년대 한국과 일본, 대만의 저축률 추이를 민간저축률, 정부저축률, 해외저축률로 구분하여 살펴본 것이다. 한국은 일본이나 대만에 비해 민간저축률이 낮았음을 알 수 있다. 반면, 해외저축률은 일본과 대만에 비해 월등히 높은 수준을 유지해 왔으며, 정부저축률은 일본보다는 높지만 대만보다는 낮았다. 즉, 한국은 일본과 대만에 비해 외자의존도가 상대적으로 높았다고 할 수 있으며, 이는 기본적으로 민간저축률이 낮았기 때문이다. 1970년대에 민간저축을 활용한 내자동원을 매우 중요한 정부시책으로 추진했음에도 불구하고, 한국은 민간저축을 활용한 내자동원에 그다지 성공적이지 못했던 것으로 보인다.

〈표 3-3〉 1970년대 한국 · 일본 · 대만의 저축률 비교 (단위: %)

연도	민간저축률			정부저축률			해외저축률		
	한국	일본	대만	한국	일본	대만	한국	일본	대만
1972	12.1	31.2	25.7	3.6	6.4	6.4	5.2	-2.3	-6.3
1973	19.4	31.1	28.4	4.1	7.2	6.2	3.8	0	-5.3
1974	18.2	29.8	23.3	2.3	6.7	8.4	12.4	0.9	7.8
1975	14.6	28.9	19.8	4	3.7	7.1	10.4	0.1	3.9
1976	16.9	29.8	24.2	6.2	2.5	8.3	2.4	-0.7	-1.6
1977	19.5	29.6	25.4	5.6	2.8	7.6	0.6	-1.6	-4.6
1978	19.9	30.7	26.4	6.5	1.9	8.8	3.3	-1.8	-6.8
1979	19.4	29.1	24.8	7.2	3	9.8	7.6	0.8	-0.9
1980	16	28.3	25.7	5.6	3.4	7.6	9.8	0.9	1.5

자료: 재무부, 『재정금융통계』(1982: 87) 〈표 2-18〉 참조

2. '근로자재산형성저축제도'의 도입

유신정신은 곧 경제성장이고, 경제성장은 내자동원이 관건이었기 때문에 가계저축 증대는 유신정권의 명운을 좌우하는 핵심 과제 중 하나였다. 그럼에도 앞에서 지적한 것처럼 1970년대 초반 저축동원은 그다지 성공적이지 못했다. 1973년 석유위기로 인해 한국의 경제 상황이 매우 악화된 데다가 저금리정책으로 실질금리가 마이너스로 하락했기 때문이다. 실질금리가 1972~1975년간 연평균 -8% 수준에 머무름에 따라 저축성예금의 증가율도 28% 수준으로 둔화되었다(내자동원실무계획반·재정실무계획반, 1976).

그런데 이렇게 가계저축이 지지부진했던 상황이 역설적이게도 오히려 더 강력한 저축 장려 조치들을 취하는 계기가 된다. 정책관료들은 일본과 대만을 저축증대를 통해 경제성장에 성공한 사례로 인식하고 있었기 때문에, 가계저축의 증대는 경제성장을 위해서는 반드시 해결해야 할 문제였다(남덕우, 1973). 그러므로 1970년대 들어 금리정책을 활용할 수 없는 상황에서 정책당국은 '근로자재산형성저축제도'를 도입하는 등 저축장려금 지급을 통한 매우 적극적인 저축우대조치를 취하게 된다. 이러한 적극적인 저축우대조치의 실행은 대만보다 앞서고 세계적으로도 매우 빠른 것으로서 마이너스 실질금리라는 상황 때문에 오히려 정책당국이 가계저축을 사회정책 차원에서 접근하지 않으면 안 되었다는 사실을 보여준다.

근로자재산형성저축제도는 근로자의 저축에 대해 금융 및 세제 면에서 특별히 우대하고, 한국 저축운동 사상 최초로 저축 장려를 위해 법정장려금을 지급했다는 점에서 중요하다. 〈표 3-4〉는 근로자재산형성저축과 법정장려금의 증가 추이를 보여준다. 근로자재산형성저축이 실시 초기부터 괄목할 만한 성과를 보였으며, 이후 가계저축 증대에 매우 중요한 영향을 미쳤음을 보여준다. 1976년 말 제도 시행 1년이 채 안 되어서 계약고 2,328억 원, 수신부금 271억 원에 가입인원도 80만 2,000명에 달했으며(한국은행, 1978), 그 이후에도 급속히 증가하여 1980년대 초에는 예금은행 저축성예금에서 차지하는 비중이 10%를 상회했다. 법정장려금의 지급 규모도 거의 매년 급격히 증가했다.

이 외에도 정책당국은 저축증대를 위한 저축세액공제제도나 보험료공제제도, 그리고 주택자금세액공제를 도입하는 등 저소득층과 중산층의 자산 형성을 위해 세제상 조치를 취했다(내자동원실무계획반·재정실무계획반, 1976: 11; 재무부, 1979: 286-287). 근로자재산형성저축에 가입할 수 없는 농어민을 위해서는 '농어가목돈저축' 제도를 마련하여 형평

〈표 3-4〉 근로자재산형성저축과 법정장려금 (단위: 천 좌, 억 원)

연도	구좌 수	계약고	수입부금(A)	예금은행 저축성예금(B)	A/B	법정 장려금
1977	1,225	5,033	1,090	35,882	3.04	
1978	1,798	7,045	2,278	51,320	4.44	4.4
1979	2,292	11,305	3,045	65,314	4.66	131.1
1980	2,231	14,811	4,432	85,770	5.17	167.9
1981	2,188	21,885	6,361	114,998	5.53	321.8
1982	2,548	36,708	11,075	136,597	8.11	568.7
1983	2,744	44,640	16,691	156,727	10.65	743.4
1984	2,713	47,520	20,282	173,066	11.72	1,185.7
1985	3,176	62,441	22,690	202,462	11.21	2,170.4
1986	3,545	76,456	29,812	245,911	12.12	1,983.8
1987	3,987	93,186	37,528	297,001	12.64	2,658.2

자료: 재무부, 각년도, 『재정금융통계』, "예금동향", "근로자 재산형성저축" 항목 참조.
〈법정장려금〉은 대한민국정부(1987: 136) 참조.

성을 기했으며, 예금이자소득에 대한 비과세 범위도 확대했다. 1978년에는 상여금 근로자재산형성저축제도를 도입하여 급여뿐만 아니라 상여금에 대해서도 장려금을 지급했다(한국응용통계연구소, 1976; 한국은행, 1978).

1974년 도입된 저축세액공제는 국민저축조합 저축을 하는 경우 그 저축금액의 5%를 산출세액에서 공제하는 제도로서 근로자의 대부분이 국민저축조합에 가입해 있었기 때문에 대부분의 근로자에게 적용되었다. 공무원, 국영기업체 임직원의 봉급·적금에 대해서도 적금 예금액의 5%를 저축세액공제 받을 수 있는 조치가 취해졌다. 그리고 주택자금세액공제제도를 마련하여 자기주택이 없는 근로소득자(연간 근로소득이 240만 원 이하인 자)에 한하여 자기주택 마련을 위해 주택은행에 주택금액을 불입할 경우 불입금의 5%, 융자금에 대한 원리금을 상환할 때는 상환금의 5%를 세액공제 받을 수 있도록 했다(한국은행, 1975).

1976년에는 저축하는 근로자를 보호 육성하기 위해 보험료공제제도가 신설되어 월정급여액이 30만 원 이하인 근로자가 의료보험에 가입하고 지급하는 의료보험료는 전액을, 생명보험·손해보험의 경우 그 계약기간이 3년 이상인 보험에 가입하고, 지급하는 보험료는 연 12만 원을 공제해주었다. 이러한 보험료공제제도는 이후 지속적으로 확대되어 공제대상 보험의 범위도 확대되고 보험료 공제 수준도 1979년에는 연 24만 원까지 증가했다(한국은행, 1978).

저축우대조치의 구체적인 방법과 목적은 국가별로 다르다. 선진국의 저축우대조치들이 주로 사회보장적 견지에서 이해되는 반면, 후진국의 저축우대조치들은 내자조달 수단으로서의 성격을 강조하는 경향이 있다. 선진국의 경우는 저축 장려의 목적을 주택 문제의 해결이나 교육, 인구 문제의 해결, 또는 노동자 및 저소득층의 재산 형성 등 소득재분배 혹은 부의 재분배를 중심에 두어왔다. 반면, 한국과 같은 후발 국가는 가계저축의 내자동원 성격이 압도적으로 중요했던 반면, 사회보장적 성격은 부차적이었다(한국은행, 1978). 그러므로 그 수단도 주로 저축계몽이나 저축교육, 소비절약운동 등의 저축캠페인과 강제저축이나 조직화된 저축운동의 실행 등을 중심으로 이루어져왔다.

그런데 한국과 같은 후발 국가에서 1970년대 근로자재산형성저축의 도입과 함께 다양한 세제상의 지원을 하게 되었다는 것은 정책당국이 내자동원이라는 목적을 위해 가계저축의 소득보장적 측면을 적극적으로 고려하게 되었다는 것을 보여준다(저축추진중앙위원회, 1980: 275). 근로자재산형성저축은 '국가가 보조금의 지급 또는 소득세의 면세를 통해 근로자의 재산 형성을 위한 자발적인 저축노력을 지원함으로써 궁극적으로는 근로자의 생활안정을 도모하는 데 그 목적'이 있었다. 또한 근로자재산형성저축제도는 국가재정의 일방적 이전을 특징으로 하는 전형적인 사회보장제도와는 다르지만, 일종의 사회보장제도로서의 성격이 강했다(한국응용통계연구소, 1976).[25] 그러므로 근로자재산형성저축제도를 도입했다는 것은 정책당국이 가계저축을 내자동원의 수단으로서뿐만 아니라 소득보장 수단으로서도 인식하기 시작했다는 것을 보여준다.

더구나 한국의 근로자재산형성저축제도는 서독형과 일본형의 혼합 형태에 가깝다는 점에서도 사회보장적 성격이 뚜렷했다. 서독의 근

25 근로자재산형성저축제도의 시초는 1952년 서독이 전후 주택난 해소를 목적으로 제정한 '주택건설할증금법'이라고 할 수 있으며, 서독은 주택건설지원 외에도 장기저축에 대한 비과세할증금을 확대 지급해왔다. 서독이 근로자재산형성저축제도를 도입한 배경은 전후 고도성장으로 금융저축과 주택소유 등의 차원에서 부의 편중현상이 심각해지고 이것이 사회의 불안요인이 됨에 따라, 장려금 지급 등 적극적인 방법으로 노동자 및 저소득층의 재산 형성을 지원함으로써 부의 편중현상을 완화하기 위한 것이었다(한국응용통계연구소, 1976; 한국은행저축부, 1977).

로자재산형성제도는 국가재정을 통한 장려금 지급을 중요한 특징으로 하며 부의 편재 완화가 중요한 정책목표였다면, 일본의 근로자재산형성제도는 비과세 혜택과 같은 세제 혜택이 핵심이었다(한국은행저축부, 1977). 반면 한국은 저축장려금을 지급한다는 점에서는 서독형에 가깝지만, 장려금이 국가재정에서 지원되는 것이 아니라 저축자출연금과 한은출연금으로 조성되는 재형기금을 통해 지원된다는 점에서는 서독형과 달랐다. 저축자출연금이 재형저축에 대한 비과세 혜택으로 조달된다는 점에서는 일본형에 가까웠다(한국응용통계연구소, 1976). 이러한 한국형 근로자재산형성저축제도의 특징은 사회정책에 대한 국가의 재정 지원을 최소화하는 한국적 특징이 반복되고 있음을 보여주지만, 다른 한편으로 독자적인 기금을 마련하여 저축장려금을 지급하려고 했다는 점에서 일본의 근로자재산형성저축제도보다 진일보한 형태라고 평가할 수 있다.[26]

3. 가계의 생존 수단으로서의 저축

그러면 가계의 입장에서 저축은 어떤 의미가 있었을까? 우선 국가가 내자동원의 견지에서 다양한 저축우대조치를 도입했다면, 가계의 입장에서 저축은 생존을 위해서라도 불가피한 것이었다. 〈표 3-5〉는 1976년 저축시장 조사자료로서 월평균 저축률에 따른 가계의 저축목적을 보여준다. 이 표를 통해 우리는 가계의 저축목적이 주로 자녀교육비 마련,

26 근로자재산형성저축제도의 도입 시기에 있어서도 한국은 매우 빠른 편에 속한다. 근로자재산형성저축은 서독이 1952년 도입한 이후, 프랑스, 일본(1971년) 등이 도입했는데(한국은행, 1978), 한국은 1976년에 도입함으로써 세계에서 네 번째, 아시아에서는 두 번째로 근로자재산형성저축제도를 도입했다.

질병 및 재난 대비, 부동산 구입 및 가옥신축/수리, 운영자금 마련, 노후 생활안정 등과 관련이 있다는 것을 알 수 있다. 저축률이 낮은 가구의 경우 저축목적이 주로 질병 및 재난 대비나 자녀교육비 마련에 집중되는 반면, 저축률이 높은 가구의 경우에는 노후생활안정이나 부동산 구입 등을 위해 저축을 하는 비중도 높다는 것을 알 수 있다.

이러한 점에서 볼 때 가계의 입장에서 저축은 주로 공적 복지가 포괄하지 못한 부분을 대체하는 복지 수단이었으며, 그 목적이 매우 다양한 '다목적적' 소득보장 수단이었다고 할 수 있을 것이다. 또한 저축의 목적이 주로 자녀교육이나 주택 마련, 노후대비 등 생애주기상의 필요와 밀접하게 관련된다는 점에서 가계저축은 가족주의적인 생존전략의 중요한 경제적 토대였다는 점도 알 수 있다.

〈표 3-6〉은 가계가 어떤 방식으로 저축하는지를 보여준다. 우선 가

〈표 3-5〉 월평균 저축률에 따른 가계의 저축목적(1976년 저축시장조사) (단위: %)

저축목적 / 저축률 구간	질병 및 재난 대비	자녀 교육비	결혼 자금	운영 자금	노후생 활안정	고가생활 용품 구입	이자 수입	차입금 상환	부동산 구입 가옥 신설 수리
전 체	59.5	70.0	12.4	26.0	23.4	21.0	2.9	5.9	27.1
5% 미만	62.2	73.9	9.6	22.0	17.3	21.0	1.7	5.7	14.7
5~10%	60.9	72.7	11.0	25.9	24.3	20.5	2.6	6.3	24.6
10~15%	61.4	67.1	16.4	26.3	24.0	20.3	3.8	4.3	32.2
15~20%	60.1	67.9	13.8	28.8	27.8	21.2	3.6	7.6	33.3
20~25%	56.5	69.1	13.8	30.0	23.9	19.9	4.0	5.6	35.3
25~30%	50.3	65.9	13.5	30.3	22.5	25.1	2.8	5.4	39.4
30~50%	52.5	63.1	14.4	25.8	32.6	19.4	2.9	7.2	40.2
50% 이상	57.7	55.2	17.0	31.7	39.0	19.5	5.6	4.0	40.6

자료: 한국은행저축부(1976: 44) 〈표 3-7〉 참조.

〈표 3-6〉 가계의 저축방법

저축방법 소득구간	월급 공제분만 저축	우선 저축 후 소비	소비절약 저축	소비 여분 저축
2만원 미만	0.0	26.4	62.1	11.5
2~3만 원	1.3	26.3	67.7	4.8
3~4만 원	4.0	29.2	60.1	6.6
4~5만 원	4.5	36.9	52.9	5.7
5~6만 원	8.9	42.9	41.2	7.0
6~7만 원	9.4	48.0	37.9	4.7
7~8만 원	13.7	43.9	38.0	4.5
8~9만원	9.5	51.2	33.8	5.5
9~10만원	8.9	52.7	32.7	5.7
10~15만원	14.4	57.2	23.8	4.7
15~20만 원	11.9	56.9	26.3	5.0
20~25만 원	11.9	61.9	26.2	0.0
25만 원 이상	6.2	66.2	23.1	4.6

자료: 한국은행저축부(1976: 104).

계저축 방법 중 '우선 저축 후 소비' 및 '소비절약 저축'이 매우 높으며, '월급 공제분만 저축'하거나 '소비 여분을 저축'하는 경우는 많지 않다. 또한 소득 수준이 높을 경우 '우선 저축 후 소비'하는 경우가 매우 높은 반면, 소득 수준이 낮을 경우 소비절약을 통해 저축하는 경우가 매우 높다는 것을 알 수 있다. 이것은 가계가 저축에 매우 적극적이었음과 동시에 소득 수준에 따라 저축방식이 다르다는 것을 보여준다.

4. 자산기반복지의 경로 형성

정리하면, 1970년대 한국의 복지자본주의는 저축이 중심이 된 자산기반복지의 형태로 제도화되기 시작했다고 평가할 수 있을 것이다. 국가의 복지지출 수준이 매우 낮고 복지부담을 대부분 가족에게 떠넘기는 상황에서 가계저축은 가족의 입장에서 보면 가족주의 생존전략을 뒷받침하는 매우 중요한 경제적 수단 중 하나였다. 당시 대다수의 사람들은 저임금과 열악한 노동환경에도 불구하고 어떻게든 결혼을 해서 가정을 꾸리고, 주거공간을 마련하며, 아이를 낳고 기르고 교육하기 위해 아끼고 절약해서 저축을 해야 했다. 그러므로 국가의 애국주의적 저축장려운동과는 무관하게 생활상의 필요에 의해 저축은 사실상 강제된 것이나 마찬가지였다(신원철, 2006: 303; 서익진, 2003: 91-92).[27]

〈그림 3-4〉는 도시가계조사 자료를 바탕으로 2인 이상 도시근로자 가구의 가계저축률, 조세부담률, 공적보험부담률의 변화 추이를 살펴본 것이다. 앞에서 살펴본 바와 같이 가계의 조세부담률이 1960년대 중반에 상승하며, 1970년대 이후 조세부담률이 대폭 감소한 후 지속적으로 낮게 유지되는 것을 알 수 있다. 공적보험부담률은 1970년대까지 0% 수준을 유지하는 것을 알 수 있다. 반면 저축률은 1960년대 초반 가계의 저축률이 마이너스인 것에서 알 수 있듯이 가정경제에서 가계저축의 비중이 매우 미흡했다. 하지만 1970년대에 오면 가계저축률이 급격히 증가하기 시작하여 20% 이상에 달하게 된다. 이것은 그만큼 가계저축이 가정경제에서 차지하는 비중이 증가했음을 보여주며, 가계저축

27 노동자들의 생활수기를 분석한 신원철의 연구는 1970년대 노동자들이 내 집 마련을 위해 영양실조에 걸려가면서까지 저축을 한 사례를 보여준다(신원철, 2006: 313).

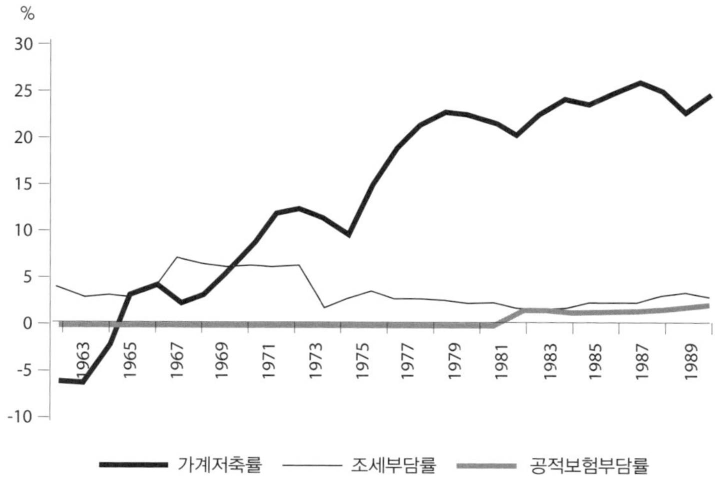

〈그림 3-4〉 한국 도시가계의 가계저축률 · 조세부담률 · 공적보험부담률

자료: 한국도시가계조사(통계청 DOSI system)(김도균, 2012: 180에서 재인용).

이 삶의 안정을 제공하는 수단으로 중요한 역할을 하기 시작했음을 보여준다.

하지만 1970년대의 가계저축은 내 집 마련과 같은 주거안정성 확보 차원으로까지 나아가지는 못했다. 당시의 저축동원은 중화학공업화를 위해 가계의 여유자금을 최대한 제도권의 금융저축으로 유도하는 것이었기 때문에, 가계의 금융자산이 토지·주택 등 실물자산으로 유입되는 것에 매우 부정적이었다. 그러므로 만성적인 주택난이 사회문제화되고 있었음에도 불구하고 내 집 마련 지원에 매우 소극적이었으며, 오히려 주택건설을 전적으로 시장에 맡겨버림으로써 주택난을 더 심화시키게 된다(연하청 외, 1990: 231-234; 김중수, 1987: 201-205; 국정브리핑 특별기획팀, 2007: 126-127). 그 결과 지속적인 부동산 인플레이션과 부동산 투기로 인한 내 집 마련 비용 등 주택 관련 비용이 급격히 증가하고 이것이 다시 가계의 저축 여력을 약화시키는 악순환 구조가 발생한다(저축추진중앙위원회, 1980: 275; 연하청 외, 1990: 185-187).

여하튼 1970년대 내자동원 극대화 차원에서 취해진 저축동원과 저축우대조치들은 세 가지 점에서 중요한 함의를 갖는다. 첫째, 민간저축을 동원하는 방식을 택함에 따라 막대한 재정부담 문제와 조세징수 과정에서 발생할 수 있는 사회적 마찰을 줄일 수 있게 되었다. 이것은 국민복지연금제도가 강제저축이라는 비판을 받고 결국 시행이 유보된 반면, 근로자재산형성저축제도는 자발적 저축을 장려하기 위해 실질적이고 가시적인 혜택을 제공함으로써 사회적으로 상당한 호평을 받을 수 있었다는 점에서도 알 수 있다.[28] 이것은 민간저축의 동원이 국민을 정치적으로 탈동원하는 매우 유효한 수단이었음을 보여준다.

둘째, 재분배 차원에서 저축을 중심으로 한 독특한 재분배 메커니즘이 형성된다. 민간저축을 활용해 중화학공업화를 추진함에 따라 중화학공업화와 경제성장의 과실이 저축에 대한 수익의 형태로 직접 국민에게 돌아가도록 메커니즘이 형성되었다. 당시 재무부장관이던 김용환은 중화학공업 부문에서 기업공개, 주식출자 등을 통해 민간저축을 동원할 경우 이를 통해 수익의 상당 부분을 국민에게 직접 배분할 수 있다는 점에서 저축동원이 경제적으로나 정치적으로 매우 유효적절한 방법이라고 강조했다(김용환, 2006: 131-132). 이것은 저축동원전략의 결과 조세정책과 사회정책을 중심으로 하는 일반적인 재분배 메커니즘과는 매우 다른 재분배 메커니즘이 형성되기 시작했음을 의미한다.

셋째, 저축동원전략의 결과 가계저축이 중요한 생활보장 수단이 된다. 비록 가계저축이 공적연금과 같은 공공복지 수단에 비해서는 미흡하다고 할 수 있지만 공적복지가 부재한 상황에서 저축을 통한 생활설계와 재산 형성은 생활의 안정성을 뒷받침하는 핵심 수단으로 발전

28 동아일보, "'일석이조' 겨냥 봉급생활자보호 내자동원 극대화"(1976. 1. 19), 매일경제, "납세표어 응모 줄어 씁쓸한 표정"(1976. 2. 19).

하게 된다. 이것은 생명보험 등 민간보험을 장기저축과 사회보장의 정책 수단으로 개발 육성하여 보험자금을 생산자금화하려는 시도에서도 엿볼 수 있다(재무부, 1979: 286-287). 더욱이 이러한 저축에 대한 의존성은 정책당국이 저축동원 차원에서 근로자재산형성저축이나 보험료 공제 등 다양한 저축우대조치를 제공함에 따라 더욱 강화된다.

5절 역진적 조세부담과 1970년대의 분배 갈등

앞에서 우리는 소득공제제도의 지속적인 확대로 인해 소득세부담 수준이 지속적으로 낮아져왔다는 것을 확인했다. 그런데 소득계층별 총조세부담은 소득세부담만으로 파악할 수 없으며, 소득세 이외에 간접세 부담 등도 함께 고려해야 한다. 특히 세수 확보의 수단으로 1977년에 부가가치세가 도입되었기 때문에 부가가치세 도입으로 인한 소득계층별 조세귀착(tax incidence)이 어떻게 변했는지를 살펴볼 필요가 있다.

〈그림 3-5〉는 소득10분위별 조세부담률의 변화를 1970, 1976, 1978, 1980년 네 시기를 기준으로 살펴본 것이다. 저소득층의 경우 조세부담 수준이 1970년대 내내 급격하게 증가해온 반면, 중고소득층의 경우는 지속적으로 하락해온 것을 알 수 있다. 우선 소득1분위 계층의 경우 총조세부담이 13%에서 28%로 1970년대 동안 두 배 이상 급격하게 증가했으며, 비록 증가폭이 둔화되긴 하지만 이러한 경향은 소득5분위 계층에까지 지속적으로 관철되는 것을 알 수 있다. 반면, 소득6분위 계층 이상은 1970년대 동안 조세부담 수준이 하락해온 것을 알 수 있다. 특히 조세부담의 누진도가 지속적으로 낮아져 1978년과 1980년에는 조세부담의 역진성이 뚜렷해지는 것을 알 수 있다. 1978년과 1980년에는 소득6분위에서 소득9분위 계층은 전체 소득 계층에서 가장 낮

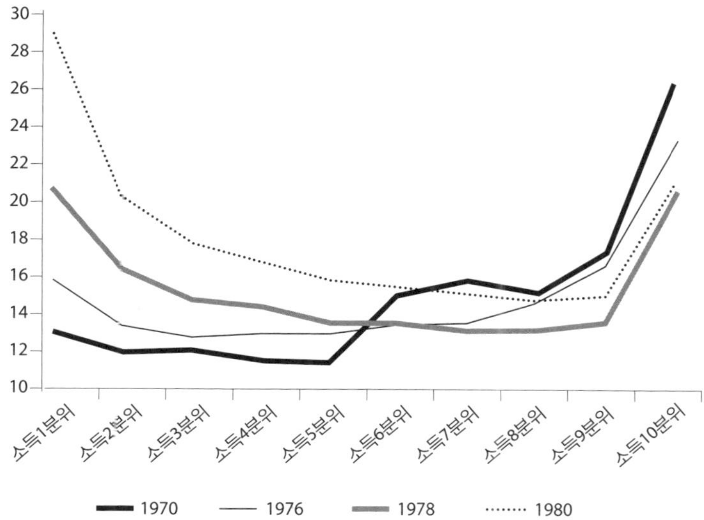

〈그림 3-5〉 총조세부담의 소득계층별 귀착

자료: 한승수(1982: 87) 〈표〉 '조세부담분포' 참조.

은 조세부담률 수준을 보여주고 있다. 소득10분위 고소득 계층의 경우에도 조세부담률이 지속적으로 하락해 1978년과 1980년은 조세부담률이 소득1분위 계층에 비해서도 낮은 수준이었다.

소득계층별 복지 혜택은 조세부담의 역진성과는 반대의 경향을 보였다. 1970년대의 사회정책이나 저축우대조치들은 대체로 중간층 및 고소득층을 대상으로 한 것이었다. 의료, 교육, 주거 등의 혜택은 주로 이러한 서비스를 활용할 수 있는 중간층 이상에게 돌아가고, 저축 장려를 위한 다양한 저축유인제도도 한계저축성향이 높은 중고소득층에게 혜택이 집중되었다.

이러한 제도상의 역진성은 결국 1970년대 후반 분배 갈등의 폭발로 이어진다. 중화학공업화의 추진과 함께 분배 문제나 복지사회 구현이 강조되었고, 이를 위해 다양한 정책이 도입되었음에도 불구하고 분배 갈등이나 양극화 문제는 점점 더 심각해졌다. 그로 인해 노동이나 빈곤 문제, 그리고 이의 시정을 요구하는 사회운동도 점점 더 격화될 수밖에 없었다.

특히 조세저항의 회피 수단으로 도입되었던 부가가치세가 역설적으로 조세저항과 사회갈등을 더욱 격화시키는 결과를 초래하게 된다. 김종인은 부가가치세 도입의 정치사회적 결과를 다음과 같이 지적한다.

> 이 부가가치세가 76년 말 국회를 통과해 77년 7월 1일부터 10%의 단일세율로 시행이 되고 나서 서민들의 조세부담이 엄청나게 늘었습니다. 공화당이 78년 선거에서 민주당한테 의석으로는 이겼지만 득표율면에서 1.2% 졌는데, 부가가치세 도입이 큰 역할을 했어요. 오죽하면 이만섭 씨가 10대 국회에 나와서 부가가치세를 폐지하자는 얘기까지 나왔겠어요. 그래서 박정희 대통령이 78년 선거 끝나자마자 경제팀을 싹 갈아버리고 신현확 부총리 체제로 갔습니다. 그리고 부가세 개편 작업을 했죠. 그러다가 80년 신군부가 들어섰고, 이들이 79년 부마사태를 조사하니까 부가가치세가 근본 원인이었어요. 학생들의 데모에 상인들이 대거 가세하면서 사태가 커진 거였죠. 그랬더니 부가세를 폐지하자는 얘기가 나오고 …. (김종인, 『프레시안』 2009 "정권은 유한하나 관료는 영원하다")

위에서 김종인이 지적하는 바와 같이 1977년 부가가치세의 도입은 1978년 국회의원 선거에서 공화당의 패배와 1979년 부마항쟁을 촉발하는 중요한 계기로 작용했다(이만섭, 2009: 207-210).

우선 1978년 선거는 유신체제 등장 이후 처음 치르는 직접선거로서 유신체제에 대한 신임투표의 성격이 강했다. 이 선거에서 공화당은 의석 수에서는 신민당에 앞섰지만, 득표율에서는 신민당에 졌다. 게다가 서울은 공화당 의원들이 모두 차점자로 당선되는 결과가 벌어졌다

(서중석, 2008: 189-190). 이는 당시 공화당 및 유신 집권세력에 대한 국민의 불만이 어떠했는가를 잘 보여준다.

이러한 민심이반은 총선 이후 더욱 격화되어, 1979년 10월 부마민주항쟁으로 폭발하게 된다. 부마민주항쟁은 김영삼의 의원직 박탈과 대학생들의 민주화 운동이 직접적인 계기였다. 하지만 시위에 참여한 계층이 매우 광범위했고, 이들의 요구가 주로 빈부격차를 심화시킨 박정희의 경제정책에 반발하는 내용들과 관련이 있었다. 이것은 경제적 요인과 분배 문제가 부마민주항쟁의 중요한 계기였음을 보여준다.

1960년대부터 부마항쟁 이전까지 박정희가 권력을 장악하고 있던 기간 중에 발생했던 대부분의 민주화 운동은 주로 학생들에 의해 이루어진 것이었고, 일반 시민이 가세한 경우는 거의 없었다. 오히려 대부분의 시민은 학생들의 민주화 운동에 호응하지 않았다. 하지만 부마민주항쟁의 경우는 영세상인, 중소기업이나 영세기업 노동자, 식당·접객업소·상점의 종업원, 반룸펜층, 부랑자, 실업자 등 사회적으로 소외당했던 층이 많이 참여했을 뿐만 아니라 회사원 등 중간층 시민도 참여했다 (서중석, 2010: 325-340).

또한 부마민주항쟁 당시에 시위대가 세무서를 습격했는데, 시위대가 세무서에 불을 놓은 것은 단순히 정부 시설이었기 때문이 아니라 1977년 시행된 부가가치세에 대한 저항, 즉 조세저항의 표출이었던 것으로 보인다.[29] 부산 지역은 경공업뿐만 아니라 상공업이 발달한 도시로서 영세기업인과 상인이 많이 거주하고 있었는데, 이들에게 부가가치세 도입은 매우 민감한 사안이었다. 왜냐하면 이론상으로는 소비자가 부가가치세를 부담하지만 부가가치세를 소비자에게 전가하지 못할

29 조세일보, "부가세가 10·26 사건 낳았다(?)"(2006. 7. 3).

경우 조세부담은 상인들에게 돌아가기 때문이다. 영세기업도 부가가치세를 가격에 반영하여 원청기업에 전가시킬 수 없을 경우 그 부담을 고스란히 떠안을 수밖에 없었다. 그러므로 영세기업인이나 상인이 많이 몰려 있던 부산, 마산 지역에서 부가가치세에 대한 불만이 클 수밖에 없었다.

이렇게 분배 문제나 조세저항으로 당시 민주화 운동이 영세기업인과 상인 등 자영업자와 결합하기 시작했다는 것은 전체 중간층의 심각한 이반현상을 보여주는 것으로 정권 차원에서 매우 심각한 현상이었다(임현진, 2004: 300-308; 손호철, 2006). 당시 김재규는 1980년 1월 28일 '항소이유보충서'를 계엄고등군법회의 재판부에 제출하면서 부마민주항쟁의 성격과 폭발 이유를 다음과 같이 지적한다.

> 부마사태는 그 진상이 일반국민에게 잘 알려지지 않았지만 굉장한 것이었습니다. … 부산에는 본인이 직접 내려가서 상세하게 조사하여 본 바 있읍니다만 민란의 형태였습니다. … 순수한 일반시민에 의한 민중봉기로서 … 데모하는 사람과 시민이 완전히 의기투합하여 한 덩어리가 되어 있었고 … 그것은 체제에 대한 반항, 정책에 대한 불신, 물가고 및 조세저항이 복합된 문자 그대로 민란이었습니다. (김재규 항소이유보충서(1월 28일), 김대곤(1985)에 수록)

당시 동아시아 국가 중에 부가가치세를 도입한 국가는 한국이 유일했다. 일본에서도 1970년대 후반 부가가치세 도입을 시도했지만 정치적 반발이 거세 결국 포기할 수밖에 없었다(Kato, 2003). 반면 한국은 정치적 반발에도 불구하고 부가가치세 도입을 강행했다. 하지만 사회보장제도가 전무하고 세제 혜택 등이 주로 중간층 이상에게 돌아가는 상황에서 부가가치세 도입은 결국 심각한 사회적 충돌을 초래하고 말

았다.[30]

유신 권위주의 체제는 정치를 행정으로 대체하기 위해 국민의 탈정치화를 추구하고, 국가권력의 폭력적 행사를 통해 사회운동의 발언권을 극도로 억압해왔다. 그럼에도 생존권과 관련된 사회적 투쟁을 완전히 억제할 수는 없었다. 게다가 국가의 정책이 오히려 사회적 양극화와 조세부담의 불공평성을 강화함에 따라 이러한 국가와 사회의 갈등은 더욱 격화될 수밖에 없었다. 일반적으로 부가가치세는 직접세에 비해 조세저항이 상대적으로 적은 것으로 알려져 있지만, 한국의 사례는 사회보장제도가 전무한 상황에서는 부가가치세와 같은 간접세의 도입이 매우 심각한 조세저항을 야기할 수 있다는 것을 보여준다. 결과적으로 보면, 유신정권은 생존권 투쟁이 민주화 운동과 결부되는 것을 극도로 꺼려했음에도 불구하고, 부가가치세 도입으로 인해 결국 민주화 운동을 생존권 투쟁으로부터 고립시키는 데 실패했다고 평가할 수 있다.

6절 소결

이 장에서는 1970년대 중화학공업화 전략이 어떻게 저축 중심의 복지자본주의 경로를 형성하게 되었는지 살펴보았다. 지금까지 연구들은 대체로 한국에서는 경제정책이 사회정책보다 우위에 있었으며, 사회정책의 발달이 다른 개발 도상국가들에 비해서도 상대적으로 지체되어온 점을 중요한 특징으로 지적해왔다(Deyo, 1992). 실제로 1960~70년대 산

30 1978년 총선과 부마항쟁 사례만을 언급했지만, 사실 1977년 부가가치세 도입 직후에도 서울의 남대문과 동대문, 평화 시장 상인들이 문을 닫는 등 상인들의 저항이 끊이지 않았다(김영호, 2002b).

업화를 추진하는 과정에서 국가는 사실상 모든 가용한 인적·물적 자원을 경제발전을 위해 총동원해왔으며, 그 결과 국가의 공적 사회지출은 최대한 억제되었던 것이 사실이다. 그러므로 경제발전을 위해 사회정책이 억제되어왔다는 기존의 주장들은 설득력을 갖는다. 하지만 이 글은 중화학공업화의 추진으로 사회정책은 형식적 수준에 머물게 되지만, 이와 반대로 소득세 감면과 가계저축의 장려가 복지자본주의를 구성하는 매우 핵심적인 제도로 구축되는 과정을 새롭게 지적했다.

1970년대 중화학공업화를 추진하는 과정에서 한국은 내자동원 극대화 전략을 취하는데, 이러한 전략은 내부적으로 갈등과 긴장을 내포하고 있었다. 첫째, 인적 · 물적 자원의 총동원 필요성에도 불구하고 1970년대 유신 권위주의의 등장은 역설적이게도 국가의 과세역량을 심각하게 제약하는 것이었다. 권위주의 체제는 일반적으로 정치적 정당성이 매우 취약할 뿐만 아니라 정치를 행정으로 대체하는 경향이 있기 때문에 국민의 재산권을 침해하는 국가의 과세행위는 매우 제약될 수밖에 없었다. 게다가 공적 사회지출도 최대한 억제되었기 때문에 국가가 국민의 조세부담률을 일방적으로 인상하는 데에는 한계가 있었다. 오히려 국가는 소득공제 한도를 대폭 확대하는 등 조세정책을 통한 재정복지를 활용하는 경향을 보이게 된다.

둘째, 조세를 통한 재원조달이 제약됨에 따라 금융억압을 통한 민간저축 동원의 중요성이 더욱 커지게 되었다. 민간저축 동원은 내자동원 극대화 전략의 매우 핵심적인 구성요소로서 정권의 명운을 좌우할 정도로 핵심적인 정책과제였다. 하지만 저금리 기조하에서 가계저축을 증대시키기 위해서는 근로자 재산형성저축과 같이 사회보장적 성격이 강한 저축우대조치를 도입해야 했다. 한국은 일본에 이어 아시아에서 두 번째로 재산형성저축제도를 도입한 국가가 되었는데, 이것은 권위주의 국가가 금융억압하에서 저축증대를 위해 저축장려금 제공과 같은 매우 적극적인 조치를 취하지 않을 수 없었다는 사실을 잘 보여준다.

셋째, 중화학공업화를 위한 총동원의 당위성에도 불구하고 1970년대에는 분배 문제가 점점 더 첨예한 사회 문제로 부상하고 있었다. 게다가 1970년대 유신이라는 권위주의 체제의 등장은 집권세력의 정치적 정당성을 취약하게 만드는 것이었다. 그러므로 국가는 분배요구를 일정 정도 수용할 수밖에 없었다. 그 결과 1970년대 중반 제4차 경제개발 5개년계획에서는 사회개발이 중요한 정책과제로 제기되고, 국민복지연금제도와 의료보험제도 등 사회정책의 도입 필요성이 증가한다. 하지만 이 경우에도 사회정책은 경제개발과 내자동원 극대화라는 맥락에서 고려되었다는 점에 주목할 필요가 있다.

이렇게 권위주의 체제하에서 사회정책과 조세정책, 금융정책은 밀접하게 엮여 있었다. 권위주의 체제하에서의 이러한 독특한 정책조합을 가장 잘 보여주는 것이 1974년의 긴급조치 3호일 것이다. 긴급조치 3호는 국민복지연금제도라는 공적 사회정책의 시행을 무기한 연기하는 대신, 근로소득세 면세점을 대폭 인상하고, 저축 장려를 위한 유인제도들을 시행하는 것을 핵심으로 하고 있는데, 이것은 한국에서 사회정책이 국가의 자본동원전략, 즉 저축동원 및 조세동원과 같은 내자동원전략과 얼마나 긴밀하게 엮여 있었는가를 보여주는 매우 중요한 사례라고 할 수 있다. 하지만 지금까지의 연구들은 긴급조치 3호와 국민복지연금제드의 시행 유보를 단순히 사회정책이라는 고립된 영역에서만 파악해왔다는 점에서 한계가 있다.

한국의 경험은 권위주의 체제하에서의 후발 산업화가 저축 중심의 복지자본주의를 형성하게 되는 과정을 잘 보여준다. 권위주의 체제하에서 공적인 사회보장제도는 전무하다시피 했다. 하지만 이러한 사회정책의 부재로 말미암아 국가의 과세역량은 제약될 수밖에 없었으며, 오히려 근로소득세 감면조치가 재정복지로서 적극적으로 활용된다. 그런데 조세정책이 사회정책적으로 활용되었기 때문에, 이번에는 조세·재정상의 부담이 금융으로 전가되어, 금융이 국가의 재원조달의 중요한 수단으로 활용된다. 하지만 산업투자를 촉진하기 위해 저금리 정책을 추진하는 상황에서 가계저축을 장려하는 데에는 한계가 있었고, 이를 극복하기 위해 근로자 재산형성저축과 같은 매우 적극적인 저축 장려 조치들이 실행된다.

제4장

민주화 이행과 자가(自家)소유자 사회의 등장

1절 민주화 이행과 중산층 육성

1. 엘리트 협약에 의한 민주화 이행

민주주의가 복지국가나 사회적 권리의 발전에 미치는 영향에 대해서는 두 가지 견해가 있다. 첫째, 민주주의로 인해 정치적 공간이 개방되고 선거경쟁을 해야 하는 상황에서 정치세력들은 사회정책을 정치적 지지기반을 확보하기 위한 수단으로 활용하는 경향이 강하기 때문에, 민주주의는 대체로 복지국가의 성장에 긍정적인 영향을 미친다는 견해다. 플로라와 알버(Flora and Alber, 1981)를 비롯한 근대화론자들은 산업화와 함께 민주주의 같은 거시적 변수가 복지국가의 발전과 저발전을 가르는 중요한 변수임을 강조한다. 제3세계 국가들의 민주화 이행에 관해서도 쉐보르스키(A. Przeworski)와 같은 민주화 이행론자들은 절차적 민주주의가 일단 제도화되면, 민주주의는 경쟁의 제도적 효과로 인해 민주화 이행의 성격이 어떠하든 간에 스스로 공고화된다는 점을 강조한다(최장집·박상훈, 2010: 140).

둘째, 민주화 이행 경로의 다양성을 강조하는 견해들은 사회적 민주화는 민주화 이행 양식의 함수이지 민주화의 필연적인 결과가 아니라고 주장한다. 이들은 민주화 이행의 경로와 민주주의의 유형은 매우 다양하며, 민주화 이행의 성격이 민주주의의 공고화에도 중요한 영향을 미칠 수 있다고 본다(O'Donnell, Schmitter and Whitehead, 1986). 민주화 이행론자들이 민주주의 제도하에서 다수표를 획득하고자 하는 경쟁의 압력을 과대평가하는 경향이 있다고 지적하면서, 민주화 이후의 정치균열이 반드시 시민사회의 계급균열을 반영하는 것은 아니라고 강조한다. 이들은 민주화 이행이 어떤 경로와 유형을 따르는지, 그리고 사회적 균열이 어떠한 방식으로 정치화되는지가 민주화 이후 민주주의 발전에 영향을 미친다는 경로의존성을 강조한다(최장집·박상훈, 2010: 138-141).

실제로 근대화론에 기대어 민주화 이행 이후 복지국가가 성장했다고 보는 견해들과 달리(Peng and Wong, 2008; 김태성·성경륭, 1993), 제3세계 민주화 이행은 정치민주화가 반드시 사회민주화로 귀결되지는 않는다는 점을 보여준다. 즉, 정치민주화가 사회민주화를 촉발하고, 이것이 다시 정치민주화의 수준을 높이게 되는 순순환 과정을 '이중전환'이라고 한다면, 제3세계 국가들의 민주화 이행 대부분은 이러한 이중전환이 유보되어왔음을 보여준다(송호근, 1999: 119-120). 그러므로 민주화 이행이 복지국가 성장에 어떤 영향을 미치는가를 구체적으로 분석하기 위해서는 우선 민주화 이행의 성격을 분석하고, 이것이 민주주의의 공고화와 복지국가 성장에 어떤 영향을 미쳤는가를 분석할 필요가 있다.

대체로 민주화 이행의 유형은 첫째, 기존의 권위주의 집권세력이 민주화 이행 과정을 어느 정도나 통제하고 영향력을 행사할 수 있는가의 문제, 둘째, 엘리트 간 협상의 동학과 사회에서의 압력의 동학, 즉 정치사회에서의 정치 엘리트 간 균열과 시민사회에서의 계급균열이 어떻게 결합하고 해소되는가의 문제를 기준으로 구분할 수 있다(Valenzuela, 1992: 77; Mainwaring, 1992: 302-304, 317-326; O'Donnell, 1992; 송호근, 1999; 조효래, 1995; 윤상철, 1997).

첫째, 민주화 이행 과정에서 권위주의적 집권세력이 어느 정도 영향력을 행사하는가에 따라 민주화 이행은 '구체제의 패배와 붕괴를 통한 이행', '거래에 의한 이행'으로 구분할 수 있으며, 이의 중간 형태로 '탈출을 통한 이행'을 추가할 수 있다(Mainwaring, 1992: 317-326; 조효래, 1995; 송호근, 1999: 108). '패배와 붕괴를 통한 이행'이 권위주의 체제가 완전히 붕괴하면서 민주화 이행이 진행되는 경우라면, '거래에 의한 이행'은 기존 권위주의 집권세력이 초기 자유화 과정을 주도하고 이후 민주화 이행 과정에서도 핵심적인 행위자로서 민주화 과정에 개입하거나 통제하게 되는 경우를 뜻한다. 마지막으로, '탈출을 통한 이행'은 기존 권위주의 세력이 매우 약화되어 민주화 과정에 영향력을 행사할 수는 없지만 그렇다고 해서 완전히 패배하지도 않은 경우를 가리킨다(조효래, 1995).

한국은 이러한 민주화 이행 유형에서 브라질, 스페인 등과 함께 '거래에 의한 이행'의 전형적인 사례로 평가된다(Valenzuela, 1992: 77). 거래에 의한 이행은 소위 '성공의 역설'의 결과로, 즉 권위주의 체제가 경제적 성공으로 인해 정치개방을 통해서 잃을 것이 없으며, 오히려 대내외적 정당성을 획득할 수 있는 좋은 기회라고 판단할 때 발생하며, 이러한 이행의 핵심 요소는 이행 과정에 대한 엘리트의 통제, 특정 행위자의 배제, 사회경제적 변화의 배제, 선거에서 경쟁할 수 있는 권위주의 체제의 능력 등이라고 할 수 있다(조효래, 1995; 윤상철, 1997). 그런데 한국의 민주화 이행은 기본적으로 권위주의 정권의 경제적 실패가 아니라 성공을 배경으로 진행되었다는 점, 그리고 이것이 지배세력의 정치적 양보를 통해 이루어졌으며 이들이 지속적으로 매우 커다란 영향력을 행사하며 민주화 이행 과정 전체를 통제해왔다는 점에서 기본적으로 '거래에 의한 민주화 이행'으로 구분할 수 있다(임현진·송호근, 1995; 최장집, 1993; 송호근, 1999).

둘째, 정치균열과 사회균열의 결합방식에 따라 거래를 통한 민주화 이행은 다시 '사회협약을 통한 민주화 이행'과 '엘리트 협약을 통한 민주화 이행'으로 세분할 수 있다(송호근, 1999: 108). 메인워링(Mainwaring, 1992: 302-304)이 지적하는 것처럼 민주화 이행은 엘리트 간 협상의 동학과 사회로부터의 압력의 동학이라는 이중 과정으로 전개되기 때문에, 정치 엘리트 간의 균열이 시민사회의 계급균열을 전국적인 정치쟁점으로 전환시킬 수 있다면 민주주의는 공고화될 수 있다. 그러므로 민주화 이행은 권위주의 세력의 잔존 여부 외에도 사회적 균열이 정치화되는 방식에 의해 영향을 받으며, 구체제 세력이 잔존한다 하더라도 그것이 반드시 민주주의의 공고화에 부정적이라고 할 수는 없다(조효래, 1995).

한국의 민주화 이행은 운동에 의한 민주화, 즉 밑으로부터의 민주화 압력이 매우 거셌으며, 시민사회가 매우 저항적이었다는 점에서 남미나 대만의 민주화 이행과 뚜렷한 차이가 있다(최장집, 1993; 신광영, 1999). 하지만 한국의 민주화 이행은 '엘리트 협약을 통한 민주화 이행'의 전형적인 사례에 속한다. 이러한 이행의 성격을 가장 잘 보여주는 것이 1987년의 6·29선언과 1990년의 3당 합당이다. 1987년의 6·29선언은 직선제 개헌이라는 제도권 야당의 요구를 수용하고, 나아가서 야당과 중간계급을 급진적인 민주화 세력과 분리시킴으로써, 아래로부터의 민주화 압력을 정치 엘리트 간의 협상 문제로 전환시키기 위해 권위주의 집권세력이 선택한 전략이라고 할 수 있다(윤상철, 1997: 161-175; 김원, 2009; 서중석, 2011).[1] 1990년의 3당 합당의 경우도 구지배세력이 민주화

1 6·29선언은 집권세력 내 개방파가 권위주의 체제의 전면 와해를 방지하기 위해 강경보수파를 설득한 정치적 협약이었다는 견해도 존재하며(임혁백, 1992; 송호근, 1999: 35), 이와 달리 개방파와 강경파 간의 이해관계가 불일치했다는 것은 허구적인 대립구도라는 비판도 있다(윤상철, 1997). 하지만 저항연합 내의 제도권 야당인 민주당이 기본적으로 정치체 내부의 협상을

이행 과정에서의 위험부담을 최소화하기 위해 민간 출신에게 주도권을 이양한 엘리트 협약이라고 평가할 수 있다(송호근, 1999: 32-35).

그런데 한국에서 엘리트 협약을 통한 민주화 이행이 갖는 더욱 큰 문제는 이것이 지역정당체제를 고착화시킴으로써 시민사회의 계급균열이 전국적 정치쟁점으로 부상할 수 있는 통로를 차단시켰다는 점이다(최장집·박상훈, 2010: 133; 윤상철, 1997: 180). 민주화 이행론자들은 다수표를 획득하고자 하는 선거경쟁이 결과적으로 정당과 사회 간의 연계를 확대·심화시킨다고 주장하지만, 이것은 정당 간의 경쟁이 반드시 계급균열과 같은 갈등 축을 중심으로 전개되지는 않는다는 점을 간과한다. 오히려 지역균열과 같은 하나의 갈등 축은 계급균열과 같은 또 다른 잠재적 갈등 축을 억압하고 대체하는 효과를 갖는다(최장집·박상훈, 2010: 138-141).

이런 점에서 볼 때, 한국의 민주화 이행은 엘리트 협약에 의한 이행이라고 평가할 수 있다. 왜냐하면 한국의 민주화 이행은 아래로부터의 민주화 요구에 의해 가능한 것이었지만, 6·29선언 이후에는 민주화 운동세력이 완전히 배제되는 엘리트 주도의 이행으로 전환되었고, 또한 지역정당체제가 고착화됨으로써 시민사회의 계급균열이 정치화되는 데 실패했기 때문이다.

2. 중산층 육성과 자산 형성 지원

지금까지 한국의 민주화 이행은 정치 엘리트들이 이행 과정에서 사회

통한 해결방식을 선호했다는 점에서, 6·29선언이 권위주의 집권세력과 저항연합 내의 온건파가 민주화 이행을 정치적 거래의 문제로 전환시킨 중대한 사건이었다는 점에는 이견이 없을 것이다.

운동세력을 철저히 배제하는 데 성공한 엘리트 이행에 해당한다는 점을 살펴보았다. 이것은 곧 민주화 과정에서 시민사회의 계급균열과 분배 갈등이 정상적인 정치화 과정을 거칠 수 없었다는 것을 의미한다. 그렇다면 민주화 과정에서 터져나온 분배 갈등은 어떤 방식으로 해결 혹은 무마되었는가? 분배 갈등은 지역 갈등으로 완전히 대체된 것인가? 아니면 민주화 이후 분배 갈등을 해소하는 독특한 방식이 존재했는가? 지배 엘리트가 정당성 위기에 대처한 방법은 무엇이었는가?

한국의 민주화 이행은 축적위기보다는 정당성 위기에서 촉발된 것으로서 정치민주화에 대한 요구뿐만 아니라 경제민주화와 사회민주화에 대한 요구 또한 강렬했다. 한국은 산업화 시기 성장제일주의와 선성장·후분배 전략을 취한 결과, 경제는 지속적으로 성장했지만 그 과정에서 상당수 국민은 불평등이 심화되는 것을 느끼고 있었다. 특히 1970년대 이후 소득분배는 개선되고 있었지만, 부동산이나 금융자산 소유 등 자산 불평등은 악화되고 있었다(신동아편집실 편, 1988; 이정우, 1991; 연하청, 1987: 47-48; 이계식, 1989). 이로 인해 지배 엘리트들 또한 민주화 과정에서 분출되는 분배정의 문제가 '민중경제론' 등과 같이 이데올로기의 형태로 급진화하는 것을 심각하게 고려하고 있었으며, 이에 대한 정책대응의 필요성을 절감하고 있었다(연하청 외, 1990).

한국에서 지배 엘리트가 이러한 분배 갈등에 대응하는 방식은 '중산층 육성대책'으로 나타났다. 한국의 도시중산층이 정치적으로 비판적일 뿐만 아니라 분배 문제에도 민감했다는 것은 곧 민주화 과정에서 중간층을 둘러싼 정치적 경쟁 또한 매우 치열할 수밖에 없었음을 의미한다. 그런데 지배 엘리트들은 도시중산층을 경제성장의 직접적인 수혜자일 뿐만 아니라 자신들의 잠재적 지지 세력으로 간주했기 때문에 도시중산층을 어떻게든 도전연합에서 분리시켜 자기 편으로 끌어들일 필요가 있었다(윤상철, 1997: 161; 김호기, 1994: 41-44; 김호기·김영범, 1995).

이것은 곧 지배 엘리트가 절차적 민주주의의 도입을 통해 도시중산층의 정치적 지향도 만족시켜야 할 뿐만 아니라 분배 문제에도 적극 대응해야 한다는 것을 의미했다. 1987년 6월 항쟁 직후『월스트리트 저널』은 "이제 한국의 정치는 중간층을 잡기 위한 싸움의 양상을 띠고 있다"고 전망했는데,[2] 이는 민주화 이행 과정에서 중간층을 둘러싼 경쟁, 즉 계급연합의 정치가 매우 중요했음을 보여준다.[3]

그런데 분배 갈등에 대응하는 방식은 다양할 수 있다. 기존 논의들은 대부분 분배 문제를 지나치게 사회정책에만 국한시켜 논의하는 경향이 있지만, 사실 분배 문제와 사회적 위험에 대한 대응 수단은 사회정책 외에도 조세정책이나 금융정책 등 다양한 수단으로 구성된다. 그러므로 민주화 이행으로 분배 이슈가 부각되고 유권자를 향한 경쟁이 치열해지더라도 사회정책만이 정치적 지지 기반을 확보하는 유일한 수단이었다고 할 수는 없다.

그렇다면 '중산층 육성대책'은 구체적으로 어떤 내용을 담고 있었는가? 우선 정책목표가 되는 중산층의 표준을 "고졸 이상의 학력에 11~30평 정도의 자기 집이나 전셋집에 살며, 얼마간의 저축을 하면서 보통 가구에서 볼 수 있는 현대적인 문화시설을 어느 정도 보유하고 있는 상대적으로 안정적인 계층"으로 규정하고 있다(연하청 외, 1990: 30). 그리고 정책목표로서 중산층 육성은 주변 집단 내지 하위집단을 위에

2 월간『말』, 1989 7월호「노정권의 중간층 포섭전술」, 16쪽.

3 엄밀히 말해 지배 엘리트 내부에서 중산층 육성대책이 본격적으로 논의되기 시작한 것은 1985년 2·12총선에서 집권여당이 패배한 직후부터라고 할 수 있다. 1985년 2·12 총선에서 집권여당은 서울 지역에서 완패할 정도로 도시중산층의 이반 현상이 심했다. 이로 인해 경제기획원은 1985년 3월 '중산층 육성대책'이라는 미간행 보고서를 통해 중산층 지지 확보를 위한 전략을 제시하게 된다. 이러한 정책방향은 이후 "제6차 경제사회발전 5개년계획"을 통해 구체화된다(윤상철, 1997; 홍두승, 2005: 9).

서 규정한 중산층 범주로 편입하는 중산층 육성정책과 기존의 중산층이 중산층에서 탈락하는 것을 방지하는 중산층 지지 정책으로 구분한다(연하청 외, 1990: 145; 홍두승, 2005: 91).

정책 과제로는 첫째, 소득분배의 개선과 상대적 빈곤감의 해소가 우선이며, 둘째, 다량의 주택공급을 통해 주거생활의 안정이 무엇보다 필요하며, 셋째, 저임금근로자의 지위 향상과 중산층에의 귀속비율을 높이기 위해 근로자재산형성저축과 종업원지주제 등의 개선이 필요하고, 마지막으로 중산층의 누락을 방지하고 주변 계층의 중산층화를 위해 사회보장제도의 확충 및 정비가 필요하다고 지적한다(연하청 외, 1990).

정책 수단으로는 첫째, 소득안정과 재산 형성을 위해 최저임금제 도입, 근로소득세 부담 완화, 근로자재산형성저축제도의 확대 개편이 제시된다. 소득격차를 완화하고 저소득층의 생활안정을 위해 일차적으로 최저임금제를 도입함으로써 일정 수준의 소득을 보장하고, 이와 함께 조세부담을 상대적으로 완화함으로써 실질적인 소득증대 효과가 있도록 할 필요가 있었다. 이와 더불어 임금소득 증대를 가급적 저축증대로 유도하기 위해서는 좀 더 유리한 근로자재산형성저축 수단을 개발하고, 종업원지주제를 확산하여 봉급생활자면 누구나 어느 정도의 금융자산을 보유할 수 있도록 할 필요가 있다고 지적한다(경제기획원, 1986: 87-90).

둘째, 주거생활의 안정을 위해서는 소형주택 위주의 주택공급, 임대주택건설 확대, 주택 마련을 위한 근로자저축제도 등 주택금융제도 개선을 제시한다. 무주택 저소득 근로자의 주택구입 여력에 맞게 작은 평형의 국민주택을 공영개발을 통해 대량 공급함으로써 주택보급률을 획기적으로 증대하고, 주택구입 자체가 어려운 계층을 위해서는 임대주택 건설 확대를 통해 대응할 필요가 있음을 지적한다. 또한 주택구입을 위해서는 일시에 거금이 필요하기 때문에 주택금융제도를 개선하여 주택구입 관련 융자제도를 확대하고, 이자소득세를 감면하는 근로자 주택저축제도를 마련하는 한편, 장기주택자금 상환금에 대한 소득세 공제제도를 도입할 것을 계획한다(경제기획원, 1986: 90-91).

셋째, 소득상실 시에 본인이나 가족의 생활안정을 보장하는 사회적 제도에 대한 국민의 요구가 확산됨에 따라 의료보험의 대상 확대와 국민연금제도를 도입할 필요성을 지적한다. 국민연금제도는 노령에 의한 퇴직, 사고에 의한 장해퇴직, 사망 등의 이유로 소득원을 상실할 경우 급여를 지급하도록 함으로써 종합적인 소득보장 기능을 수행하도록 하고, 또한 급여수준 결정에 있어서는 기본급여 부문과 소득비례 부문을 두어 소득재분배 기능을 가미하도록 했다. 이와 함께, 의료서비스에 대한 지역 간, 계층 간 불균형을 시정하기 위해 의료보험제도를 농어민과 도시자영업 계층에까지 확대함으로써 전국민의료보험제도를 구축할 것을 제시한다(경제기획원, 1986: 109-116).

넷째, 영세민 계층 지원대책으로 공공부조제도를 개선하여 심신장애나 고령 등으로 자력에 의한 생계유지가 어려운 빈곤계층에 대해 생계를 보장함과 동시에 자활이 가능한 계층에 대해서는 조속히 자립할 수 있도록 생활 능력을 배양하고 취업 기회를 확대할 것을 제시한다. 공공부조제도는 특히 중앙정부의 재정부담 능력과 밀접한 관련이 있기 때문에 공공부조를 확대해나가되 적정 범위 내로 한정함으로써 영세민의 자립의욕을 저해하지 않도록 할 필요가 있다고 지적한다(경제기획원, 1986: 101-108).

이렇듯 중산층 육성대책은 소득개선과 고용안정, 재산형성 지원, 주거생활안정, 그리고 소득상실의 위험에 대비한 사회보장제도의 도입 및 확충으로 구성되어 있었다. 여기서 주목할 사실은 민주화를 계기로 터져나온 분배 요구에 대한 지배 엘리트의 정책대응이 단지 사회정책으로 국한되지 않았다는 점이다. 오히려 정책의 우선순위는 소득개선과 재산 형성, 내 집 마련 등에 있었으며, 사회보장제도는 중산층으로부터의 탈락을 방지하기 위한 소극적인 조치 정도로 고려되고 있음을 알 수 있다.

중산층 육성을 위한 재원조달 방법으로 공공기금을 활용하는 방식을 채택했다는 점도 주목할 필요가 있다. 앞에서도 살펴보았듯이 한국은 중화학공업화에 소요되는 비용조달 문제를 국민투자기금제도와 같은 공공기금을 활용해 해결했다. 그런데 1980년대에는 금융자유화가 추진되면서 특정 산업에 대한 지원은 더 이상 가능하지 않게 되었다. 그 대신 주택 문제가 심각한 사회 문제로 등장하자 주택공급을 위한 재원조달 수단으로 국민주택기금이 주목을 받게 되었다(대한민국정부, 1986: 110-111; 1988: 58; 경제기획원, 1986: 32-35, 90-91; 한국주택은행, 1988; 연하청 외, 1990: 231-234).

이번 장에서는 민주화 이행 이후 한국 복지자본주의가 점진적으로 변화되어가는 과정을 살펴본다. 민주화 이행은 한국 복지자본주의의 역사에서 중요한 단절적 계기 혹은 결정적 국면으로 인식된다. 하지만 지배 엘리트의 중산층 육성대책과 공공기금을 활용한 재원조달 방법은 유신 권위주의 체제하에서 형성된 조세정책과 금융정책이 민주화 이행이라는 공간에서 분배 갈등을 해결하는 수단으로 적극적으로 활용되는 과정을 잘 보여준다. 이런 맥락에서 우리는 성공적인 민주화 이행이 왜 복지국가의 이륙, 혹은 질적 단절로 이어지지 않았는지, 그것이 왜 1970년대의 제도적 유산에서 벗어나지 못했는지 살펴볼 필요가 있다. 좀 더 구체적으로 엘리트 협약에 의한 민주화 이행이 기존의 제도적 유산과 결합하여 어떻게 분배 갈등을 해소해가는지, 또한 그것이 비용부담의 분배 및 복지 혜택의 분배라는 측면에서 어떻게 교차하면서 자가(自家)소유자 사회의 등장으로 이어지는지 살펴볼 필요가 있다.

2절 공평과세의 정치와 조세부담의 하향평준화

1. 민주화 이행기 조세정치

1) 근로소득세 초과징수와 조세저항

앞에서 유신 권위주의 체제하에서 부가가치세 도입이 심각한 저항과 반발을 초래했다는 점을 살펴보았다. 이러한 사실은 12·12 쿠데타 이후 보안사령부가 조사한 결과에서도 확인된다. 보안사령부 조사결과 부가가치세 도입이 부마항쟁을 촉발한 중요 요인 중 하나라는 것이 드러났던 것이다. 이런 이유로 군사쿠데타와 광주민중항쟁의 폭력적인 진압을 통해 집권한 5공 정권도 부가가치세의 폐지를 지속적으로 검토하지 않을 수 없었다. 비록 부가가치세가 국가 세입에서 차지하는 비중이 워낙 커서 실제로 폐지할 수는 없었지만 말이다(강만수, 2005: 58-60).

역진성이 강한 부가가치세에 대한 불만 외에 소득 종류별 과세 불공평성에 따른 불만도 매우 컸다. 가령 근로소득은 총소득의 75% 정도가 과세당국에 포착되는 반면, 임대료소득이나 이자소득, 배당소득은 과세포착률이 각각 11.8%, 40.2%, 51.0%에 불과한 수준이었기 때문에 임금근로자들의 불만이 컸다. 게다가 토지에 대한 과표 현실화 수준이 매우 낮고, 사업소득자들이 사업소득을 과소 신고하는 경향도 소득 종류별 과세 형평성을 심각하게 악화시켰다(세제발전심의위원회, 1985: 25).

이런 상황에서 1980년대 후반 '근로소득세 초과징수' 문제가 불거지면서 조세부담의 불공평성 문제가 정치 이슈화되었다. 한국 경제는 1980년대 중반 예기치 않은 '3저 호황'으로 매년 10% 이상 성장하고, 노동자 대투쟁과 맞물려 임금 또한 급속히 상승했다. 그런데 이러한 임금상승으로 인해 소득세 세수 규모가 예산 편성 시의 추정치를 훨씬 상회하게 된다. 이는 소득세가 누진세율 구조를 갖기 때문에 발생하는 매우 당연한 결과였다. 실제로 1986년 근로소득세 세입 규모가 예산목표를 12.2% 초과한 후 1987년 14.4%, 1988년 34.4%, 1989년 60%에 달하는 근로소득세가 초과징수되었다.[4] 하지만 이미 조세부담의 역진성과 불공평성으로 인해 조세저항의 가능성이 팽배한 상황에서 이러한 '근로소득세 초과징수' 문제는 조세에 대한 그동안의 불만을 폭발시키고 만다.

〈그림 4-1〉은 1965년부터 2000년까지 35년간 '조세저항'이라는 키워드로 신문기사를 검색했을 때 나오는 신문기사 추이다. 그림을 보면 조세저항에 관한 기사가 급격히 증가하는 시기가 세 번에 걸쳐 나타나는데, 첫 번째가 1970년을 전후한 시기고, 두 번째가 1980년대 초반, 세 번째가 1987년 이후다. 1980년대 초반에 조세저항에 관한 기사 수가 증가하는 것은 아마도 1970년대 후반의 부가가치세 도입에 따른 불만이 뒤늦게 반영된 결과로 보인다. 1970년대 후반 부가가치세 도입에 따른 불만이 당시에는 언론통제로 기사화되지 못하다가 1980년대 초반에 기사화된 결과로 짐작된다.

앞에서 1970년대의 조세저항에 대해서는 설명했으므로, 여기서 중요한 것은 1987년 이후의 조세저항에 관한 기사들이다. 1987년 이후 '조세저항'에 관한 기사가 급격히 증가한 것은 '근로소득세 초과징수' 문제가 직접적인 원인이었다. 근로소득세 초과징수 문제가 논란이 되면서 시민단체들뿐만 아니라 경제계나 노동계 모두 불공평 과세 문제를 제기하고 나섰다. 특히 '독자투고란'에 초과징수 문제를 항의하는 일반 독자들의 글이 많았다. 이것은 당시 '근로소득세 초과징수' 문제가 정치적으로 매우 민감한 사안이었음을 잘 보여준다.

4 1989년 제147회 재무위원회 회의록 5호 참조.

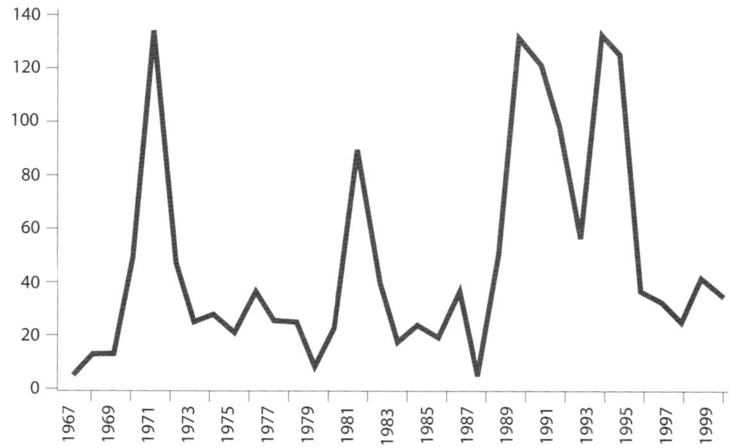

〈그림 4-1〉 조세저항에 관한 신문기사 검색 수 추이

자료: 네이버 뉴스라이브러리 검색(동아 · 경향 · 매경 3개 신문 검색 기사수).

1988년 6공화국 정부가 세제개혁을 서둘러서 추진하게 된 배경에는 이러한 근로소득세 초과징수 문제와 이에 따른 조세저항의 격화라는 문제가 존재했다. 6공화국은 출범 초기 3대 개혁 과제로 '민주발전을 위한 법제개혁', '분배정의의 실현을 위한 세제개혁', '자율과 책임을 지는 행정개혁'을 제시한 바 있는데, 이 중 세제개혁이 '중기세제 방향과 88세제 개편 과제'라는 형태로 재무부에 의해 가장 먼저 제시되었다.[5] 이는 6공화국 정부가 분배 문제와 관련 세제개혁을 매우 중요하게 인식하고 있었으며, 당시 근로소득세 초과징수와 관련 조세저항이 매우 거셌음을 보여준다.[6]

5 매일경제, "국민 기대 못 미치는 졸작"(1988. 6. 15)

6 13대 대선 직후 당선자 노태우는 근로소득세 초과징수와 관련 소득재분배 차원에서 세제개편을 하라는 특별지시를 내렸다(김영호, 2002c: 275).

2) 공평과세의 정치

1988년 정부의 세제개편안은 인적 공제의 수준을 대폭 인상하고, 그 외에도 근로자에게만 적용되는 근로소득공제와 각종 특별공제 금액의 인상 등을 통해 근로소득자의 조세부담을 경감하는 것을 주요 내용으로 했다. 구체적으로 기초공제, 배우자공제, 부양가족공제를 각각 연 42만 원으로 인상하고, 근로소득공제를 88만 원~170만 원에서 120만 원~212만 원으로 인상하며, 그 외에도 자녀교육비공제 및 장애자공제금액을 인상하고 경로우대공제를 새로 도입하는 것 등을 내용으로 담고 있었다. 또한 소득세 세율구조를 최저세율 6%, 최고세율 55%에서 최저세율 5%, 최고세율 50%로 낮추고, 세율단계도 16단계에서 8단계로 축소하여 중산층 이하 계층에게 조세부담의 혜택이 돌아가도록 설계되었다.

여기서 주목할 것은 6공화국 정부가 근로소득세 초과징수를 계기로 터져나온 조세 불만을 완화하고 정치적 정당성을 확보하기 위한 방법으로 소득공제를 활용했다는 점이다. 더욱 흥미로운 사실은 민주화 이행 이후 한국 헌정사상 최초로 여소야대 정국이 형성되었음에도 불구하고, 야당들 또한 복지를 위한 증세보다는 소득공제를 통한 재정복지를 강력하게 요구했다는 사실이다.

당시의 조세정치를 국회 재무위원회를 중심으로 살펴보도록 하자. '88 세제개편안'의 목표는 근로소득세 면세점 제도를 통해 근로소득자의 소득을 보장하고, 소득 종류별 조세부담의 형평성을 개선하는 데 있었다. 그런데 국회 재무위원회 세법 심의 과정에서 야당들은 정부안보다 더욱 큰 규모의 소득공제 방안을 제시하는 데 주력했다. 정부와 여당이 각종 공제액의 인상을 통해 근로소득세 면세점을 400만 원으로 설정한 데 비해, 야3당은 그동안의 물가상승과 경제성장을 고려하여 근로소득세 면세점을 500만 원으로 상향조정하는 소득세법 개정안을 제출했다. 한국노총도 소득세법 개정을 위한 국회청원을 통해 소득공제 규모의 확대를 요구하고 나섰다.[7] 그 결과 1988년의 세제개혁안은 여당과 야당 간의 논쟁 끝에 근로소득세 면세점을 460만 원으로 상향 조정하는 것으로 결론이 났다.

소득공제 확대를 둘러싼 논의는 1989년에도 격렬하게 진행되었다. 왜냐하면 1988년도의 세제개편과 소득공제 확대에도 불구하고 1989년에 다시 근로소득세 초과징수 문제가 불거졌기 때문이다. 정부와 여당으로서는 1988년에도 소득공제 규모를 대폭 확대한 바 있기 때문에 추가적인 소득공제 확대를 고려하지 않았다. 하지만 근로자들 입장에서 보면 근로소득세 초과징수에 대한 무대응은 조세부담의 불공평성을 지속하는 조치에 불과했다. 따라서 근로소득세 초과징수분의 환급을 요구하는 근로자들의 요구가 거셌으며, 언론계와 경제계 또한 적극적으로 정부의 정책을 비판하고 나섰다.

그 결과 1989년 재무위원회는 감세는 불가능하다는 정부의 입장과 근로소득세 초과징수분의 환급을 요구하는 사회세력들의 입장이 첨예하게 대립하는 장이 되었다. 정부와 여당은 소득세법 개정안을 제출하지 않은 반면, 야3당은 소득세법 개정안과 부가가치세법 개정안을 제출하고, 근로소득세 감면 임시조치법을 제출했다. 급속한 임금상승에도 불구하고 근로소득세 초과징수와 조세부담 증가로 인해 임금상승분의 대부분이 세금으로 흡수되어 오히려 실질 가처분소득이 하락했다는 것이 주된 근거였다. 근로소득세 초과징수에 대한 구체적인 환급조치로는 한시적으로 '근로소득 세액공제' 제도를 부활시킬 것을 제안했다.[8]

반면 정부와 여당은 근로소득세 부담 수준이 국제적인 기준으로 봤을 때 결코 무겁다고 할 수 없으며, 근로소득세 초과징수는 3저 호황

7 1988년 제144회 재무위원회 회의록 참조.

8 1989년 제147회 재무위워회 회의록 4호 참조.

에 따른 일시적인 현상인데 이를 제도화할 경우 경기둔화 시에 세수감소 문제가 발생한다는 점을 지적했다. 또한 복지재정수요가 증가할 것이 명확한 상황에서 조세부담을 오히려 적정수준으로 인상하는 것이 필요하다고 지적했다. 소득공제 규모를 더 확대할 경우 그 혜택은 저소득층보다 고소득층에 더 많이 돌아가기 때문에 분배 문제는 소득공제 확대를 통한 감세보다는 재정지출을 통해 해결하는 것이 더욱 효과적이라는 것이었다. 세제개혁을 둘러싼 정부 및 여당과 야당의 입장 차이는 국회 재무위원회 논의 과정에서 분명하게 드러난다.

> 작년의 세법개정으로 90년에는 조세부담률이 17.6%로 떨어지는 것으로 예상되고 있어 앞으로 크게 증가할 것으로 예상되는 복지재정수요와 성장잠재력 확충을 위한 재정수요를 고려할 때 많은 문제점이 제기되고 있는 것이 사실입니다. 근로자들에 대한 세부담의 경감은 저소득층보다 중산층 이상에 주로 혜택이 돌아가는 반면, 사회복지지출 확대 등 정부지출은 저소득층에 상대적으로 큰 혜택을 주게 되므로 세부담을 경감하기보다는 정부가 이를 적절히 관리 지출해서 이러한 저소득층의 복지 향상 쪽으로 쓰는 것이 오히려 합리적이다. … 단편적인 세부담 경감조치보다는 제2단계 세제개편을 통해 소득 종류 간 계층 간의 조세형평을 도모하면서 재정 기능을 제고하여 근로소득자의 상대적인 세부담을 경감하고 실질적인 혜택이 돌아가도록 발전적으로 개편하는 것이 바람직 …. (1989년 제147회 재무위원회 회의록 5호, 정부 답변, 16-17쪽)

하지만 이에 대해 야당은 다음과 같이 비판한다.

> 세금 많이 내면 많이 낸 만큼 사회적인 이전지출이 있어야 합니다. 그런데 우리나라는 복지재정 또는 복지에 대한 국민적인 합의가 많이

있음에도 불구하고 세금 낸 만큼 그 혜택이 돌아오지 않고 있습니다. … 지금 국민들은 한결같이 조세정의를 통해서 경제민주화를 실현해 가지고 화합의 나라를 만들자 하는 것이 과제로 되어 있습니다. 있는 자가 세금을 더 내고 없는 자가 세금을 덜 내게 해서 조세정책을 통해서 부익부 빈익빈에 대한 구조조정이 일어나서 경제민주화가 이루어져야 한다는 것이 국민적 합의요 그 과정에서 근로소득세에 대한 환급문제도 나오고 있습니다. … 국가에서 세금으로 활용해서 세출로 구조조정해서 쓰면 되겠다는 복지재정 얘기를 하는데 그것도 철학의 문제입니다. 돈 벌어들인 것을 개인의 가처분소득으로 호주머니에 넣고 쓰는 것이 낫느냐 그것으로 정부가 복지재정수요로 쓰는 것이 낫느냐 하는 것은 또 논쟁의 여지가 있는 거예요. 그것 가지고 한꺼번에 그냥 그 이론이 맞다 해서 뒤집어씌우고 솥뚜껑으로 자라 덮는 식으로 항변을 해서는 안 된다 그런 얘기입니다. (1989년 제147회 재무위원회 회의록 5호, 평민당 의원 발언, 18-19쪽)

정부는 국민들에 대하여 세금을 징수하기만 했지 국민을 위해 무엇을 해왔는지 묻지 않을 수 없습니다. … 지금처럼 근로소득자들의 임금인상분을 대부분 세금으로 흡수할 뿐이라면 일단 정부가 내세우는 임금인상 10%선 억제는 현실적으로 아무런 설득력이 없을 것이거니와 앞으로 임금인상 문제를 둘러싼 노사분규는 더욱 심각해지지 않을 수 없고 이 정부 또한 중대한 국민적 조세저항에 봉착하지 않을 수 없을 것…" (1989년 제147회 재무위원회 회의록 6호, 평민당 의원 발언, 8-9쪽)

이제 더 이상 납세의무만을 강조해서 무상적 · 희생적 요구를 강요하는 정부당국을 무작정 믿고 따를 국민들은 없다고 봅니다. … 저소득층 복지예산으로 전환하여 정부에서 관리 지출하는 것이 바람직하다.

… 그러나 납세자에게 바로 돌려주는 것 역시 그것도 납세자에 대한 복지정책의 일환이라고 봅니다. 이것은 바로 선택의 문제입니다. … 이번 초과징수액 6,000억 역시 과연 저소득층 근로자들을 위해서 지금 복지비용으로 장관께서 쓰겠다 하는데 과연 그렇게 쓰일 것인지 아니면 과거 예처럼 재벌이나 기타 계층을 위해서 쓰이지 않는다고 결코 장관께서는 장담할 수가 없을 것입니다. 그래서 확실성의 문제입니다. 선택의 문제이고 바로 초과징수분은 납세자한테 돌려줘야 합니다. 이것은 확실한 것입니다. … 애매하게 일반 근로소득층의 복지재정으로 쓰겠다 … 이것 솔직한 얘기가 장관께서 어떻게 책임집니까?"(1989년 제147회 재무위원회 회의록 7호, 평민당 의원, 31-32쪽)

근로소득세 초과징수와 세금 환급에 관한 이슈는 언론에서도 집중적으로 다루었다. 1989년 8월부터 10월까지 근로소득세 초과징수 문제가 사회적으로 뜨거운 논란이 되었던 시기에 언론은 조세부담의 불공평성과 과세형평성 문제를 집중 부각시키고, 이를 근거로 초과징수분에 대한 환급이 불가피하다는 점을 지적했다(김정탁, 1989). 야당뿐만 아니라 경총이나 무역협회 등 경제계, 한국노총이나 경실련 같은 사회단체, 심지어 노동부 같은 행정부처도 근로소득세 초과징수분에 대한 환급을 요구할 정도였다.

근로소득세 초과징수를 둘러싼 논란으로 실제로 1989년에 근로소득세를 환급해주는 조치가 취해졌다. 1988년에 개정된 인적공제나 근로소득공제 등 공제규모의 확대는 그대로 둔 채, 1988년에 폐지된 '근로소득세액공제' 제도를 다시 도입해 모든 근로자를 대상으로 근로소득세의 20%를 공제해주는 조치를 취했다. 또한 월급여 100만 원 이하 생산직 근로자를 대상으로 '시간외 근무수당'에 대한 비과세조치도 도입되었다. 이러한 세액공제 및 비과세조치를 통해 대략 1조 원의 근로

소득세가 경감 혹은 환급되었다(한국조세연구원, 1997).[9]

민주화 이행기 근로소득세 초과징수 논란을 통해 다음과 같은 사실들을 확인할 수 있다. 우선, 국가에 대한 불신이 매우 컸다는 사실이다. 일반적으로 조세란 특별히 어떤 대가를 바라지 않고 국가에 현금이나 현물을 납부할 의무로 구성된다. 다시 말해 조세란 어떤 서비스와 직접적으로 교환될 것을 전제로 지불하는 비용이 아니라, 국가가 시민에게 강제로 부과하는 의무라고 할 수 있다. 하지만 현대국가에서 조세란 일반적으로 공공재를 위해 사용될 것이라는 암묵적 전제가 깔려 있으며, 이러한 기대가 무너질 때 국가의 조세정책은 심각한 저항에 직면하게 된다. 따라서 조세행정이 원활하게 이루어지기 위해서는 국가에 대한 신뢰가 필수적이다(Martin, Mehrotra, and Prasad, 2009; Steinmo, 1993).

하지만 우리의 경우는 산업화 시기 동안 조세정책이 국가 주도 산업화를 위한 자본조달 목적으로만 활용되어왔을 뿐, 복지지출을 위한 재원 마련 수단으로 활용된 적이 없었다. 그 결과 조세수입의 상당 부분이 경제성장과 자본축적의 명목으로 재벌들에게 집중적으로 할당되었다(이진순, 1990). 특히 이러한 정책 방향은 부가가치세와 같이 역진적인 조세제도를 도입하는 과정에서도 그대로 유지되었다.[10] 따라서 증세에 대한 사회적 거부감이 클 수밖에 없었다.

둘째, 조세저항과 소득세 환급에 대한 요구가 임금투쟁의 양상을 보여줬다는 점도 흥미롭다. 한국은 산업화 과정에서 노동 배제적인 저임금정책을 유지해왔지만, 민주화와 노동자 대투쟁의 결과 명목임금이 급속히 상승했다. 하지만 누진적 소득세 체계하에서 명목임금이 급속

9 1990년 제151회 재무위원회 회의록 7호 참조.

10 한국과 같이 국가의 공적 이전지출이 전무한 상황에서 부가가치세를 도입하는 경우는 매우 예외적인 사례라고 할 수 있다.

히 상승한 결과, 근로소득세 부담은 더 빠르게 상승했고, 이로 인해 실질 가처분소득은 미미하게 증가하는 수준에 머물렀다. 임금인상의 상당 부분이 세금으로 흡수되었던 것이다. 이런 면에서 노동자의 입장에서는 소득세 부담 경감조치와 세금환급에 대한 요구가 노사협상을 통해 획득한 시장임금을 보전하기 위한 임금투쟁의 성격을 띠게 되었다.

2. 소득공제에 따른 재정복지 규모

1) 소득공제의 확대

1989년의 세금환급을 둘러싼 조세저항과 세법개정은 조세의 형평성이나 분배 차원, 그리고 실질임금의 보전이라는 관점에서 일정한 성과를 거둔 것으로 평가할 수도 있다. 하지만 역사적 관점에서 보면 이러한 감세정책은 1970년대 중화학공업화 과정에서 불가피하게 활용되었던 소득공제제도가 민주화 이후에도 반복된 것에 불과하다. 이러한 경로의 존성은 이후의 세법개정 과정에서도 확인된다.

우선 1990년 세제개혁에서도 근로소득공제 규모가 증가하고, 경로우대공제가 확대되었으며, 부녀자세대주공제제도가 신설된다. 마찬가지로 1992년에는 근로소득공제 규모 확대의 일환으로 기초공제가 증액되고, 맞벌이부부특별공제가 신설된다. 1994년에는 '문민정부' 출범과 함께 개혁조치로 금융실명제가 행정조치의 형태로 전격 실시되어 금융소득종합과세의 제도적 기틀이 마련된다. 하지만 금융실명제 실시로 인한 부작용을 최소화하기 위해 기존의 소득공제 규모를 대폭 인상하고, 특별공제의 적용 대상도 근로자에서 모든 종합소득자로 확대 적용한다. 임금의 급격한 상승을 억제하기 위해 임금가이드라인 정책이 실시되는 상황에서 소득공제 확대를 통해 근로자들의 실질소득을 보장할 필요성도 컸다(한국조세연구원, 1997).

〈표 4-1〉은 1970년대 종합소득세 도입 이후 근로소득세 납세인원의 변화 추이를 보여준다. 이 표는 소득공제 규모가 대폭 확대되었던 1975년 이후 근로소득세 납세인원이 전체 납세의무자의 27.6%로 매우 낮았으며, 이 수준이 1980년까지 30% 정도로 매우 낮은 수준에 머물러 있었음을 보여준다. 반면 1980년대 초반에는 인플레이션을 잡기 위해 경제안정화 조치가 취해지면서 소득공제 규모가 조정되지 않았고, 그

〈표 4-1〉 근로소득세 납세인원 추이 (단위: 천 명, %)

연도	총근로소득자	과세미달인원	비중	과세인원	비중
1976	6,125	4,432	72.4	1,693	27.6
1977	6,626	4,894	73.9	1,732	26.1
1978	7,118	5,239	73.6	1,879	26.4
1979	7,645	5,210	68.1	2,435	31.9
1980	7,258	4,926	67.9	2,332	32.1
1981	7,431	4,346	58.5	3,085	41.5
1982	7,659	4,495	58.7	3,164	41.3
1983	7,916	4,495	56.8	3,421	43.2
1984	8,294	4,574	55.1	3,720	44.9
1985	8,510	4,573	53.7	3,937	46.3
1986	9,094	4,810	52.9	4,284	47.1
1987	9,841	5,080	51.6	4,761	48.4
1988	10,259	5,042	49.1	5,217	50.9
1989	10,500	5,910	56.3	4,590	43.7
1990	10,950	5,910	54.0	5,040	46.0
1991	11,290	6,420	56.9	4,870	43.1

자료: 한국개발연구원(1983: 102; 1991: 96), 윤세익(1995: 66).

결과 1988년에 이르면 근로소득세 납세인원은 50%까지 상승하게 된다. 하지만 1988년과 1990년 두 번에 걸친 세법개정으로 근로소득세 면세점이 인상됨에 따라 납세인원의 비중이 다시 40% 초반으로 하락하는 것을 알 수 있다. 이것은 민주화 이행기의 조세저항의 결과 소득공제 규모가 대폭 확대된 결과라고 할 수 있다.

2) 소득계층별 소득공제 혜택

그렇다면 소득공제 확대로 인한 재정복지 규모는 어느 정도였는지 살펴보자. 〈표 4-2〉는 1990년 소득세법 개정으로 인한 세금 혜택의 규모를 3장에서와 같이 '대표가계접근법'을 통해 계산한 것이다. 단, 기준가구를 그동안의 가족구성원 수 변화에 맞게 4인 가구(자녀 2명 포함)로 했다.

표를 보면, 하위 1분위 계층의 경우 평균 가구근로소득이 33만 8천 원 정도며, 면세점의 인상으로 소득세를 완전히 면제받으며, 소득공제에 따른 세금감면액이 월 1만 6천 원 정도임을 알 수 있다. 하지만 소득공제에 따른 세금감면액은 가구소득이 증가함에 따라 절대적인 규모에서나 상대적인 규모에서나 모두 상승하여, 월 가구근로소득이 100만 원이 넘는 경우 그 혜택은 무려 10만 원 이상이 되는 것을 알 수 있다. 명목세율에서 실효세율을 뺀 값인 소득공제율도 9%가 넘는다. 이것은 1970년대와 마찬가지로 근로소득세 감면 조치들이 혜택 면에서 보면 매우 역진적이며 계층화 경향이 강했다는 점을 보여준다.

소득공제를 통한 재정복지 혜택은 당시 사회보장 혜택보다 규모가 컸다. 1991년 기준 인구 1인당 사회보장비 지출이 연간 약 16만 4,000원이었던 데 비해(노인철·김수봉, 1996: 27), 1인당 연간 소득공제 혜택은 평균 약 25간 4,000원으로 사회보장비 지출의 155%에 달했다. 이를 소득분위별로 파악해보면, 하위 1분위 계층의 1인당 연간 소득공제 혜택

〈표 4-2〉 1991년 도시가계의 소득세 부담 및 경감 규모 (단위: 원, %, 월소득 기준)

소득 분위	가구 근로소득	가구주 근로소득	결정 세액	실효 세율	명목 세액	명목 세율	세금 감면	소득 공제율	1인당 연간 세금 혜택
하위 1분위	337,939	313,257	0	0	16,897	5.00	16,897	5.00	50,691
2분위	544,275	500,951	2,661	0.49	46,018	8.45	43,358	7.97	130,073
3분위	651,426	596,334	6,238	0.96	61,868	9.50	55,631	8.54	166,892
4분위	745,383	661,337	8,675	1.16	73,716	9.89	65,041	8.73	195,123
5분위	827,260	717,092	10,766	1.30	83,943	10.15	73,177	8.85	219,532
6분위	929,131	788,915	15,845	1.71	96,937	10.43	81,092	8.73	243,277
7분위	1,057,228	887,224	27,642	2.61	120,451	11.39	92,809	8.78	278,426
8분위	1,222,069	1,003,868	42,322	3.46	154,354	12.63	112,033	9.17	336,098
9분위	1,465,301	1,186,889	66,542	4.54	206,781	14.11	140,239	9.57	420,716
10분위	2,080,590	1,639,460	182,997	8.80	349,335	16.79	166,338	7.99	499,015
평균	986,060	829,533	40,410	2.78	121,030	10.83	84,661	8.33	253,984

자료: 소득자료는 도시가계조사 참조. 세금감면 규모는 필자 계산.

은 약 5만 원에 불과해 1인당 연간 사회보장비 지출에 한참 미달하는 반면, 소득3분위 계층 이상부터는 사회보장비 지출보다 더 큰 규모의 혜택을 받았다. 소득10분위 계층의 경우 소득공제 혜택은 무려 50만 원에 달했다.

소득공제 혜택에 대한 추정은 미시자료를 바탕으로 한 것이고 모집단도 도시근로자 가구에 한정된 것이기 때문에, 이를 전체 인구를 모집단으로 하는 인구 1인당 사회보장비 지출과 직접 비교하는 것은 무리다. 그럼에도 이러한 비교는 소득공제로 인한 혜택의 규모가 전형적인 사회보장제도를 통한 혜택보다도 더 컸으며, 특히 중간층 이상 계층은 이러한 소득공제를 통한 세금 혜택 규모가 저소득층에 비해 훨씬 컸음을 알 수 있다.

결론적으로 민주화 과정에서의 공평과세의 정치는 조세부담의 하향평준화로 귀결되었다고 평가할 수 있다. 특히 1970년대에 생계비 보장 차원에서 도입 · 활용되었던 소득공제를 통한 재정복지가 민주화 이후에는 경제민주화와 공평과세 원칙의 실현이라는 차원에서 적극적으로 활용되었다는 점에 주목할 필요가 있다.

하지만 이로 인한 부정적 효과 또한 컸다. 첫째, 조세형평성 차원에서 근로소득자에게 대규모 소득공제 혜택을 제공하는 것은 암묵적으로 모든 사업소득자 또는 자영업자가 탈세한다는 것을 가정하는 것으로, 이것은 결과적으로 탈세를 정당화하는 결과를 초래하게 된다(전병목·안종석, 2005; 성명재, 2011). 둘째, 조세부담이 지속적으로 하향평준화됨으로써 국가의 복지지출이 증가될 수 있는 여력 또한 지속적으로 축소될 수밖에 없었다. 근로소득세 초과징수분에 대한 환급조치로 조세형평성이 어느 정도 개선되었을 수는 있다. 하지만 이로 인해 고소득자의 조세부담이 증가한 것도 아니고 사업소득자나 자산소득자의 과세포착률이 개선된 것도 아니다. 오히려 조세부담이 전반적으로 하향평준화됨으로써 조세를 통한 복지재원의 확충이 더욱 어렵게 되었다. 그 결과 민주화 이행에도 불구하고 보편주의적 사회정책을 통한 분배 갈등의 해결이라는 복지국가의 길은 더욱 멀어질 수밖에 없었다.

3절 재정제약과 경로의존적 복지 확대

1. 민주화와 복지 확대

앞에서 살펴본 것처럼 복지 없는 증세라고 할 수 있는 1970년대 후반 부가가치세 도입은 유신 권위주의 체제를 위협할 정도로 정치적 긴장을 증폭시켰다. 국가복지가 전무한 상태에서 오로지 중화학공업화를 위해 복지 없는 증세를 추진했기 때문에 정치적 갈등이 클 수밖에 없었던 것이다. 1979년의 부마항쟁에서 1980년 광주민주항쟁으로 이어지는 한국 현대사의 과정은 산업화 과정에서 누적된 이러한 분배 갈등이 매우 심각했다는 것을 잘 보여준다.

그러므로 쿠데타를 통해 성립한 5공화국은 이러한 분배 갈등에 민감하지 않을 수 없었다. 국정 이념으로 복지사회 건설과 빈곤으로부터의 해방을 내세울 정도였다. 정권 초기의 이런 제스처들은 비록 선언적이고 언술적 차원에 머무는 것이긴 했지만 복지와 분배 문제가 점차 중요한 어젠다로 등장하기 시작했음을 보여주는 징후들이라고 할 수 있다.

민주화 이후의 사회정책의 도입과 복지 확대는 이러한 정치적 · 역사적 맥락의 연장선에서 이해할 수 있다. 특히 1985년 총선에서 집권여당의 패배와 직선제 개헌을 위한 저항연합의 형성은 복지 이슈가 선언적 수준을 넘어 본격적인 정치쟁점으로 등장하게 된 중요한 계기였다. 1985년 총선 패배 이후 전두환 정권은 그동안 계획으로만 존재하거나 혹은 도입을 유보해왔던 정책들을 본격적으로 검토하기 시작했다. 그 결과가 1986년 '3대 복지입법'에 대한 대국민 약속의 형태로 등장했다. 대통령이 직접 기자회견을 통해 국민들에게 최저임금제 도입, 국민연금 도입, 전 국민 의료보험 확대를 약속한 것이다(양재진, 2008).

사실 전두환 정권은 박정희 정권 때보다 언술적 수준에서는 복지를 더 많이 강조했지만 1985년 이전까지 실제로 복지정책과 관련해서 취한 조치들은 거의 없었다(조흥식, 2015: 103). 무엇보다도 집권 초반에는 경제안정화 조치를 통해 물가를 잡는 게 중요했기 때문에 재정지출에 부담을 주는 복지 이슈들은 주변적 이슈에 머물 수밖에 없었다. 이러한 이유로 제5차 경제사회개발 5개년계획(1982~86)에서도 연금제도는 1982년부터 단계적으로 추진한다는 원론적 언급에 그쳤다(양재진, 2008: 124-125). 오히려 재정안정화 조치로 그 동안 중요한 소득보전 수단으로 활용되던 소득공제를 통한 감세 혜택조차 축소될 정도였다.

하지만 1985년의 총선 패배라는 정치적 위기는 복지정책 확대의 중요한 전기를 마련했다. 우선 '3대 복지입법'에 대한 대국민 약속 이후 그해에 곧바로 국민연금법과 최저임금법이 제정되었고, 시행령과 시행규칙이 1987년 6·29 선언 이후 제정되어, 1988년부터 시행에 들어갔다. 국민연금의 경우 1985년까지도 전혀 논의되지 않다가 급작스럽게 도입·시행된 것을 알 수 있다. 또한 애초에 1990년대 초로 계획되어 있던 전 국민 의료보험 확대도 1987년 의료보험법 개정으로 일정이 대폭 앞당겨졌다. 법개정으로 의료보험이 5인 이상 사업장으로 확대되고, 도시와 농어촌 지역에 지역조합 또는 직종조합 설립이 가능해지면서 1987년 6·29 선언 이후 곧바로 전국민 의료보험 시대가 열리게 되었다(김태성·성경륭, 1993: 319-320; 조영재, 2008: 82-84).

이렇듯 1980년대 복지 확대는 민주화를 전후로 한 집권세력의 정치적 위기가 결정적 계기로 작용했다. 3대 복지입법의 제정 및 시행이 1985년 총선 패배에서 1987년 6·29 선언에 이르는 짧지만 정치적으로 매우 중요한 시기에 신속하게 추진되었다는 것은 그만큼 복지정책이 정치적 위기와 분배 갈등을 해소하는 수단으로 적극적으로 다루어졌다는 사실을 잘 보여준다.

2. 재정제약과 비용억제

그렇다면 민주화 이후 복지 확대는 한국 복지시스템의 질적 전환을 초래할 정도의 변화였다고 평가할 수 있을까? 이러한 질문은 중요하다. 왜냐하면 복지가 확대되더라도 이것이 프로그램 수준의 개혁이라면 복지시스템 혹은 복지레짐의 성격에는 아무런 영향도 미치지 않을 것이기 때문이다. 더구나 한국은 그동안 권위주의 체제하에서 공적 복지가 억압되어왔고, 선별성과 잔여주의 원칙이 강했기 때문에, 민주화 이후의 복지개혁이 시스템 수준의 질적 단절이었는가 아닌가는 매우 중요한 쟁점일 수밖에 없다(송호근·홍경준, 2006).

결론부터 말하면 민주화 이후 복지 확대는 점진적 확대 과정 정도로 평가할 수 있을 것이다. 즉 민주화 이후 복지 확대를 기존 복지시스템과의 질적인 단절로 평가하기는 어렵다는 것이다. 그것은 무엇보다도 한국 복지정책의 중요한 특징이었던 수익자 부담원칙이나 재정안정원칙, 가족주의원칙 등에 별다른 변화가 없었기 때문이다. 비록 최저임금제와 국민연금이 도입되고, 전 국민 의료보험 시대가 시작되었지만, 그것은 기존의 원칙을 그대로 유지하는 수준에서 이루어진 확대 과정이었다.

우선 국민연금부터 살펴보도록 하자. 국민연금은 시행 초기에 상시 10인 이상 근로자가 근무하는 사업장부터 적용되었는데, 이것은 '수익자 부담원칙'에 따라 정책 대상을 복지욕구가 아닌 보험료 부담 능력을 기준으로 결정했기 때문이다. 비록 정책 대상을 점차 확대해나간다는 계획이 제시되었지만, 시행 초기 저소득계층과 실업자 등이 국민연금 적용 대상에서 제외될 수밖에 없었다(김태성·성경륭, 1993: 337). 게다가 국민연금 재정방식을 부분적립 방식으로 채택했음에도 불구하고, 이로 인해 당대의 노인들이 제도에서 완전히 배제되는 문제는 그대로 방치했다(이혜경, 1993: 81-83). 이러한 한계들은 모두 국민연금의 국고부담을 최소화하려는 과정에서 사회적 취약계층이 배제될 수밖에 없었다는 점을 잘 보여준다.[11]

최저임금제의 경우도 마찬가지다. 최저임금법은 1988년 시행 당시 상시 10인 이상 근로자를 고용하는 제조업, 광업, 건설업에만 적용되었는데, 그 결과 최저임금법은 경제활동인구의 50% 정도만을 포괄하는 반쪽짜리 제도로 시작하게 되었다(김태성·성경륭, 1993: 337). 더구나 최저임금제의 보호가 필요한 계층이 주로 10인 이하 사업장에서 일하는 노동자라는 점을 고려하면, 최저임금제 도입으로 혜택을 받는 계층은 극히 제한적일 수밖에 없었다.

민주화 이후 의료보험 확대 과정은 좀 더 흥미로운 사례를 제공한다. 사실 사회보험정책 대상을 복지 욕구가 아닌 보험료 부담 능력을 기준으로 결정하는 관행은 의료보험 도입 과정에서부터 시작되었다. 1970년대 의료보험이 임의가입 방식에서 의무가입 방식으로 전환되는 과정에서 의무가입원칙은 500인 이상 대기업 근로자가 근무하는 사업장부터 적용되었다. 이것은 국가의 재정부담을 최소화하기 위해 보험료 부담 능력을 갖춘 계층부터 제도를 적용했기 때문이다. 그 후 의료보험은 1979년 300인 이상 사업장으로, 1981년 100인 이상 사업장으로 점차 확대되어왔다. 마침내 1987년 민주화 이후 5인 이상 사업장으로 확대되고, 도시와 농어촌 지역도 의료보험 적용이 가능해지면서 의료보험은 도입 12년 만에 전 국민 의료보험 시대를 열게 되었다(한국경제

11 1995년 국민연금의 농어민 확대적용과 같이 적용 대상이 확대되는 경우에도, 이것이 우르과이라운드 타결에 대한 보상 차원에서 확대된 것임에도 불구하고, 농어촌연금보험에 대한 국고보조는 향후 10년간 일인당 월 2,200원으로 제한될 정도로 국가의 재정부담은 매우 인색했다(이혜경, 1995).

60년사편찬위원회, 2010: 278-282).

문제는 정책 대상을 확대하는 과정에서도 수익자 부담원칙과 국가 부담 최소화 원칙을 고수하다 보니 여러 가지 문제가 나타나게 되었다는 것이다. 의료보험은 시행 초기 국가의 재정 부담을 최소화하기 위해 대기업 사업장 근로자부터 적용하는 것 외에도 조합주의 방식을 채택했다. 왜냐하면 조합주의 방식에서는 의료보험 조합들이 조합단위로 보험료와 보험급여, 보험재정을 책임지기 때문에 국가의 역할은 상대적으로 축소될 여지가 컸기 때문이다. 그런데 이러한 조합주의 방식에서는 조합마다 재정이나 관리운영상의 편차가 크기 때문에, 의료보험이 점차 적용 대상을 확대하는 과정에서 운영상 어려움을 겪는 소규모 조합들이 증가하게 되었다(이두호 편, 1992; 이혜경: 1992: 181-184).

특히 민주화 이후 농어촌 지역에서 지역조합 설립이 가능해지면서 문제가 커졌다. 1988년부터 농어촌 지역으로 의료보험이 확대되긴 했지만, 농어촌 지역의 경우 조합의 재정 상황이 열악한데다가 의료 인프라도 부족하여 의료서비스 이용에 제약이 많았다. 그런데 지역의료보험 조합들이 열악한 의료서비스 인프라는 그대로 둔 채 재정적자가 심각하다는 이유로 보험료를 인상하는 경우들이 발생하자 농어민의 불만이 고조될 수밖에 없었다.

결국 보험료 부담의 형평성 문제와 열악한 의료 인프라 문제, 의료서비스 이용 제한 등이 문제가 되어 농어촌 지역에서는 보험증을 반납하거나 보험료 고지서를 불태우는 등의 저항이 거세게 일었다. 이와 함께 통합주의로의 전환도 활발하게 논의되는 계기가 되었다. 농어민단체들은 보건의료단체들과 결합하여 의료보험 통합 일원화와 함께 국고지원 50% 확대 등 구체적인 요구 사항을 제시하는 등 이전과는 달리 대중정치 차원에서 복지정치가 활성화되었다(조영재, 2008: 86; 한국경제60년사편찬위원회, 2010: 283-284).

의료보험 통합을 둘러싼 찬반논쟁은 매우 첨예했다. 농어민단체와 보건의료단체, 야당들은 통합을 지지하는 입장이었다. 반면 대기업이나 의료보험노조, 한국노총 등은 통합안에 반대했다. 대기업들은 의료보험 통합으로 의료보험 적립금의 통제 권한이 사라지는 것을 우려했고, 의료보험노조와 한국노총은 통합으로 인해 일자리가 사라질 것을 우려했다(조영재, 2008: 87-88).

하지만 민주화 이후 의료보험 통합을 둘러싼 논쟁과 갈등은 결국 통합 실패로 귀결되고 말았다. 여소야대 국면에서 1989년 국민의료보험법이 제출되고, 국회 본회의는 이러한 의료보험 통합안을 통과시켰지만, 당시 대통령이 거부권을 행사함으로써 의료보험 통합 시도는 무산되었다. 정부는 의료보험 통합으로 인해 국가의 책임과 재정 부담이 증가할 것을 우려했다. 이것은 최저임금제와 국민연금뿐만 아니라 의료보험에서도 사회적 연대와 재분배의 측면보다는 여전히 수익자 부담원칙과 국가재정 최소개입원칙이 강하게 유지되고 있음을 보여주는 사례라고 할 수 있다.

공공부조와 사회서비스 영역에서도 가족책임을 강조하는 잔여주의원칙이 유지되었다. 생활보호법의 경우 1982년 전면 개정으로 기존의 생계보호와 의료보험, 해산보호, 상장보호에 추가로 자활보호와 교육보호가 추가되고, 또한 사회복지전담공무원이 배치되는 등 변화가 없었던 것은 아니다(한국경제60년사편찬위원회, 2010: 314). 하지만 생활보호제도와 같은 공공부조는 사회보험에 비해 재정에 훨씬 민감하기 때문에 비용억제 차원에서 생활보호 대상자 규모가 엄격히 관리되었다. 가령, 생활보호 대상자 선정 기준은 1990년 기준으로 1인당 월소득 48,000원, 가구당 재산규모 340만 원 이하였는데, 당시 대도시 1인당 최저생계비가 13만 2천 원이었던 것에 비하면, 대상자 선정 기준이 매우 낮은 수준이었음을 알 수 있다. 급여 수준도 재가보호 대상자의 경우 월 43,000원, 시설보호 대상자의 경우 월 52,000원으로 매우 낮은 수준이었다(김태성·성경륭, 1993: 337-339).[12]

사회서비스의 정책 대상도 여전히 취약계층으로 국한되었다. 보편적 복지국가의 중요한 특징 중 하나는 요양과 돌봄, 보육 등의 사회서비스를 전 국민을 대상으로 한다는 점이다. 이것은 사회서비스의 정책 목표가 가족의 부담을 덜고 여성의 노동시장 참여를 촉진하는 탈가족화를 지향하기 때문이다. 하지만 한국은 1982년 노인복지법이 제정되고 1991년 영유아보육법이 제정되는 등의 변화가 있었지만(한국경제60년사편찬위원회, 2010: 244), 사회서비스는 여전히 취약계층에 국한된 정책이었다. 민주화 이후 사회서비스의 대상이 장애인과 윤락여성 등에서 노인, 여성, 영유아, 아동 등으로 확대되었지만, 여전히 빈곤층과 저소득층을 위한 정책에 불과했다(송호근·홍경준, 2006). 따라서 서비스 혜택을 받을 수 없는 서민과 중산층은 여전히 가족의 돌봄 기능에 의존할 수밖에 없었다.

가족주의적인 원칙은 '제6차 경제사회발전 5개년계획 보건사회부문 계획'에서도 잘 드러난다. 이 계획은 "가정, 지역사회의 복지 기능을 최대한 조장시키고 이것이 제대로 발휘되지 않을 때 국가적 복지시책으로 보충하는 선 가정보호, 후 사회보장원칙을 견지한다"고 강조한다(김상균, 1993: 136). 공공부조와 사회서비스에서 가족의 역할을 강조하고 국가의 책임은 잔여적 영역에 머물러 있음을 명확히 하고 있는 것을 알 수 있다.

이상에서 우리는 민주화 이후에도 사회정책은 1970년대와 마찬가

12 생활보호제도의 경우 빈민운동이 활발했음에도 불구하고 운동단체들이 생활보호법 개정에는 별로 관심이 없었다는 점도 생활보호제도를 둘러싼 개정이 지지부진했던 주요 원인 중 하나라고 할 수 있다(김영순·권순미, 2008).

지로 국가복지의 최소주의 원칙, 수익자 부담 원칙, 선별적 지원 원칙을 벗어나지 못했다고 평가할 수 있다. 비록 국민연금이나 최저임금제 같은 새로운 제도들이 도입되고, 전 국민 의료보험 시대가 열리는 등 제도가 확대되어왔지만 그것은 어디까지가 기존의 원칙을 깨지 않는 한도 내에서의 확대에 머물렀다. 사회보험에서는 1970년대 의료보험 도입 당시와 마찬가지로 보험료 부담 능력이 있는 계층을 대상으로 먼저 제도가 도입되었을 뿐만 아니라 국가의 재정중립성도 유지되었다. 반면, 공공부조와 사회서비스 등 국가재정이 요구되는 정책에서는 대상자 선정 기준과 급여 수준이 극도로 억제되었으며, 가족에게 일차적인 책임을 부여한 뒤, 가족으로 해결되지 않은 경우에 한해 국가가 개입한다는 원칙이 지속되었다(이혜경, 1995; 정무권, 2002).

민주화 이후의 사회정책이 프로그램 수준의 확대로 국한되었던 이유는 재정제약과 불가분의 관계에 있다. 앞에서도 지적했듯이 권위주의 세력은 정치적 위기를 극복하기 위해 분배 갈등과 사회경제적 요구를 일정 정도 수용할 필요가 있었다. 하지만 그것은 어디까지나 국가의 재정부담을 최소화하는 한에서만 가능한 것이었다. 가령 복지정책에 대한 논의가 본격적으로 시작된 1985년은 아직까지 '3저 호황'이라는 것을 예측하기 힘든 때였고, 1980년대 초반의 경제안정화 정책 기조도 여전히 강하게 지속되고 있었다(이혜경, 1993: 82; 윤상우, 2002). 또한 민주화 이행 과정에서 복지에 대한 요구와 더불어 조세부담을 축소하라는 요구도 제기되었다. 이것은 그동안 분배 문제가 지나치게 억눌려온데다 조세부담의 불공평성도 심했기 때문에 나타나는 자연스런 현상이었다. 하지만 이유야 어찌되었든 정책당국의 입장에서는 이러한 상충되는 요구들을 정책적으로 조율할 필요가 있었다. 그러므로 민주화로 인해 공공복지를 확대한다고 하더라도 그것은 어디까지나 물가안정을 해치지 않고, 경제성장 흐름을 해치지 않는 수준으로 국한될 필요가 있었다. 또한 증세가 어려운 상황에서 재정건전성을 유지하기 위해 가능한 해결책은 복지지출을 최대한 억제하는 것이었다.

한국에서 사회정책은 어떤 뚜렷한 정책적 지향이나 철학을 바탕으로 한 것이라기보다는 정치적 정당성 확보 차원에서 고려되어왔다 (Kwon, 1999). 그런데 국가복지의 확대가 정치적 정당성 확보 차원에서 긍정적인 효과를 갖는 것이라면, 반대로 이에 수반되는 재정 부담이나 조세개혁은 정치적 정당성에 오히려 부정적인 영향을 미칠 수 있었다 (이혜경, 1995; 송호근, 1999: 83-84). 그러므로 재원조달이 불확실한 상황에서 정당성 확보를 목표로 한 사회정책은 결과적으로 수익자 부담과 잔여주의적 성격이 강한 시장순응형 사회정책으로 귀결되었다고 할 수 있다.

4절 중산층 육성과 내 집 마련 촉진

1. 주택 문제와 공공기금의 주택금융화

민주화 이행기 복지 확대가 프로그램적 개혁 수준에 머물게 되면서 분배 갈등 해소 차원에서 자산 형성 지원의 중요성이 커지게 되었다. 1970년대의 저축장려정책은 국민의 재산 형성을 촉진하는 효과가 있긴 했지만 그 혜택은 주로 중상위 소득계층에 집중될 수밖에 없었다. 왜냐하면 1970년대의 저축 장려는 어디까지나 중화학공업화를 위한 자본동원이 일차적인 목적이었지 국민의 재산 형성이 일차적인 목적은 아니었기 때문이다. 따라서 저축 장려를 위한 금융·세제상의 혜택도 주로 저축 여력이 있는 중상위 계층에 집중되었으며, 중산층의 내 집 마련을 지원하는 정책도 부재했다. 그 결과 1970~80년대를 거치면서 자산불평등은 점점 더 심각해졌고, 특히 근로자계층의 '내 집 마련'이 더 어려워지면서, 자산 격차 중에서도 부동산 격차가 심각한 사회 문제로 떠올랐다(이계식, 1989; 손정목, 2003: 104-120). 그러므로 민주화 이후 분배 갈등 해소 차원에서 자산형성지원정책은 자산불평등 해소와 내 집 마련 촉진에 초점을 둘 필요성이 컸다. 특히 주거 문제가 심각한 사회 문제로 떠오르면서 주택정책이 재분배 정치의 중요 사안이 되었다.

금융자유화는 이러한 정책 전환을 가능케 하는 조건 중 하나였다. 선별적 신용할당을 통한 중화학공업화가 1970년대 후반 경제위기의 주범으로 인식되면서, 1980년대 초반 경제안정화 조치의 하나로 금리자유화, 은행민영화, 수출금융 축소 등 금융자유화가 추진되었다(지주형, 2011). 그런데 이러한 금융자유화는 두 가지 측면에서 중요한 의미를 지녔다. 우선 금융억압을 통한 저금리정책이 기업에게 특혜를 제공하는 것인 반면, 인위적인 저금리정책의 폐기와 금리자유화는 가계저축에 실질금리를 보장할 수 있는 환경을 마련해주었다. 또한 특정 산업에 대한 자원할당이 불가능해지면서 재정투융자 제도를 정비해서 이를 주택마련 지원이나 중소기업지원 등 분배 차원에서 활용할 필요성도 증가하게 되었다.

1980년대 중산층 육성대책은 이렇게 분배 갈등 해소와 금융자유화라는 맥락에서 이해가 가능하다. 첫째, 근로자 재산형성저축제도가 저축증대나 자본시장 육성과 같은 내자동원 목적이 아니라 근로자 재산 형성이라는 본래 목적에 맞게 정비되었다. 이를 위해서 근로자의 생애주기에 맞추어 빠른 기간에 최소한의 재산 형성이 가능하도록 정책체계가 통합되었고, 분배 문제 해결을 위해서 대기업보다는 중소기업, 상위소득 근로자보다는 하위소득 근로자가 재산 형성을 위한 조세감면이나 금융지원 등의 혜택을 더 많이 받을 수 있게 제도가 개선되었다(연하청 외, 1990: 34).

우선 1987년 5월 '근로자의 주거안정과 목돈 마련 지원에 관한 법률'(이하 '근로자주택마련저축제도')이 도입되었는데, 이것은 재산형성저축제도를 저소득 근로자의 주거안정을 위해 활용하려는 시도였다.[13] 사실 근로자의 재산형성저축은 대부분 주택 마련이 주된 동기였는데, 근로자주택마련저축은 재형저축에 주택 마련에 대한 다양한 지원 수단을 추가함으로써 주택 구입에 실질적인 혜택이 갈 수 있도록 했다. 이로 인해 재산형성저축과 주택 마련이 정책적으로 연결되어 근로자재산형성제도가 종합적 체계로서 틀을 갖추게 되었다(연하청 외 1990: 177-180).

둘째, 주택 문제를 해결하기 위한 수단으로 국민주택기금제도를 적극적으로 활용했다. 앞에서 살펴보았듯이 한국은 중화학공업화에 소요되는 막대한 비용을 조달하는 과정에서 국민투자기금과 같이 기금 방식을 적극 활용했다. 국민투자기금이 민간자금을 재정자금화하는 중요한 수단이었고, 이를 통해 조세의존성을 낮출 수 있었다. 하지만 이러한 기금의존성으로 인해 국가재정에서 '일반회계'의 규모가 상대적으로 축소되는 결과가 초래되었으며, 일반회계상의 재정지출도 인건비나 방위비, 지방재정교부금 등 경직성 예산이 대부분이었다.

이러한 제도적 유산은 국가가 주택 문제에 적극 대응하는 과정에서도 기금의존성을 증가시켰다. 무엇보다도 일반회계를 통해 주거복지 예산을 늘릴 수는 없었다. 예산 규모 자체가 작은데다가 대부분이 경직

13 '근로자주택마련저축' 제도는 월소득 60만 원 이하의 무주택근로자를 대상으로 했으며, 주택마련저축의 이자소득에 대해 소득세 및 상속세를 면제해 주고, 장기주택자금을 빌린 후 상환할 때에는 상환액의 10% 범위 내에서 해당액만큼을 근로소득세의 산출세액에서 공제해주는 혜택을 제공했다. 또한 사용자가 종업원에게 주택보조금을 지급할 때에는 이를 경비 또는 손금으로 처리하고, 주택보조금을 지급받는 무주택근로자에게는 소득세를 부과하지 않도록 했다(연하청 외, 1990: 177-180).

성 예산으로 지출되는 상황에서 복지지출을 늘릴 여력이 없었기 때문이다. 반면 당시에는 공기업 민영화를 통해 발생한 자본수입이나 국민연금기금의 여유자금이 있었고, 이를 체계적으로 관리하기 위한 방법으로 '재정투융자 특별회계'(이하 '재특회계')제도도 있었다.[14] 특히 국민연금제도가 제도 도입 후 20년이 경과해야 본격적인 연금지출이 시작된다는 점을 고려하여, 적립되는 연기금은 신규조성자금의 60% 이상을 재정자금으로 예탁해야 한다는 의무규정도 있었다(재무부, 1989; 윤건영, 1991; 이혜경, 1995: 133-134).

〈그림 4-2〉는 국민투자기금과 국민주택기금의 변화 추이를 보여준다. 국민투자기금은 1980년대를 거치면서 빠르게 줄어드는 반면, 국민주택기금은 1980년대 후반 이후 매우 빠르게 증가한 것을 알 수 있다. 이것은 기금 중심의 재정운용이라는 제도적 연속성을 보여주는 동시에, 공공기금의 활용 목적이 중화학공업화에서 주택문제 해결을 위한 수단으로 바뀌었음을 보여준다(박태규, 1989; 연하청·민재성, 1988; 곽태원, 1991).

〈표 4-3〉은 중앙정부의 예산지출에 정부관리기금 지출까지 포함한 통합재정수지상의 재정지출구조를 보여준다. 1970년대 후반에는 통합재정수지에서 경제사업과 국방 두 요소의 비중이 약 60%에 육박할 정도로 매우 컸다. 반면 1980년대 이후 경제사업과 국방의 비중은 점차 줄어들고 대신 '사회보장 및 복지'와 '주택'의 비중이 증가한다. 특히 주택의 비중은 1970년대에는 1%대에 불과하다가 1990년에는 10%로

14 재특회계는 주로 첫째, 전력·교통·통신 등 산업기반을 강화·확충하는 기능, 둘째, 일반 국민의 생활기반의 형성과 정비를 위해 교육·주택 등에 투융자하는 기능, 셋째, 민간기업에 자금을 융자해주는 기능 등을 위해 도입되었다(재무부, 1989).

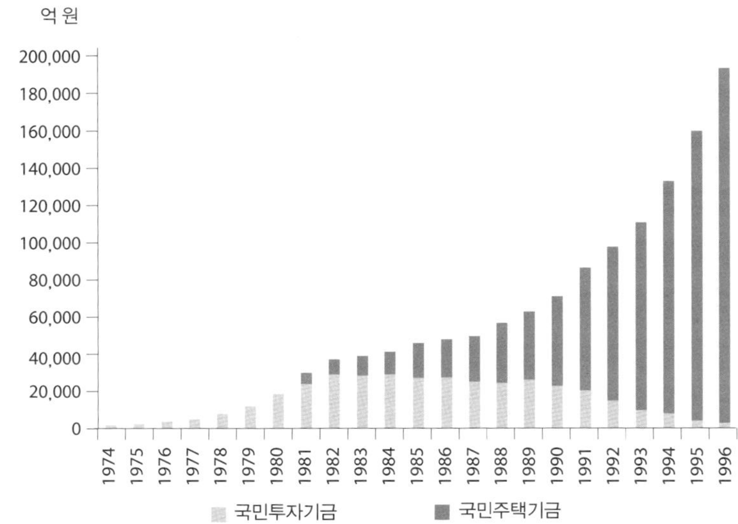

〈그림 4-2〉 국민투자기금과 국민주택기금의 변화
자료: 국민투자기금총람, 특별기금운용계획서, 기금결산보고서.

까지 상승한다.

1980년대 주택문제 해결을 위해 국민주택기금이 적극적으로 활용되었다는 것은 민주화 이행기 제도 변화의 특징을 잘 보여준다. 1970년대의 재형저축과 국민투자기금이 모두 내자동원 차원에서 고려된 것이었다면, 1980년대의 근로자주택마련저축과 국민주택기금은 주거문제 해결과 분배 갈등 해소 차원에서 고려된 것이었다. 저축 장려와 기금의 존성이라는 측면에서는 1970년대와 뚜렷한 연속성이 존재했지만, 제도의 존립 근거와 목적이 바뀌었던 것이다. 이것은 제도 변화의 다양한 유형 중에 '제도 전용(conversion)'에 해당하는 것으로, '저부담-저복지' 체제를 유지하면서 주택 문제 및 분배 갈등을 해소하는 수단으로 기존의 제도들이 어떻게 전용될 수 있는지를 잘 보여준다고 할 수 있다.

〈표 4-3〉 중앙정부 통합재정수지 기준 재정지출구조 (단위: %)

연도	일반 행정	국방	교육	보건	사회보장 및 복지	주택	기타 지역 개발	경제 사업	기타
1971	23.5	27.2	18	1.8	4.9	0.6	1.4	20.3	2.3
1972	12	26	16.1	1.2	5	1	1.3	24.8	12.6
1973	11.9	28.1	16.6	1.3	5.9	1.9	1.1	20.1	13.1
1974	11	26.7	12.9	1.1	5.1	1.3	0.9	32.1	8.9
1975	13.1	26.4	12.7	0.9	4.8	1.1	0.8	31.1	9.1
1976	9.4	30.6	13.9	1	4.3	1.1	0.8	29.3	9.6
1977	9.1	30.8	14.4	1.5	4.4	1.4	0.8	26.9	10.7
1978	9.5	32.6	13.7	1.5	4.3	1.2	0.8	26.2	10.2
1979	9.1	26.7	14.4	0.9	4.7	1.8	0.6	31.8	10
1980	8.5	30.6	14.6	1	5.7	2.5	0.7	26	10.4
1981	8.9	28	14.4	1	4.9	7.5	0.6	24.7	10
1982	9.2	27.3	17	1.2	8.5	3.3	0.7	21.6	11.2
1983	10.1	27.9	17.9	1.5	4.7	4.8	0.8	19.9	12.4
1984	9	26.6	16.8	1.3	5	7.9	0.8	19.1	13.5
1985	9.4	26.6	16.6	1.3	5.2	4.8	1	21.9	13.2
1986	10	27.5	17	1.5	6.1	3.9	1.1	18.1	14.8
1987	9.4	25.5	17.1	2.2	6.2	3.6	2.2	17.7	16.1
1988	9	25.2	17.7	2.1	7.2	4.2	0.6	19.4	14.6
1989	8.9	23.1	17.1	1.9	8	8	0.7	18.9	13.4
1990	8.5	20	17	1.7	8.1	10.1	0.5	20.4	13.7
1991	8.8	19.6	13.9	1.8	8.5	9.2	0.5	20.7	17
1992	9.8	19.3	14.4	0.9	9.3	7.2	0.5	18.7	19.9
1993	9.8	18.4	15.4	0.9	9.3	6.2	0.6	19.9	19.5
1994	11.1	17.2	13.9	0.8	9.3	6.1	0.5	25.4	15.7

자료: 노인철 · 김수봉(1996: 57), 〈표 4-4〉에서 인용.

2. 주택 200만 호 건설과 중산층 신화

저축 장려를 통한 재산 형성과 공공기금 의존적인 재원조달 방식은 엘리트 협약에 의한 민주화 이행과 밀접한 관련이 있다. 재산 형성 및 공공기금을 활용한 재원조달은 분배 갈등을 탈정치화하고, 중간층을 보수화하는 효과가 있었기 때문이다. 내 집 마련이나 재산 형성, 공공기금을 활용한 재원조달은 사회구성원들의 재산권을 침해하지 않고서도 분배 갈등을 완화할 수 있는 수단이었다.

우선 당시 노태우 정부는 3저 호황을 계기로 증권시장이 성장하고, 주식투자자가 확대되어온 것에 주목했다. 주식투자자가 700만 명 정도로 급격하게 증가하고, 이러한 주식투자자의 절반 이상이 중간계층이었는데, 이들은 당연히 증권시장의 안정을 원하기 때문에 정치적으로 보수화될 가능성이 컸다. 따라서 노태우 정부는 포항제철, 한국전력, 국민은행 등 공기업을 민영화하고, 주식을 국민주 방식으로 매각함으로써 주식투자의 대중화를 꾀했다(윤상철, 1997).[15]

주택도 마찬가지였다. 당시는 주거 문제가 매우 심각했고, 주택·전세난으로 자살을 하는 경우도 많아 사회문제가 되고 있었다. 따라서 노태우 정부는 주택 200만 호 건설을 통한 주거문제 해결을 가장 중요한 정책목표로 제시했다. 하지만 신규 주택 중에 공공임대주택같이 주택 구입 여력이 없는 저소득층을 위한 주택 공급은 미미했다. 그 대신 대부분의 신규 주택을 분양 방식으로 공급해 신규 주택의 대부분이 주택 구입 여력이 있는 중산층 이상 계층에게 돌아가도록 했다. 이러한 점에서 보면 주택 200만 호 건설은 주거문제 해결이 일차적인 목적이긴 했지

15 월간 『말』, 1989 7월호, 「노정권의 중간층 포섭전술」, 20쪽.

만, 이를 통해 자가 소유 중산층을 육성한다는 목적이 더 컸다. 주택 200만 호 건설을 계기로 자가 소유 계층이 증가하게 되면, 그동안 일부에게만 한정되었던 부동산을 통한 자산증식이 중산층까지 포괄하는 좀 더 대중적인 기반을 갖게 된다는 것을 뜻했기 때문이다.

특히 주택 200만 호 건설을 계기로 아파트 한 채가 중산층의 정체성을 형성하는 핵심 요소로 등장하게 되었다. 당시 아파트 분양 열기는 사회문제가 될 정도로 뜨거웠고, 아파트 한 채를 갖기 위한 청약예금이나 청약저축 경쟁 또한 치열했다. 이것은 당시 주거문제가 심각했고 그만큼 내 집 마련에 대한 욕구가 강했다는 것을 보여주는 증거지만, 다른 한편으로는 분배 이슈를 오로지 아파트 한 채를 소유하는 문제로 국한시킨 효과도 있었다.[16]

〈그림 4-3〉은 주택 대량공급에 따라 주택 소유 가구와 아파트 소유 가구가 증가해왔음을 보여준다. 1980년 이후 인구·주택 총조사 결과를 볼 때, 지난 35년간 총주택 수는 531만 호에서 1,529만 호로 세 배 가까이 증가한 반면, 주택소유 가구는 466만 가구에서 1,188만 가구로 두 배 정도 증가한 것을 알 수 있다. 비록 주택공급에는 못 미치지만 그래도 주택소유 가구가 꾸준히 증가한 것을 알 수 있으며, 이것은 그만큼 내 집을 가지고 있는 중산층도 꾸준히 증가해왔다는 것을 의미한다. 특히 중산층의 상징이라고 할 수 있는 아파트 거주 형태가 지난 35년 동안 25배 정도 증가했는데, 이들 중 60~70% 정도가 자가 보유라는 점을 고려할 때,[17] 민주화 이후 아파트 한 채가 중산층의 정체성을 형성하는

16 중산층 육성대책은 1989년 공안정국과도 밀접한 관련이 있었는데, 이것은 정치적으로 공안정국 조성을 통해 중간층의 안보심리와 안정희구심리를 자극하는 한편, 경제적으로는 내 집 마련이나 국민주 발행 등을 통해 중간층을 보수화시킬 수 있다고 보았기 때문이다(정해구, 2011).

17 인구·주택 총조사 자료를 통해 아파트 거주자 중 자가보유인 경우는 대략

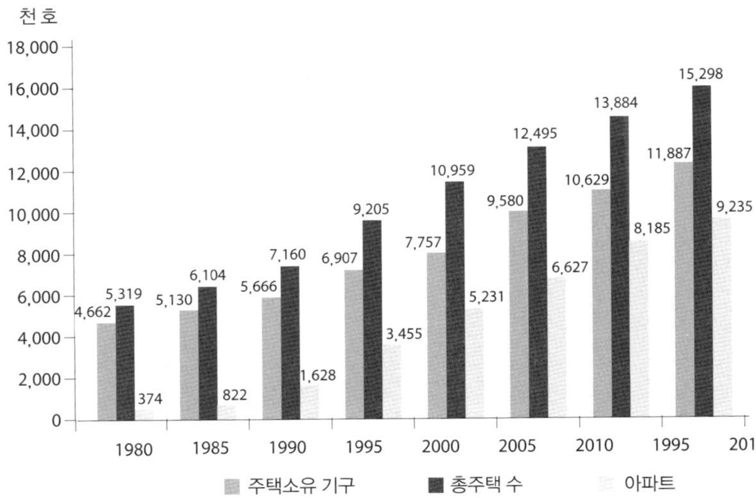

〈그림 4-3〉 주택공급과 주택소유 가구의 증가

자료 : 인구 · 주택 총조사.

핵심 기제로 작동해왔음을 알 수 있다.

〈표 4-4〉는 도시가계조사 자료를 통해 1980년대에서 2000년대 초반까지 가계의 자산구성이 어떻게 변해왔는지 보여준다. 표는 통계청 'DOSI'시스템을 활용하여 조사가구의 자산구성의 변동을 금융자산과 실물자산, 부채 부문으로 나누고, 가계 금융자산은 다시 은행예금, 보험, 곗돈, 기타(유가증권과 개인적으로 빌려준 돈 포함) 등으로 세분화해서 살펴본 것이다. 우선 가계금융자산의 경우 은행예금이 차지하는 비중이 대략 30~40%에서 변동해온 반면, 그동안 곗돈의 비중은 급격히 하락하고, 그 대신 보험의 비중이 크게 증가해왔다는 사실을 알 수 있다. 또한 가계저축 중 주택이나 부동산 등 실물자산으로 축적되는 비중이

60% 이상 수준을 유지하고 있음을 확인할 수 있다.

〈표 4-4〉 가계자산의 구성 변화

(단위: 원, %)

연도	가계 저축률	가계 저축	금융자산					실물 자산	부채 상환
			합계	은행 예금	보험	곗돈	기타		
1982	20.7	61,636	76.8	33.9	7.3	36.6	-1.1	2.8	13.3
1983	23.2	78,526	81.0	42.9	7.0	28.2	2.9	1.1	12.1
1984	24.2	89,883	75.8	38.2	7.4	26.7	3.6	2.9	14.1
1985	23.9	95,027	70.1	37.4	8.6	21.6	2.5	7.1	15.5
1986	25.2	111,651	72.7	44.7	6.5	20.0	1.6	6.2	14.6
1987	26.4	136,524	72.9	47.1	5.9	16.5	3.4	8.3	12.1
1988	25.8	154,188	66.5	40.8	9.6	12.5	3.5	15.4	11.6
1989	23.6	173,657	77.0	38.3	13.0	12.5	13.2	18.2	2.6
1990	25.3	220,237	76.5	37.4	12.8	11.0	15.3	27.8	-7.5
1991	27.8	299,645	76.7	44.3	11.1	8.0	13.4	14.6	4.2
1992	27.9	348,390	69.2	40.9	12.5	10.3	5.6	24.6	2.5
1993	27.4	372,320	67.3	34.7	12.5	11.1	8.9	20.9	6.5
1994	28.2	437,282	61.1	30.6	15.3	8.4	6.8	31.7	1.7
1995	29.0	501,953	71.4	39.9	15.6	8.1	7.8	17.1	7.6
1996	28.3	549,834	76.9	40.0	15.8	8.6	12.5	14.2	3.6
1997	29.6	610,455	68.7	40.3	15.8	6.6	6.0	19.4	9.4
1998	31.5	596,870	56.5	32.0	16.5	5.4	2.5	12.0	21.0
1999	25.1	494,228	57.6	27.0	22.4	3.7	4.5	23.4	14.7
2000	23.6	498,787	71.1	36.1	26.6	2.6	5.9	12.8	15.6
2001	24.5	567,608	75.1	41.9	24.1	4.5	4.6	21.4	2.4
2002	26.4	656,483	80.6	47.7	24.0	3.8	5.1	8.5	10.5
2003	25.4	659,353	80.5	29.5	28.7	2.8	0.1	2.8	16.4

자료: 통계청 DOSI시스템.

1980년대 후반 이래로 증가하여 1990년대 중반에는 30%에 달하는 것을 알 수 있다. 부채상환의 경우는 실물자산의 증감과 반대방향으로 변동하는 경향을 보여주는데, 가령 실물자산 축적 비중이 높았던 1980년대 후반에서 1990년대 후반까지의 기간 동안 가계의 부채상환 비중은 낮았다. 이것은 1980년대 후반에서 1990년대 후반까지 한국의 가계저축률이 가장 높았던 시기에 가계저축의 상당 부분이 보험과 실물자산 형태로 축적되었다는 것을 보여준다.

1980년대 자산형성 정책은 가계의 생애주기상의 필요성, 부의 불평등 해소, 그리고 자가소유 중산층의 육성과 밀접한 관련이 있었다. 1980년대는 전후 베이비붐 세대가 한창 사회에 진출하고 가족을 구성할 때였기 때문에 주택수요도 빠르게 증가했다. 이에 비해 자가소유율은 계속 하락하고, 자산불평등도 점점 악화되고 있었다. 이런 점에서 대규모 주택공급을 통해 주택 문제를 해결하는 것이 무엇보다 시급한 과제였다고 할 수 있다.

하지만 주택 문제의 해법이 임대주택의 공급보다는 내 집 마련 지원과 중산층 자산 형성에 있었으며, 이러한 정책방향이 민주화 이행의 성격과 밀접한 관련이 있었다는 점에 주목할 필요가 있다. 만약 1980년대의 분배 갈등과 주택 문제를 공공임대주택 등 공적 복지 확대를 통해 해결하려고 했다면, 이는 불가피하게 국가의 재정지출을 크게 증가시켰을 것이다. 그런데 증세를 통해 복지지출을 확대할 경우 사회 전체적인 이해관계를 재조정할 수밖에 없기 때문에 정치 엘리트들 간의 협상과 거래에 의해 민주화가 진행되는 과정에서 정치쟁점화되기는 어려웠다. 반면 자가소유를 핵심으로 하는 중산층 육성대책은 증세와 재정 문제를 피해가는 데 효과적이었다. 게다가 중간계급을 정치적으로는 지배 엘리트에 반대하면서도 경제적 풍요와 이익을 위해서는 지배 엘리트를 지지하게 하는 이중적인 태도를 만들어내는 효과가 있었다.

3. 기업복지와 노동계급의 내 집 마련

민주화 이행 과정에서 중산층이 내 집 마련에 몰두한 것과 마찬가지로 노동계급에게도 내 집 마련은 복지욕구 해결을 위한 중요한 수단 중 하나였다. 지금까지 많은 연구에서 지적한 것처럼 한국은 국가복지보다는 기업복지가 상대적으로 발달해왔으며, 특히 민주화 이행과 노동자 대투쟁 이후 기업복지가 빠르게 성장했다. 하지만 지금까지의 논의들은 대체로 기업복지의 규모 혹은 기업간·산업간 기업복지의 격차에만 주목해왔을 뿐, 기업복지의 내용 및 성격이 어떻게 변해왔는지에 대해서는 크게 주목하지 않았다(최균, 1992; 송호근, 1995; 류진석, 1997; 홍경준, 1999; 김정한·박찬임·오학수, 2004).[18]

일반적으로 기업복지가 발달한 국가들로 한국과 함께 일본, 미국 등을 들 수 있다. 하지만 한국, 일본 등 동아시아 국가들과 비교해서 미국의 기업복지는 내용과 성격에서 상당한 차이가 있다. 미국의 기업복지는 주로 민간건강보험이나 민간퇴직연금 지원이 중심을 이루고 있으며, 이는 사회보험을 직접적으로 대체하는 역할을 해왔다(김종일, 1998; Hacker, 2002). 반면 한국이나 일본의 기업복지는 사회보험을 대체하기보다는 주택 마련 지원이나 학비 지원, 보험료 지원 등의 성격이 강했다.

〈표 4-5〉와 〈표 4-6〉은 한국과 일본의 기업복지의 구성 내용을 살펴본 것이다. 현금급여 총액을 기준으로 법정복리비와 법정외복리비의 비중이 어떻게 변화해왔는지, 그리고 기업복지를 대표하는 법정외복리

18 지금까지 연구들은 기업복지 규모의 증가를 설명하기 위해 노사관계와 같은 미시적 차원에 주목하여 이중노동시장론이나 효율성임금론으로 설명하거나, 아니면 국가-자본-노동 간의 거시정치적 구조에 주목해왔다. 최근에는 자본주의 다양성론의 맥락에서 기업복지의 성장을 설명하는 연구도 있다(Woo, 2004).

비에서 그 구성내역이 어떻게 변화해왔는지를 보여준다. 일본의 기업복지는 3종의 신기(三種의 神器)라고 하는 연공서열과 종신고용, 기업별 노조주의와 함께 일본의 노사관계를 구성하는 중심축으로 일찍부터 발달해왔다(Johnson, 1982: 26). 그 결과 기업복지의 규모 및 그 구성비중이 매우 안정적이었다. 법정복리비의 비중은 1973년 복지국가 원년 이후 지속적으로 증가해왔지만, 법정외복리비의 비중은 5%대에서 매우 안정적인 수준을 유지하고 있다. 그 구성내역도 주거비용이 2.5%로 비중이 가장 높고, 그 외의 것들은 대부분 1% 미만의 낮은 비중을 차지하고 있다(표 4-5 참조).

일본 기업들의 노동자 주거지원은 일본 기업복지의 성격을 규정하는 매우 중요한 요소 중 하나다. 일본의 경우 주거 문제가 심각하고 주거비가 높아 노동자의 내 집 마련이 매우 어려웠기 때문에 기업이 사택이나 기숙사를 제공함으로써 주거 문제를 해결하기도 하고, 주택 마련을 위한 저렴한 융자 제공을 통해 내 집 마련을 지원해왔다. 이러한 주거지원은 노동력 정착과 노동자의 중산층화에도 매우 효과적이라는 평가를 받아왔다(金子勝, 1991; Hirayama, 2010). 일본에서 소위 '1억총중류의식'(1億總中類意識)이라는 것의 핵심에는 내 집 마련 등 재산 형성이 중요한 부분을 차지하고 있는데, 기업복지는 내 집 마련과 같은 재산 형성을 지원함으로써 중산층 확대에 기여해왔다고 평가할 수 있다.

〈표 4-6〉은 한국 기업 복지의 변화추이를 보여준다. 우선 1980년대 중반 이후 법정복리비가 꾸준히 증가해온 것을 알 수 있는데, 이것은 그동안 의료보험이나 국민연금 등 사회정책의 도입과 포괄대상이 확대되어왔기 때문이다. 반면 법정외복리비의 경우 현금급여 총액 대비 비중이 1980년대 후반에는 하락하다가 1990년 이후 다시 증가하고 있다. 이것은 1980년대 후반에는 87년 노동자 대투쟁 직후 임금이 급격히 상승해 법정외복리비 비중이 상대적으로 낮아졌고, 1990년 이후에는 임

〈표 4-5〉 일본 기업복지의 혜택 종류별 분류 (단위: 엔, %)

연도	현금급여 총액	법정 복리비	법정외 복리비	급식 통근	주거 비용	보건 의료	경조 공제 보험	문화 체육 레저
1973	152,413	5.93	5.82	1.06	2.88	0.64	0.35	0.56
1974	196,557	6.45	5.44	0.95	2.74	0.64	0.26	0.50
1975	218,877	6.81	5.57	0.98	2.86	0.60	0.31	0.49
1976	241,964	7.38	5.64	0.99	2.94	0.58	0.33	0.51
1977	262,601	7.77	5.29	0.97	2.60	0.55	0.35	0.50
1978	281,331	8.04	5.42	1.03	2.65	0.52	0.38	0.50
1979	297,512	7.89	5.27	0.99	2.62	0.51	0.33	0.51
1980	320,575	8.23	5.48	1.09	2.65	0.54	0.34	0.52
1981	340,045	8.71	5.30	1.00	2.58	0.52	0.35	0.52
1982	357,213	8.71	5.20	1.03	2.51	0.51	0.33	0.52
1983	371,493	8.69	5.23	1.01	2.54	0.49	0.38	0.52
1984	389,641	8.69	5.18	1.00	2.52	0.50	0.32	0.53
1985	398,630	9.14	5.11	0.94	2.54	0.46	0.33	0.52
1986	415,488	9.27	4.88	0.88	2.41	0.41	0.33	0.50
1987	422,568	9.21	4.92	0.89	2.42	0.39	0.36	0.50
1988	437,933	9.14	4.96	0.85	2.40	0.42	0.37	0.50
1989	466,769	9.37	5.04	0.86	2.47	0.37	0.38	0.48
1990	482,592	10.07	5.36	0.86	2.74	0.41	0.42	0.48

자료: 日本経営者団体連盟事務局(1992: 24-25) 〈표 11〉, 〈표 12〉 참조.

금 가이드라인 등 국가의 임금통제정책으로 억제된 임금인상분을 법정외복리비를 통해 보상해주었기 때문이다.

여기서 주목할 것은 1990년 이후 법정외복리비의 증가를 주도한

〈표 4-6〉 한국 기업복지의 혜택 종류별 분류 (단위: 원, %)

연도	현금 급여 총액	법정 복리비	법정 외복리비	급식	주거 비용	학비 보조	보건 의료	경조 보험	문화 체육 오락	사내 근로 복지 기금
1986	326,660	2.52	7.29	3.38	0.81	0.58	0.21	0.38	0.58	
1987	353,110	2.64	7.29	3.34	0.80	0.65	0.23	0.47	0.61	
1988	393,190	2.74	6.89	3.37	0.61	0.60	0.22	0.39	0.48	
1989	458,120	4.09	5.74	2.32	0.57	0.68	0.19	0.42	0.57	
1990	554,664	3.55	6.44	2.95	0.50	0.76	0.19	0.48	0.49	
1991	667,268	3.59	7.35	3.03	1.08	0.88	0.17	0.44	0.46	
1992	781,200	4.85	9.64	3.75	1.05	1.08	0.26	0.51	0.47	0.86
1993	891,000	5.71	11.19	3.56	1.59	1.19	0.33	0.47	0.53	1.17
1994	989,300	6.26	12.59	3.60	1.82	1.27	0.38	0.50	0.50	1.75
1995	1,132,300	4.87	11.16	3.30	2.01	1.06	0.37	0.57	0.42	1.22
1996	1,294,900	5.00	9.33	3.27	1.00	1.14	0.31	0.53	0.65	0.76
1997	1,456,000	5.56	9.58	2.79	0.87	1.27	0.31	0.89	0.51	0.65
1998	1,414,600	8.60	10.00	3.14	0.79	1.70	0.40	1.55	0.30	0.62

자료: 노동부(각년도).

것들이 주로 주택 마련 지원과 학자금 보조, 그리고 사내근로복지기금 출연금 등이라는 것이다. 그런데 사내근로복지기금도 주로 주거 지원이나 학비 지원에 사용되었다는 점을 고려할 때, 1990년 이후 기업복지는 주로 주택 마련 지원과 학자금 지원을 중심으로 증가했다고 할 수 있다.[19]

19 사내근로복지기금제도는 기업이윤의 일부를 종업원의 복지증진을 위한 기금으로 전환시킴으로써 근로자의 근로의욕을 높이고 노사공동체의식을 제

한국과 일본의 기업복지를 미국의 기업복지와 비교할 때 흥미로운 사실은 한국과 일본 모두 기업복지에서 주택 마련 지원의 비중이 크다는 점이다. 한국의 경우에도 1990년대 초반 기업복지에서 주택 마련 지원의 비중이 2%를 웃돌 정도로 급격히 증가했으며, 사내근로복지기금을 통한 지원까지 고려할 경우 그 비중은 더욱 커진다. 또한 기업 규모별로 300인 미만 중소기업의 경우 급식지원 등 여전히 생계보조형 기업복지가 중심을 이루는 반면, 기업 규모가 커질수록 주택 마련 지원의 비중이 커지는 것을 알 수 있다(최균, 2002). 한국의 기업복지가 노동자 대투쟁 이후 대기업 주도로 빠르게 성장했다는 점을 고려할 때, 한국도 일본과 마찬가지로 기업복지에서 주택 마련 지원 등 노동자 재산 형성 지원의 비중이 증가했다고 할 수 있다.

한국의 기업복지가 노동자의 내 집 마련과 재산형성에 기여한 비중은 일본에 못지않았다. 일본의 경우 고용관행상 노동자들이 인사이동을 통해 전근 배치되는 경우가 많았는데, 인사이동에 따른 주거지원은 주로 사택이나 기숙사 제공 등을 통해 이루어졌기 때문에 내 집 마련을 통한 재산형성과는 직접적인 관련이 없었다. 반면 한국은 주거지원이 대체로 내 집 마련으로 연결되는 경향이 강했기 때문에 노동계급의 재산형성에 대우 중요한 역할을 했다고 할 수 있다.[20]

고하며 기업 내 복지후생을 확충하자는 목적에서 만들어졌으며, 노사협의회를 주축으로 노사의 자율적 합의에 의하여 설치하고 운영하도록 하는 행정 권장의 형태를 취하고 있었다. 그런데 기금의 운영이 초기에는 주로 장려금 지원이나 융자 등 종업원의 생활지원 위주였으나, 법적인 강제와 정책적 지원으로 점차 주택자금 지원 및 자사주 구입 지원과 같은 근로자의 재산 형성을 지원하는 비중이 커지게 된다(연하청 외, 1990; 184-185).

20 학비 지원의 경우에는 미국은 물론 일본의 기업복지에서도 발견할 수 없는 매우 한국적인 특징인데, 학비 지원을 통한 생활비 절감 또한 노동계급의 재산 형성에 중요한 영향을 미쳤다고 할 수 있다(유형근, 2012).

한국의 기업복지는 종종 그 규모에 비해 성격이 모호하고 일관성이 없다는 지적을 받아왔다(송호근, 1994). 가령, 법정외복리비에서 급식비가 차지하는 비중이 매우 큰데, 이것은 산업화 초기 저임금체제하에서 실시된 생계보조적 성격의 기업복지가 여전히 지속되는 근거로 간주된다. 하지만 한국의 기업복지도 노동자대투쟁 이후로는 일본처럼 재산 형성 지원의 성격이 증가했다는 것을 알 수 있다. 특히 대기업의 경우에는 재산 형성 지원의 성격이 뚜렷했다.[21]

그렇다면 왜 한국의 기업복지는 1987년 노동자대투쟁 이후 재산 형성 지원을 중심으로 발달하게 되었는가? 이것은 당시의 중산층 육성 전략과 어떤 관련이 있는가? 기업과 노동의 이해관계는 이러한 기업복지의 발달과 어떤 관련이 있는가?

첫째, 정부 차원에서는 중산층 육성대책의 일환으로 기업복지를 활용하고자 했다. 중산층 육성대책의 핵심에는 노동자의 재산 형성 지원이 포함되어 있었으며, 재산 형성의 일차적인 대상은 내 집 마련에 있었다. 따라서 국가는 중산층 육성과 주택문제 해소 차원에서 주택 200만 호 중 25만 호를 근로자주택으로 건설하고, 기업이 근로자를 위해 임대주택 혹은 사택을 건설할 경우 국민주택기금의 장기저리융자, 조세감면, 택지원가공급 등 각종 금융·세제상 지원을 확대했다. 또한 근로자주택저축제도를 신설하여 사용자가 종업원에게 주택보조금을 지급할 때 이를 경비 또는 손금으로 처리하고, 이 보조금을 지급받는 무주택근로자에게는 소득세를 부과하지 않도록 했다. 이렇듯 1980년대의 중산층 육성대책은 근로자주택마련저축과 근로자주택건설, 종업원지주지원, 사내근로복지기금 등 기업복지를 포괄하는 것이었다(연하청 외,

21 일본의 경우에도 기업 규모에 따라 기업복지의 성격이 달라진다. 기업 규모가 커질수록 기업복지에서 주거 지원 비중도 점차 증가한다(金子勝, 1991).

1990: 177-180; 김태성·성경륭, 1993: 326-329).

둘째, 기업 입장에서는 노무관리 차원에서 기업복지의 중요성이 매우 커졌다. 1987년 이후 노사분규의 급증, 산업구조와 노동시장 변화로 인한 숙련노동력의 부족 현상, 급격한 임금인상 등은 기업 차원에서 새로운 경영전략을 요구했다. 게다가 산업고도화를 위해서는 이직과 전직 비중을 줄여 숙련노동을 정착시킬 필요성이 컸다(송호근, 1994: 391). 이런 상황에서 내 집 마련 지원 중심의 기업복지는 기업 입장에서는 노동력 정착을 위한 효과적인 정책 수단이었다. 왜냐하면 내 집 마련 같은 재산 형성 지원은 혜택의 제공이 장기적이기 때문에, 내 집 마련 지원의 혜택을 받는 순간 노동자들은 회사와 매우 밀접한 이해관계를 갖게 되기 때문이다(金子勝, 1991). 이런 맥락에서 기업 차원에서는 1987년 노동자대투쟁 이후 내 집 마련 지원과 같은 기업복지를 통해 노동자의 충성심을 확보하고자 하는 경향이 증가했다.

셋째, 노동계급의 경우에는 중간계급과의 경제적·심리적 격차를 완화하는 수단으로 기업복지가 중요했다. 한국사회에서 노동계급은 적어도 1987년 이전까지는 억압적·배제적 노동정책과 장인전통의 결여 등으로 독자적인 사회세력으로 성장하기가 어려웠다. 노동은 천박한 것, 천한 것으로 인식되었다(김동춘, 1995; 구해근, 2002). 이러한 상황에서 기업복지는 경제적·심리적 차원에서 노동계급의 정체성을 형성하는 매우 중요한 수단이었다. 특히 주택 마련 지원과 학비 지원은 노동계급이 중산층의 정체성을 갖게 되는 매우 중요한 수단이었다(유형근, 2012).

5절 복지동맹과 계급연대의 실패

노동계급과 중간계급 간의 연대는 서구 복지국가의 성장을 설명하는 핵심 변수 중 하나다. 에스핑-안데르센이 지적하듯이 중간계급의 지지가 없다면 복지국가의 발달은 기대하기 어렵다. 왜냐하면 아무리 노동계급의 조직화 정도가 강하더라도 노동계급이 절대다수가 아닌 상황에서 복지국가 전략이 광범위한 지지를 얻기 위해서는 계급연대가 불가피하기 때문이다. 게다가 중간계급이 내는 세금은 복지국가 재정을 뒷받침하는 핵심적인 재원이기도 하다. 이런 점에서 중간계급은 노동계급과 함께 복지국가를 뒷받침하는 핵심적인 사회계급이라고 할 수 있다(Esping-Andersen, 1990).

그런데 중간계급은 고정된 실재라기보다는 가변적이고 유동적으로 형성·변형되는 구성물에 더 가깝다(Rueschemeyer, Stephens, and Stephens, 1992; 구해근, 2002; 신광영, 2004). 중간계급의 정치적 · 경제적 정향은 계급간 투쟁 과정에서 지배 엘리트 쪽으로 기울 수도 있고 노동계급 쪽으로 기울 수도 있다. 이것은 중간계급과 복지국가 간에도 단선적 인과관계 같은 것은 존재하지 않는다는 것을 의미한다. 즉, 중간계급이 반드시 복지국가를 지지하는 것은 아니며, 중간계급이 지배 엘리트 및 노동계급과 어떤 관계를 맺고 자신의 경제적·정치적 이익을 추구하는가에 따라 복지국가의 발전 경로가 달라질 수 있음을 시사한다(Baldwin, 1990).[22]

이러한 맥락에서 보면 1980년대의 중산층 육성대책은 권위주의 세력이 중간계급을 자신의 지지세력으로 포섭하기 위해 추진한 전략이었다고 평가할 수 있다. 한국의 민주화 이행은 구체제의 기득권세력이 막강한 통제력을 행사하는 가운데 진행되었던 반면, 이제 막 정치적으로

22 지배 엘리트가 비타협적이라면 중간계급과 노동계급의 계급연대 가능성은 커질 것이고, 반대로 노동계급이 이념적으로 급진적이라면 중간계급과 노동계급의 연대 가능성은 낮아질 것이다. 또한 노동계급이 조직력은 막강하지만 이념적으로 온건한 편이라면 중간계급과 노동계급의 연대 가능성은 증가할 것이다(Rueschemeyer, Stephens, and Stephens, 1992; 윤상철, 1997).

성장하기 시작한 노동계급은 이러한 정치적 역관계를 전환시킬 만한 역량은 지니고 있지 못했다. 이러한 상황에서 지배 엘리트가 중간계급을 포섭하기는 매우 유리했던 반면, 노동계급이 중간계급과의 연대를 통해 복지동맹을 형성하기는 매우 어려웠다.

노동계급이 중간계급에 대해 갖고 있는 부정적인 인식도 문제였다. 1987년에 서울대 사회과학연구소가 중산층에 대한 인식조사를 실시한 적이 있는데, 도시중산층과 생산직근로자가 중산층에 대해 갖는 인식에는 뚜렷한 차이가 있었다. '중산층은 민주화의 중심세력이다'와 같이 중산층의 정치성향을 묻는 질문에 대해서는 도시중산층과 생산직근로자 간에 이견이 작았던 반면, 세금이나 분배 문제에서는 중산층에 대한 평가가 엇갈렸다. 가령 '중산층은 생활 정도에 비해 세금을 많이 내는 편이다'라는 질문에 대해 도시중산층은 '그렇다'라고 응답한 비율이 78%에 달했던 데 반해, 생산직근로자들은 58%만이 '그렇다'라고 응답했다. '중산층은 못 사는 사람들의 요구에 대해 무관심하다'는 질문에 대해서는 도시중산층의 경우 '그렇다'는 응답이 36%에 불과했던 반면, 생산직근로자들은 56%가 '그렇다'고 응답했다(홍두승, 2005: 121). 이러한 조사 결과는 세금이나 분배 문제의 경우 생산직근로자들이 중산층을 매우 부정적으로 평가하고 있음을 보여준다.

이렇듯 중간계급에 대한 평가가 부정적인 상황에서 노동계급이 분배 이슈를 둘러싸고 중간계급과 연대를 모색하는 것은 실현 가능성이 낮은 선택지였다. 그리고 이러한 상황에서 노동계급이 독자생존을 위해 활용할 수 있는 수단이란 사실상 기업복지밖에는 없었다고 할 수 있다. 즉, 국가복지가 존재하지 않는 상황에서 집도 장만하고, 자녀들 교육도 시키고, 몸이 아플 때 치료비도 준비하고, 노후대책도 마련하기 위해서 노동자들이 기댈 수 있는 것이라곤 기업이 제공하는 임금과 기업복지밖에는 없었다는 것이다(김동춘, 1995).

사실 중산층이라는 개념 자체가 경제적인 동시에 사회심리적인 개념으로서 지배 엘리트가 사회적 계층 상승의 꿈을 주입시키기 위해 정략적으로 활용해온 측면이 강하다. 이것은 권위주의 정권이 자신의 정치적 정당성 확보를 위해 지속적으로 '중산층 신화'를 확산시켜왔다는 점을 통해서도 확인할 수 있다(강준만, 1991). 이런 점에서 중산층을 특정한 방식으로 규정하는 것 자체가 매우 정치적인 행위였다고 할 수 있으며, 중산층 육성대책이란 사실 지배 엘리트가 중간계층을 특정한 방식으로 주조해내겠다는 중장기적인 플랜에 다름 아니었다.

지금까지 살펴보았듯이 중산층 육성의 구체적인 방향은 내 집 마련 지원을 통해 중산층을 자가소유계층으로 형성하겠다는 것이었다. 이것은 재산 형성을 통한 중산층 육성이 적극적인 재분배정책이 필요하지도 않을 뿐만 아니라 중산층을 정치적으로 보수화시키기에도 유리했기 때문이다. 게다가 내 집 마련 지원과 관련한 제도들은 이미 산업화 시기 저축동원 과정에서 도입되었던 것들이기 때문에 민주화 과정에서 분출하는 분배요구에 대응해 중산층을 육성하는 수단으로 손쉽게 전용될 수 있었다.

6절 소결

이 장에서는 1980년대 민주화 이행기 지배 엘리트의 중산층 육성대책이 중간계급과 노동계급을 자가소유계층으로 전환시키는 과정을 살펴보았다. 민주주의와 복지국가 발전의 관계를 강조하는 대부분의 연구들과 마찬가지로 한국 복지국가에 대한 연구들도 민주화 이행이 복지국가 발전에 미친 영향을 긍정적으로 평가해왔다. 동아시아 국가들 중 싱가포르, 중국 등과 달리 일본, 한국, 대만이 포괄적 사회보험제도를 발전시킬 수 있었던 이유는 이들 국가가 민주주의를 제도화하는 데 성공했기 때문이라는 주장이 대표적이다(Peng and Wong, 2010). 하지만 이 글은 이러한 기존 논의들과 달리 한국사회가 민주화 이행 이후 자가소유자 사회로 전환하게 되었음을 살펴보았다. 그리고 이러한 변화가 엘리트 협약에 의한 민주화라는 민주화 이행의 성격과 1970년대의 제도적 유산이 결합되어 나타난 결과물임을 밝혔다.

중화학공업화 시기에는 조세부담은 낮게 유지된 반면, 재형저축과 같은 저축증대 조치들이 도입되었으며, 민간자금을 재정자금화하는 과정에서 기금의존적인 재정구조가 형성되었다. 그런데 1970년대에 형성된 이러한 재정관행과 제도들은 민주화 이후 공공복지의 성장에 커다란 제약을 가하는 것이었다. 우선 불공평한 조세체계에 대한 저항이 심했기 때문에 민주화 이행기 공평과세를 위한 조세개혁은 조세부담의 하향평준화로 귀결되었다. 또한 기금 중심의 재정운영으로 일반회계 예산은 경직적으로 운영될 수밖에 없었으며, 그 결과 재정지출의 우선순위를 조정해서 복지재정을 마련하는 것도 용이한 일이 아니었다.

해거드와 카우프만(Haggard and Kaufman, 2008)은 한국은 권위주의 시기 내내 복지지출을 억제해왔기 때문에 역설적이게도 민주화 이후 복지지출을 늘릴 수 있는 재정 여력이 충분했다고 지적한다. 권위주의 시기의 복지억압이 민주화 이후 복지국가 이륙의 성공요인이었다는 것이다. 하지만 이 글은 이와 정반대로 권위주의 시기에 복지지출이 억제되고 조세정책이 왜곡되게 운영된 결과, 민주화 이후의 복지지출 증가도 미미한 수준에 머물 수밖에 없었다고 주장한다. 그동안 누적된 조세형평성에 대한 불만과 국가에 대한 불신 때문에 오히려 소득공제 확대 같은 조세감면 조치를 취해야 했고, 이것이 다시 복지국가 이륙의 걸림돌로 작용했던 것이다.

반면 당시의 심각한 주택 문제와 결합되어 내 집 마련 촉진을 주축으로 하는 중산층 육성전략은 적극적으로 추진되었다. 이 과정에서 권위주의 시기에 도입되었던 저축 관련 제도들이 내 집 마련과 자산 형성을 촉진하는 수단으로 전용(conversion)되었다. 가령 저축 장려의 목적이 산업자금 조달에서 국민의 복지 향상 및 주택 마련 등으로 바뀌었고, '노후생활연금신탁제도' 등 사회정책적 성격이 강한 저축상품들도 개발되었다(한국은행, 1988). 국민투자기금을 중심으로 하던 재정투융자 제도도 '국민주택기금'의 비중이 커지면서 주택 구입 지원 등 사회정책적 성격을 강하게 띠게 되었다. 이것은 중화학공업화의 수단이었던 저축장려정책이 민주화 이행기에 분배 갈등 해소 차원에서 활용되었다는 사실을 보여주는 것으로서, 동일한 제도와 정책이 다른 정책목표를 위해 활용되는 제도 전용의 사례로 평가할 수 있다.

민주주의와 계급 간 연대는 복지국가 성장의 전제조건이다. 유럽 복지국가의 역사는 계급 간 연대가 복지국가 성장의 필수조건임을 보여준다. 노동계급이 절대 다수를 차지할 수 없는 상황에서 복지국가가 광범위한 지지를 획득하기 위해서는 계급 간 연대가 불가피하기 때문이다. 하지만 민주화 이행기 한국의 상황은 복지국가 이륙을 이끌만한 정치주체도 부재했고, 노동계급과 중간계급의 연대도 기대하기 힘들었다. 이 글은 이러한 상황이 엘리트 협약에 의한 민주화 이행과 밀접한 관련이 있음을 강조했다.

민주화 이행이 아래로부터의 저항에 의해 촉발되었고, 당시 분배에 대한 요구도 강렬했다는 점에서 보면, 민주화는 한국 복지자본주의의 중요한 단절적 계기로 작동할 잠재력이 충분히 있었다. 하지만 아래로부터 촉발된 민주화가 엘리트들 간의 거래에 의한 이행으로 축소되고, 이 과정에서 살아남은 권위주의 세력이 이행을 주도하면서 이러한 가능성은 사라지고 말았다. 권위주의 세력은 자산 형성과 관련한 기존의 제도적 유산들을 적극적으로 활용해 중산층을 포섭하는 전략을 취한 반면, 노동계급은 중간계급과의 연대를 적극적으로 모색하는 대신 노동자 대투쟁 이후 강화된 역량을 기업복지 확대에 집중함으로써 중산층화되는 전략을 취했다. 결론적으로 엘리트 협약에 의한 민주화 이행으로 인해 한국사회는 민주화에도 불구하고 복지와 재분배 이슈를 핵심적인 정치균열로 등장시키는 데 실패했으며, 그 결과 자가소유자 중심의 사회구조로 전환하게 되었다고 평가할 수 있다.

제5장

신자유주의 개혁과 증세 없는 복지 확대

1절 신자유주의와 복지국가의 태동

1. 외환위기 이후 복지 확대

외환위기를 계기로 한국사회는 급격한 단절을 겪었다. 경제적·정치적·사회적·문화적 차원 등 모든 영역에서 질적으로 다른 사회로 진입했다. 이 중에서도 특히 사회적 위험의 종류와 성격이 급격히 바뀌었다. 세계은행과 IMF 등 국제기구의 요구로 구조조정을 추진한 결과 노동시장이 유연화되었으며, 이로 인해 고용불안정성이 증가했다. 인구변동 차원에서는 세계적으로도 매우 낮은 수준의 초저출산 현상이 지속되고, 유례를 찾아보기 힘들 정도로 압축적 고령화가 진행되었다. 가족의 역할과 가치관에도 급격한 변화가 진행되어 가족주의적 복지 기반도 흔들리게 되었다.

이렇듯 한국사회가 지금까지 겪어보지 못한 사회적 위험들의 증가는 당연히 공적 복지에 대한 요구를 급격히 팽창시켰다. 무엇보다 고용불안정성 증가와 고령화가 맞물려 조기퇴직과 실직이 일상화되면서 한국사회가 겪어야 했던 충격은 매우 컸다. 가령 외환위기 직후 한 해 동안 실업률은 8.6%로 급증했는데, 이러한 대량실업은 사회적 안전망의 필요성을 빠르게 증가시켰다.[1] IMF와 세계은행조차도 사회적 안전망의 취약성을 지적하고, 한국 정부에 실업자와 빈민을 위한 사회안전망을 확대할 것을 요구할 정도였다(신광영, 2002: 62-63).

외환위기 직후 정권교체도 공적 복지의 확대 가능성을 높였다. 앞에서도 살펴보았듯이 산업화 시기에는 가용한 모든 자원을 경제발전에 동원하는 과정에서 국가복지가 최소화되었으며, 민주화 시기에는 엘리트 협약에 의한 민주화 이행의 결과 복지 이슈가 정치화되는 데 실패했다. 반면 외환위기 직후 집권한 김대중 정부는 역대 정부 중 가장 친복지적인 정치를 지향했으며, 시민단체들이 정책결정 과정에 참여할 수 있는 기회도 부여했다. 이러한 정치적 변화는 공적 복지의 확대에 매우 유리한 환경을 제공해주었다.

노동시장 유연화와 저출산·고령화 등으로 복지국가의 필요성이 증가하고, 복지 이슈가 정치화될 수 있는 조건이 갖추어지면서 공적 복지도 빠르게 확대되었다. 외환위기 직후에 국민기초생활보장제도가 도입된 데 이어 4대 사회보험도 체계적으로 정비되었다. 전 국민을 대상으로 국민연금을 확대했고, 의료보험도 통합을 거쳐 건강보험으로 재탄생했다. 2007년에는 노인장기요양보험제도가 도입되었는데, 이것은 서구 복지국가들과 비교해서도 매우 빠른 편이었다.

사회보험제도의 정비와 함께 기초연금이나 무상보육 등 조세기반 사회보장제도들도 확대되었다. 심각한 노인빈곤 문제에 대응해 2007년에 기초노령연금이 도입되었으며, 2013년에는 기초노령연금이 기초연금으로 전환되었다. 저출산 문제의 심화와 함께 무상보육도 빠르게 확대되어 전체 영유아를 대상으로 하는 보편적 복지로 제도화되었다. 그 결과 GDP 대비 보육 관련 국가 지출이 서구 복지국가들에 비해서도 높

1 실업자 규모로 보면 1997년 10월 기준으로 45만 1,000명에 불과하던 실업자가 1999년 2월에는 178만 1,000명으로 급증했다(신광영, 2002: 62).

은 수준을 유지할 정도로 빠르게 증가했다(김수정, 2015).

하지만 외환위기 이후 복지 확대에 대해서는 상반된 해석이 존재한다. 한국은 세계적으로 복지국가의 축소 압력이 거세던 시기에 국가복지가 오히려 확대되어왔기 때문에 주목을 받아왔다(Ramesh, 2004).[2] 이러한 복지 확대는 한국도 드디어 서구 선진국과 같은 복지국가의 길로 접어들었다는 평가를 가능하게 했다. 반면 복지지출 확대는 신자유주의 구조개혁에 따른 사회불안을 해소하기 위한 최소한의 조치에 불과했다는 견해도 제기되었다. 신자유주의적 정책개혁은 적정 수준의 사회적 보호가 없이는 성공할 수 없기 때문에 사회적 문제와 갈등을 최소화하기 위해 기능적으로 사회안전망의 구축을 필요로 한다는 것이다(신광영, 2002: 72-73; 정무권, 2002: 400-401). 이러한 견해는 신자유주의가 반드시 공공복지의 축소를 수반한다고 할 수는 없으며, 오히려 한국과 같이 복지제도가 미흡한 경우에는 최소한의 사회안전망의 구축만으로도 복지 확대와 국가책임의 강화라는 현상이 나타날 수 있다고 주장한다(송호근, 2001; 손호철, 2005).

비록 논란의 여지는 있지만 외환위기가 한국 복지자본주의의 발전에 중요한 계기가 된 것은 확실해 보인다. 외환위기 이후 20년이 지나는 동안 기초연금과 무상보육이 실시되는 등 예전과는 질적으로 다른 수준에서 복지제도들이 도입·발전되어왔기 때문이다. 더욱 중요한 변화는 복지 이슈가 중요한 선거쟁점으로 등장했다는 사실이다. 한국은 성

2 일반적으로 세계화와 신자유주의와 같은 구조적 환경변화는 복지국가에 부정적 영향을 미치는 것으로 알려져 있다. 실제로 서구의 경험을 볼 때, 세계화와 신자유주의로 복지국가는 축소까지는 아니더라도 상당한 정체를 경험한 것이 사실이다. 그런데 한국의 경우 외환위기라는 전대미문의 경제위기와 그에 뒤이어 강도 높은 신자유주의적 구조조정이 추진되었음에도 불구하고 복지지출이 빠르게 확대되었기 때문에 세계적으로 주목을 받았다.

공적인 민주화 이행에도 불구하고 복지를 정치 쟁점화하는 데에는 실패했었다. 그런데 외환위기 이후 복지 이슈가 중요한 정치균열로 작용하게 되었다는 것은 한국사회에서도 강력한 복지동맹이 형성되고 있는 징후처럼 보인다. 이런 점에서 외환위기 이후 복지 확대는 비록 신자유주의 정책 개혁의 맥락에서 진행된 것이긴 해도 뚜렷한 변화의 양상을 보여주고 있다고 할 수 있다.

문제는 이러한 변화가 기존 제도들의 경로의존성하에서 어떻게 이루어져왔는가 하는 점이다. 즉 외환위기 이후 복지국가의 발전 혹은 복지 확대 과정이 사실이라고 하더라도 그것이 기존 제도 및 시스템의 경로의존성과 어떤 측면에서 연속적인지를 살펴볼 필요가 있다는 점이다. 더구나 신자유주의는 감세정책 및 금융자유화와 친화력이 있기 때문에, 이것이 기존의 소득공제 및 자산의존적인 복지와 결합하여 어떻게 복지국가 발전에 영향을 미쳐왔는지 살펴볼 필요가 있다.

2. 신자유주의 개혁과 제도 변화

사회정책은 국가가 사회와 만나는 핵심 영역 중 하나다. 특히 20세기의 복지국가 경험은 사회정책이 시민권을 구성하는 핵심적인 요인이라는 점을 보여준다. 하지만 우리의 경우는 그동안 국가복지의 발달이 상당히 지체되어왔으며, 민주화 이행 과정에서도 복지가 비정치화되면서, 2000년대에 들어서야 비로소, 그것도 신자유주의적 구조개혁의 맥락에서 본격적으로 복지국가를 논의하기 시작했다. 즉 우리는 21세기에 들어서야 비로소 복지국가 실험이란 것을 경험하게 되었던 것이다.

그런데 이것은 곧 복지정치의 분석과 관련하여 다음과 같은 함의를 지닌다. 첫째, 국가와 사회가 사회정책의 영역에서 처음으로 진지하게 대면하게 되었다는 점이며, 이것은 국가와 사회 두 측면에서 매우 새로운 상황일 수밖에 없다는 점이다. 국가 차원에서는 복지행정의 경험이 전무하다시피 했기 때문에 행정적으로나 정책적으로나 모든 면에서 미흡할 수밖에 없다.[3] 사회적 차원에서도 사회적 연대의 경험이 부재한 상황에서 사회적 연대가 무엇을 의미하는지 모호할 수밖에 없었다. 그러므로 우리는 외환위기 이후 복지정치를 국가와 사회가 사회정책이라는 영역에서 조우하고 충돌하는 과정으로 이해할 필요가 있다.

둘째, 21세기에 들어서야 비로소 복지국가 실험이 시도되었다고 하지만, 이것이 곧 복지국가 실험이 빈 공간에서 진행되었다는 것을 뜻하지는 않는다. 이미 한국사회는 산업화와 민주화를 거치면서 국가복지를 대체하는 다양한 수단이 발전해왔으며, 이를 둘러싼 이해관계가 형성되어왔다. 그러므로 외환위기 이후 국가복지의 확대는 바로 이러한 제도적 · 정책적 경로의존성으로부터 강한 영향을 받을 수밖에 없다는 점이다. 특히 한국은 그동안 재정복지와 자산 형성 지원을 통해 복지에 대한 개인책임 혹은 가족책임을 강조해왔는데, 이것은 사회적 연대를 요구하는 복지확대전략과는 상충될 수밖에 없다. 그러므로 자산기반복지의 경로의존성이 복지개혁에 어떤 영향을 끼치는지 살펴볼 필요가 있다.

복지개혁은 사회적 자원의 배분체계의 변경을 요구한다(송호근, 1999: 234). 그런데 한국 복지자본주의는 사회정책보다는 조세정책이나 금융정책 등을 통해 사회적 지원을 배분해왔다. 그러므로 복지 확대 과정도 필연적으로 사회정책과 조세정책, 금융정책 간 정책조합의 변화를 수반할 수밖에 없었다. 공적 복지의 확대를 위해서는 조세정책이 감

3 얼마 전까지만 해도 정부 부처 중에서 보건사회부(혹은 보건복지부)가 관료들에게 가장 인기가 없고, 영향력도 미미했다는 것이 이를 반증한다(송호근, 1999).

세 위주에서 증세 위주로 바뀌고, 이에 맞게 금융정책도 바뀔 필요가 있었다.

하지만 문제는 발전주의에서 신자유주의로 전환하는 과정에서 이러한 정책조합의 변화가 매우 어렵다는 점이다. 복지확대전략이 증세를 요구하는 것이라면 신자유주의 전략은 감세정책과 더 친화력이 있다. 더구나 외환위기처럼 경제위기로 과세기반이 무너져버린 상황에서 복지 확대를 위해 조세부담률을 높이는 것은 쉬운 일이 아니다. 그러므로 사회정책 측면에서는 사회보험의 포괄범위를 확대하고 사회적 연대성을 강화할 수 있더라도, 실제 재정부담이라는 측면에서 국가가 규제자에서 재정지원자로 전환하기는 쉽지 않다. 이것이 신자유주의 축적체제하에서 복지 확대가 갖는 긴장구조라고 할 수 있으며, 세계화 시대에 복지 확대를 추구해야 하는 복지 후발국의 딜레마라고 할 수 있다.

금융 부문의 변화도 마찬가지다. 비록 신자유주의 축적체제하에서 가계저축의 중요성은 줄어들지 몰라도, 가계대출 같은 소비자금융의 역할이 점점 증가하는 등 금융의 역할과 비중은 더욱 증가하는 경향이 있다. 그러므로 저축에서 부채로 형태만 바뀔 뿐 복지자본주의에서 금융은 여전히 핵심적인 중요성을 유지할 가능성이 높다. 이미 한국사회는 산업화와 민주화를 거치면서 국가복지를 대체하는 다양한 금융적 수단이 발전해왔으며, 이를 둘러싼 이해관계가 형성되어왔다. 특히 가계의 재산 형성 지원 등을 통해 복지에 대한 개인책임 혹은 가족책임을 강조해왔다. 따라서 신자유주의 축적체제하에서 복지 확대로의 전환보다는 오히려 기존의 규범이 지속되는 가운데 자산 형성의 메커니즘이 저축 중심에서 부채 중심으로 빠르게 재편될 가능성이 더 높다.

실제로 2015년의 연말정산 파동과 가계부채의 급격한 증가는 산업화와 민주화를 거치면서 공고화된 정책조합의 전환이 매우 어렵다는 사실을 잘 보여준다. 외환위기 이후 사회보험의 전 국민 확대, 국민

기초생활보장제도의 도입 등 공적 복지가 확대되어왔지만 이를 뒷받침할 수 있는 조세개혁이나 증세정책은 김대중·노무현 정부하에서도 시도된 적이 없다. 오히려 최근 연말정산 파동에서도 알 수 있듯이 그동안 문제점으로 지적되어온 소득공제제도를 개혁하려는 시도조차 엄청난 조세저항에 부딪쳐 결국 폐기되고 말았다.

가계부채 또한 급격히 증가해왔다. 일견 1990년대 초반 세계 최고 수준의 가계저축률이 외환위기 이후 급격히 하락하고, 그 대신 가계부채가 빠르게 증가했다는 점에서 외환위기 전후로 질적인 단절이 발생한 것처럼 보인다. 하지만 가계부채 증가는 금융의존적인 복지자본주의의 연속성을 보여주는 것과 다름 없다. 즉 가계저축 중심의 금융의존성이 외환위기 이후 가계부채 중심의 금융의존성으로 전환되었을 뿐이라는 것이다. 가계부채가 주거나 교육, 자영업 창업, 생활비 조달 등 주로 복지욕구 충족을 위한 수단으로 증가했다는 점에서 더욱 그렇다.

이렇듯 증세에 대한 강한 거부감과 금융에 대한 의존성은 기존 복지자본주의의 강한 경로의존성을 잘 보여준다. 이런 맥락에서 우리는 외환위기 이후 복지 확대 과정을 제도 변화라는 관점에서 새롭게 해석할 필요가 있다. 그리고 그것은 사회정책의 영역에 국한된 평가로 그쳐서는 안 된다. 지금까지 강조한 것처럼 한국 복지자본주의가 적어도 사회정책, 조세정책, 금융정책의 밀접한 연관하에서 발전해온 것이라면 이러한 정책조합이 어떻게 바뀌어왔는지 살펴볼 필요가 있다.

그러므로 이 장에서는 외환위기 이후 한국 복지자본주의 변화를 사회정책에 국한시키지 않고, 조세정책과 금융정책 등을 포함하는 좀 더 포괄적인 맥락에서 분석한다. 그동안 공적 복지는 확대되어왔지만, 이러한 복지 확대가 증세에 의해 뒷받침되지 않는 '증세 없는 복지 확대'의 과정이었음을 지적할 것이다. 또한 자산기반복지라는 규범이 지속되면서 자산 형성 메커니즘이 저축 중심에서 부채 중심으로 전환된 것이 외환위기 이후 복지자본주의의 가장 큰 변화 중 하나임을 지적할 것이다. 산업화 시기에는 가계저축이 공적 복지의 공백을 메우는 역할을 했다면, 외환위기 이후에는 가계부채가 공적 복지의 공백을 메우는 역할을 하게 되었다는 점을 강조한다. 이런 점에서 봤을 때 공적 복지 확대로 사회적 안전망이 확충된 것은 맞지만, 여전히 기존의 자산의존적인 복지시스템이 지속되는 등 한국 복지자본주의는 중첩(layering) 발전의 양상을 보이고 있음을 강조한다.

2절 '데자뷰(déjàvu)' 조세정치

1. 경제위기와 소득공제의 확대

외환위기 이후 신자유주의 구조개혁과 복지 확대를 동시에 추진해야 하는 상황은 조세정책 운영에 상당히 어려운 문제를 제기했다. 우선 경제위기 상황에서 증세정책으로의 전환이 어려웠다. 민주화 이후 세제개혁의 핵심과제는 자본과 부동산에 대한 과세 강화였다. 산업화 시기에는 자본축적을 지원하기 위해 자본소득에 대해 광범위한 비과세제도를 취해왔고, 부동산을 통한 불로소득에 대해서도 국가가 사실상 과세의무를 방기해왔기 때문에 조세형평성에 대한 불만이 팽배했다. 따라서 조세제도를 통해 소득재분배를 실현하고 과세의 형평성을 실현하기 위해서는 금융소득 종합과세 등 자본과 부동산에 대한 과세 강화가 절실했다. 하지만 경제 전반의 구조조정과 경제 활성화를 위해 1998년 금융소득 종합과세 시행을 잠정 연기했다.

경기부양과 소득분배 개선, 중산층 서민 대책의 하나로 소득세 감면제도도 활용되었다. 앞에서도 살펴보았듯이 소득공제를 활용한 소득세 감면은 산업화 시기와 민주화 시기 일반 국민의 소득보전과 분배 갈등 해소를 위한 핵심적인 수단으로 활용되어왔다. 국가복지가 미흡한 상황에서 소득세 감면이 재정복지(fiscal welfare)로서 중요한 역할을 담당했던 것이다. 그런데 경제위기로 당장에 소득보전을 위한 정책이 필요한 상황에서 소득세 감면이 다시 한 번 중요한 정책 수단으로 활용된다.

구체적으로 살펴보면 우선 김대중 정부는 '생산적 복지'의 하나로 봉급생활자에 대한 조세부담을 대폭 경감했다(이형구·전승훈 편, 2003: 156; 송호근, 1999: 248-250; 오건호, 2010: 114-115). 1999년의 '중산층 및 서민생활 안정대책'은 외환위기 이후 악화되고 있는 소득분배 문제를 해결하고 공평과세를 실현하기 위한 방법으로 광범위한 소득세 감면 조치를 담고 있었다. 1999년 이전에는 연소득 500만 원 이하의 전액, 500만 원 초과급여의 30%, 그리고 연간 900만 원 한도에서 공제해주던 근로소득공제가 대폭 확대되어, 500만 원~1,500만 원 사이 공제율을 40%, 1,500만 원~3,000만 원 사이 공제율을 10%로 인상하고, 공제한도는 1,200만 원으로 인상했다. 또한 의료비 공제한도를 연간 100만 원에서 200만 원, 교육비 공제한도를 연간 70만 원에서 100만 원으로 인상하는 등 특별공제 항목의 공제한도도 인상했다. 이러한 소득세 감면 조치로 인한 조세감면 규모는 1999년 한 해 동안 약 1조 4천억 원에 달했으며, 이는 근로소득세액 5조 원의 약 28%에 달하는 규모였다(재정경제부, 1999: 67-78).

소득세 감면 조치는 2000년대에도 지속되었다. 2001년에는 '금융·세제 분야 중산층 재산 형성 및 서민생활 안정방안'으로 소득세 부담 경감을 위해 종합소득세율을 모든 과세구간에서 일률적으로 10% 인하하고, 경로자·장애자에 대한 추가인적공제를 1인당 50만 원에서 100만 원으로 인상했다. 의료비·보험료·교육비에 대한 특별공제도 확대했다(재정경제부, 2001). 2002년에는 근로소득공제율을 500~1,500만 원 사이 45%, 1,500~4,500만 원 사이 10%, 4,500만 원 초과 시 5% 인상하고, 공제한도는 폐지했다(성명재, 2011: 120-121; 김은경, 2006: 178).

노무현 정부 때에도 크게 다르지 않았다. 대체로 노무현 정부에서는 소득공제 개편을 최대한 자제하여 다자녀추가 공제를 신설하는 등 소폭 개편에 그쳤다(권혁진·신우진, 2010). 하지만 노무현 정부에서도 500만 원 이상 3,000만 원 이하 구간에서 근로소득의 공제율을 각각 5%씩 인상하고, 근로소득 세액공제 한도를 40만 원에서 50만 원으로 인상하는 등 감면 조치를 취했다(성명재, 2011: 120-121).

감세정책을 명시적으로 표방했던 이명박 정부에서는 가구규모나 지출항목에 따라 세금 혜택을 우대하는 조치를 취했다. 500만 원 이하 저소득계층의 근로소득공제 규모는 80% 수준으로 축소하는 대신 인적공제나 특별공제 규모를 확대했다. 또한 인적공제 중 기본공제금액은 1인당 100만 원에서 150만 원으로 상향 조정되었고, 교육비는 공제액 한도가 고등학생 이하 자녀 1인당 연 200만 원에서 300만 원, 대학생 자녀 1인당 연 700만 원에서 900만 원으로 확대되었다. 부양가족에 대한 의료비 공제는 연간 500만 원에서 700만 원으로 확대되었다(성명재, 2011: 119-150; 이영환·신영임, 2010).

〈그림 5-1〉은 OECD 국가를 대상으로 과세소득(taxable income) 비중을 비교한 것이다.[4] 2011년을 기준으로 볼 때, OECD 국가 대부분의 과세소득은 평균적으로 소득의 80% 정도가 된다. 하지만 미국과 일본, 한국의 경우에는 과세 소득의 규모가 40%에도 미치지 못하고 있다. 특히 우리나라가 과세소득이 가장 낮은 수준이다. 이것은 우리나라가 현재까지도 소득공제를 적극적으로 활용해왔기 때문이다.

4 과세소득 비중은 소득에서 소득공제 등을 제외하고 과세대상이 되는 소득의 비중을 계산한 것이다.

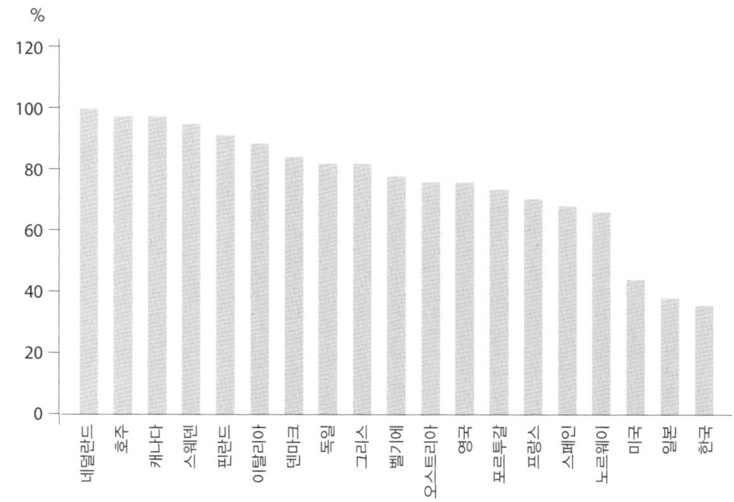

〈그림 5-1〉 과세소득(taxable income) 비중 국제 비교(2011년 기준)

주: 그리스는 2010년.

자료: OECD(2014).

소득공제 규모가 지속적으로 확대된 반면 명목세율은 지속적으로 하락해왔다. 〈그림 5-2〉는 지난 20년간 근로소득세와 법인세의 최고세율의 변화를 보여준다. 소득세의 경우 최고세율이 1994년 45%에서 2000년대에 35%까지 하락했다. 최근에야 비로소 38%로 소폭 상승한 정도다. 법인세의 경우에는 최고세율이 1994년 32%에서 2014년 현재 22%까지 지속적으로 하락해왔다. 전반적으로 1990년대에는 소득세율 인하가 빠르게 진행되었던 반면, 2000년대에는 법인세율 인하가 빨랐음을 알 수 있다.

이명박 정부 때 감세정책이 본격화되면서 법인세율을 25%에서 22%로 인하한 반면, 소득세는 부자증세의 하나로 소득세 최고구간을 새롭게 신설한 바 있다(국회예산정책처, 2015a: 36). 이명박 정부의 감세정책은 주로 법인세 감면에 초점을 맞춘 것이었다. 2008년 세법개정 이전

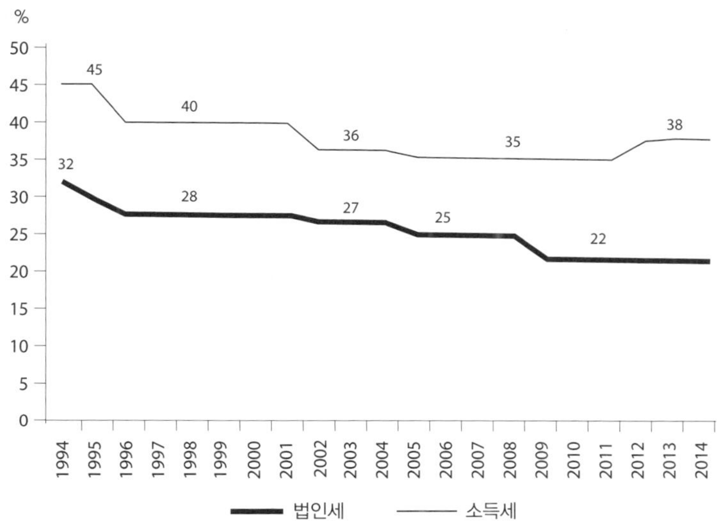

〈그림 5-2〉 법인세와 소득세의 최고세율 변화

자료: 국회예산정책처(2015c), 조세의 이해와 쟁점(통계편).

에는 과세표준 1억 원을 기준으로 1억 원 초과 시 25%, 1억 원 이하의 경우 13%의 세율을 적용했는데, 법 개정을 통해 과세표준 2억 원을 기준으로 2억 원 초과 시 22%, 2억 원 이하의 경우 11%로 세율을 낮추었다. 이러한 법인세율 인하를 통해 2008년부터 2011년 4년 동안 예상되는 감세규모는 8조 7천억 원 정도였다(이재은, 2008; 장상환, 2010; 황성현, 2009: 261; 이영환·신영임, 2010).

법인세는 조세경쟁에 매우 민감한 세목이다. 1970년대 이후 세계화가 진전되면서 국가 간에 조세경쟁이 심화되어왔으며, 이로 인해 각국은 기업유치 등을 위해 앞다퉈 법인세율을 인하해왔다(Genschel, 2002). 이와 더불어 노동과 자본 간의 과세형평성을 고려하여 소득세율도 점차 인하해왔다. 이러한 추세는 정도의 차이는 있었지만 스웨덴이나 독일 등 복지국가도 예외는 아니었다(Streeck, 2014). 우리나라도 이러한 세계적인 추세를 따라 1980년대 후반부터 점진적으로 법인세와 소득세율을 낮추는 방향으로 조세정책을 운영해왔다.

하지만 서구 복지국가의 경우에는 '넓은 세원, 낮은 세율'이라는 정책기조하에 과세소득의 범위를 넓혀왔던 반면, 우리나라는 세율인하에도 불구하고 과세소득의 범위를 넓히는 데 실패했다. 법인세는 조세경쟁에 민감하기 때문에 국제적으로 수렴하는 경향이 있다(국회예산정책처, 2015a). 반면 소득세는 조세경쟁보다는 조세형평성에 훨씬 민감하다. 그래서 우리나라같이 조세형평성이 낮은 경우 소득공제 규모가 큰 경향이 있다. 그런데 이러한 상황은 외환위기 이후에도 크게 달라지지 않았으며, 그 결과 '넓은 세원, 낮은 세율'이라는 조세정책의 국제표준을 추구해왔음에도 불구하고, 결과적으로 세원은 좁게 유지된 채 세율만 낮아지는 결과가 초래됐다.

2. 연말정산 파동

지금까지 살펴본 것처럼 우리나라는 그동안 국가복지의 미흡한 부분을 광범위한 소득공제제도로 대체해왔다. 그런데 복지 목적의 소득공제, 즉 재정복지는 국가복지와는 대체재의 성격을 갖기 때문에 복지지출을 늘리려면 당연히 소득공제와 같은 조세감면 혜택은 줄이는 것이 마땅하다. 가령 국가가 아동수당을 지급하거나 보육료를 지원한다면 부양자녀공제나 자녀세액공제 혜택은 불필요할 것이고, 의료보장이 잘 되어 있다면 의료비 공제는 불필요할 것이다.

소득공제는 소득이 높을수록 더 많은 혜택을 받는 역진성 문제도 있다. 가령 현재 소득세 체계하에서 연간 교육비 300만 원을 소득공제할 경우 총급여가 2억 원인 고소득자에게는 114만 원(과세표준 300만 원 감소분×한계세율 38%=114만 원)의 공제 혜택이 주어지는 반면, 총급여가 2,000만 원인 저소득자에게는 18만 원(과세표준 300만 원 감소분×한계세율

6%=18만 원)의 공제 혜택밖에 주어지지 않는다. 반면 소득공제를 세액공제로 전환하고, 세액공제율이 15%일 경우에는 소득에 상관없이 모두 45만 원(교육비 300만 원×15%)의 공제 혜택을 받을 수 있다. 그러므로 소득공제보다 세액공제 방식이 저소득계층에 훨씬 유리한 재분배정책이라고 할 수 있다(기획재정부, 2015).

이런 점에서 박근혜 정부가 추진한 소득공제의 세액공제 전환은 과세형평성 개선과 복지국가로의 전환을 위해서는 필수불가결한 조치였다고 평가할 수 있다. 2013년 세법 개정은 특별공제에 속했던 의료비, 교육비, 기부금, 보장성 보험료 등 기존에 소득공제 항목이던 것을 세액공제로 전환하는 것이 주된 내용이었다. 또한 근로소득공제의 경우에는 소득 수준에 따라 공제율이 5~80%이던 것을 2~70% 수준으로 축소하고, 소득세 최고세율 38%가 적용되는 소득구간도 3억 원 이상에서 1억 5천만 원 이상으로 낮춰 상대적으로 고소득계층의 조세부담을 높이고자 했다. 마지막으로 그동안 보육료 지원, 양육수당, 출산장려금 등이 도입된 만큼 출산·입양자녀 공제는 폐지하고 자녀세액공제의 적용범위도 조정하고자 했다(기획재정부, 2015).

이러한 소득공제의 세액공제 전환으로 실질적으로 조세부담이 증가하는 계층은 주로 연소득 7,000만 원 이상 계층에 집중될 것으로 예상되었다. 국세청 자료를 토대로 근로소득세 신고인원의 소득분포를 보면 연소득이 7,000만 원을 초과하는 경우는 8.5%, 5,500~7,000만 원 사이는 6.7% 정도에 불과한 반면, 5,500만 원 이하는 연말정산 신고자 1,619만 명 중 1,361만 명으로 대략 85%를 차지하고 있었다(표 5-1 참조). 그리고 2013년 세법개정으로 5,500만 원 이하 계층에서는 조세부담이 3만 1천 원 정도 감소하고, 5,500~7,000만 원 사이에서는 3,000원 증가, 7,000만 원이 초과한 경우에는 109만 원 정도 증가할 것으로 추정되었다. 즉 5,500만 원 이하 대부분이 오히려 조세부담이 줄고,

〈표 5-1〉 급여 구간별 근로소득세 신고인원 분포 (단위: 만 명)

구분	5,500만 원 이하	5,500~7,000만 원	7,000만 원 초과	합계
2013년(비중)	1,387(84.8%)	110(6.7%)	139(8.5%)	1,636(100%)
2014년(비중)	1,361(84.1%)	114(7.0%)	144(8.9%)	1,619(100%)

자료: 기획재정부(2015).

5,500~7,000만 원 사이에서는 약간의 조세부담 증가가 있을 뿐이었다. 7,000만 원 이상 계층에만 조세부담이 급격히 증가해, 연간 109만 원 정도로 증세 규모가 상당히 클 것으로 예상되었다(기획재정부, 2015).

소득 수준이 아니라 가구 형태나 가구구성에 따라서도 제도 변화에 따른 혜택의 차이가 존재했다. 가령 공제대상 지출이 적은 1인 가구의 경우 150만 명 정도가 평균 8만 원 정도 조세부담이 증가할 것으로 예상되었다. 또한 자녀 관련 공제 등을 배우자가 받아 본인공제만 적용되는 맞벌이가구나 자녀세액공제 통합 등의 영향을 받는 3자녀 이상 가구의 경우 13만 명 정도가 연평균 11~24만 원 정도 세금부담이 증가할 것으로 예상되었다. 마지막으로 연금저축 공제율(13%에서 12%로 축소) 등의 영향을 받는 기타 가구 약 42만 명의 조세부담이 평균 6만 원 정도 증가할 것으로 예상되었다(기획재정부, 2015).

전체적으로 볼 때 소득공제의 세액공제 전환을 서민 증세라고 평가하기는 어렵다. 우선 세법개정으로 인한 증세의 대부분은 7,000만 원 이상 계층에 집중되어 있었다. 7,000만 원 이상 계층이 추가로 부담하게 될 조세규모는 대략 1조 5,700억 원 정도로 예상되었던 반면, 5,500만 원 이하는 추가로 4,279억 원의 감세 혜택이 발생하고, 5,500~7,000만 원 사이에서는 증세 규모가 29억 원 정도에 불과할 것으로 추정되었다. 가구 형태상의 이유로 3,500만 원~4,000만 원 사이 소득계층의 절반 이상에서 조세부담이 증가하지만 이것은 소액에 불과한 것으로 추

정되었다.[5]

하지만 이러한 정부의 세법개정은 2015년 1월 연말정산 과정에서 여론의 엄청난 반발과 조세저항에 직면했다. '13월의 세금폭탄'이라든가 '서민 증세'라는 비판이 쏟아졌다. 소득공제의 세액공제 전환이 그러한 반발을 초래했던 이유는 대략 네 가지로 정리할 수 있다. 우선 박근혜 정부가 '증세 없는 복지'를 표방했음에도 사실상 증세를 추진했던 것이 저항을 불러일으킨 가장 큰 이유라고 할 수 있다. 정책 당국은 소득공제제도의 개편이 명시적으로 명목세율을 인상하는 것도 아니고 새로운 세목을 도입하는 것도 아니었기 때문에 증세정책과는 상관이 없다고 주장했다. 하지만 소득공제제도의 변화로 실효세율이 증가한 집단에서는 이유야 어찌되었든 조세부담이 증가하는 것이었기 때문에 불만이 컸다. 이로 인해 정책에 대한 불신 또한 클 수밖에 없었다.

둘째, 제도 변화의 가시성이 매우 컸던 것도 연말정산 파동을 초래한 중요한 원인 중 하나다. 대체로 부가가치세가 유럽 복지국가의 중요 재원으로 활용되는 이유는 부가가치세가 소득세에 비해 세금을 내고 있다고 인지하기 어렵기 때문이다. 이것을 소위 조세의 '가시성(visibility)'이라고 한다. 소득세와 같은 직접세의 경우 가시성이 매우 크기 때문에 세율을 인상할 경우 저항이 큰 반면, 간접세 방식의 부가가치세는 가시성이 낮기 때문에 세금을 올려도 조세저항이 상대적으로 약하다는 것이다. 소득세가 현대 복지국가의 주요 세원으로 정착할 수 있었던 것도 원천징수를 통해 가시성을 낮추면서 세금을 거둬들일 수 있었기 때문이다(Steinmo, 1993; Prasad, 2006; Wilensky, 2002).

소득공제 개편 당시 정책당국도 소득공제와 같은 비과세·감면 혜

5 한겨레신문, "7천만 원 이상 고소득 과세 강화 … '서민 세금폭탄'과 거리 멀었다."(2015. 4. 7)

택 축소는 가시성이 약하기 때문에 손쉽게 세수를 늘릴 수 있는 방법으로 간주했다. 하지만 결과적으로 봤을 때 소득공제의 세액공제로의 전환은 가시성이 매우 큰 조치였다. 왜냐하면 보통 연말정산 시기에는 세금을 환급받는 경우가 대부분인데, 오히려 세금을 추가 납부해야 하는 경우가 발생했기 때문이다. 이미 받은 돈 혹은 이미 지출해버린 돈을 다시 세금으로 납부해야 하는 상황이 발생했던 것이다. '13월의 보너스'와 대비되어 '13월의 세금폭탄'이라는 담론이 확산되었던 것도 이러한 가시성과 관련이 있다. 그런데 이렇게 가시성이 커지다 보니 보이지 않는 증세를 하려던 정책당국의 의도와는 정반대로 납세자의 입장에서는 증세 목적이 뚜렷한 조세개혁으로 인식되었다.

셋째, 연말정산 파동은 조세형평성 문제와도 관련이 있다. 우리나라가 근로소득공제 등을 통해 근로소득의 상당 부분을 과세소득에서 제외해왔던 주된 이유는 자영업자와 근로소득자 간의 조세부담 형평성 문제 때문이었다(김태일·김도균, 2016). 자영업자들의 소득 탈루가 심각하다 보니 조세형평성 차원에서 아예 근로소득의 일부를 과세대상에서 제외해왔던 것이다. 그런데 이렇게 기존에 형평성 차원에서 제공되던 혜택이 줄어들다 보니 다시 한 번 예전처럼 '월급쟁이만 유리알 지갑'이라는 레퍼토리가 등장하게 되었다. 게다가 이명박 정부 때 법인세가 대폭 감면된 것도 조세형평성 문제를 악화시킨 요인 중 하나였다. 법인세 감면은 논란이 컸음에도 경제/투자활성화 차원에서 지속시킨 반면, 근로소득자만 세금부담이 증가하다 보니 '서민증세'라는 인식이 확산되었다.

마지막으로 정치적으로는 연말정산으로 세금이 대폭 증가하게 되는 계층이 당시 야당(새정치민주연합)의 지지층과 겹쳤던 것이 저항이 거셌던 중요한 이유 중 하나였다. 야당의 핵심 지지층은 주로 고학력 전문직, 대기업 정규직 근로자로 소득분포에서 상위 10~20% 구간에 집중되어 있었다. 이들은 소득공제의 세액공제 전환으로 가장 큰 타격을 입게 되는 계층이었다. 야당의 입장에서는 이들 지지층의 세법 개정에 대한 반감을 무시할 수 없었기 때문에, '서민 증세'라는 프레임을 전면에 부각시키고 저항을 주도했다.[6]

결국 이러한 연말정산 파동을 거치면서 원래의 개정안은 폐기하고, 세금부담이 느는 계층의 조세부담을 경감하는 방식으로 보완대책이 마련되었다. 보완대책은 주로 5,500만 원 이하 근로자의 조세 부담 증가분을 해소하는 데 목적이 있었다. 근로소득 세액공제의 경우에는 55%의 높은 공제율이 적용되는 금액 기준을 세액 50만 원 이하에서 세액 130만 원 이하로 확대 적용했으며, 세액공제의 한도도 급여 4,300만 원 이하에 대해서는 66만 원에서 74만 원까지 최대 8만 원 더 공제 받을 수 있도록 했다. 이를 통해 급여가 2,500~4,000만 원 구간에 속하는 1인 가구 등의 조세부담 증가가 대부분 해소될 것으로 추정되었다(기획재정부, 2015).[7]

가구 형태별로는 3자녀부터 1명당 30만 원의 세액공제, 6세 이하 2자녀부터 15만 원의 추가 세액공제가 도입되었으며, 출산·입양자녀 1명당 30만 원의 공제도 신설되었다. 또한 급여 5,500만 원 이하의 경우 연금저축 세액공제율을 12%에서 15%로 인상했으며, 표준세액공제[8] 한도도 12만 원에서 13만 원으로 인상했다. 이러한 보완대책을 통해 급

6 『프레시안』, "연말정산 '서민증세' 파동, 야당 되풀이 하나?"(2016. 1. 18)

7 지금까지 근로소득공제나 근로소득 세액공제의 경우 주로 자영업자의 조세부담 형평성을 고려하여 규모가 결정되었던 반면, 보완대책에서는 1인 가구의 조세부담 경감 차원에서 세액공제가 조정되었다는 점이 특징이라고 평가할 수 있다.

8 표준세액공제제도란 간경보험료, 의료비, 교육비 등 공제대상 지출이 거의 없는 경우 형평성 차원에서 일정 금액을 세액공제로 차감해주는 제도다.

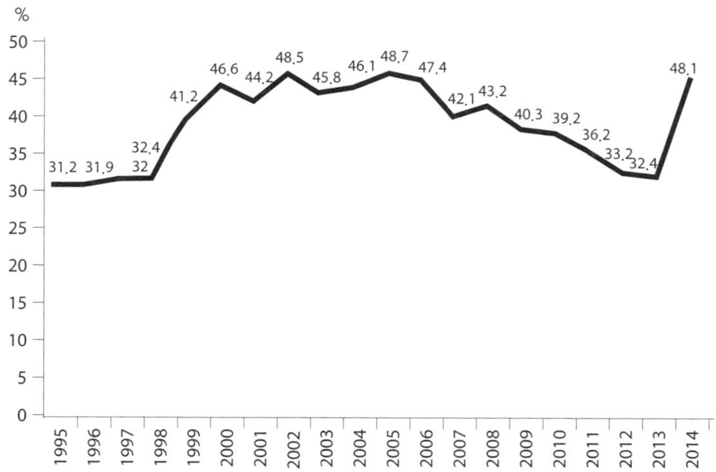

〈그림 5-3〉 근로소득세 면세자 비율 추이

자료: 국회예산정책처(2015b: 20-21; 2016: 116).

여 5,500만 원 이하 계층 대부분의 조세증가분이 해소되었으며, 5,500만 원을 초과하는 경우에도 자녀세액공제 확대 등을 통해 28만 명 정도가 공제 혜택을 받게 되었다(기획재정부, 2015).

연말정산 보완대책으로 근로소득세 면세자는 270만 명 정도 증가했다. 근로소득세 면세자가 2013년 귀속소득 기준 약 530만 명에서 2014년 귀속소득 기준 약 802만 명으로 급격히 증가한 것이다(국회예산정책처, 2016: 115). 〈그림 5-3〉에서 알 수 있듯이 근로소득세 면세자 비율은 2013년 32.4%에서 2014년 48.1%로 상승했다. 연말정산 보완대책으로 직장인 약 600만 명이 이미 낸 소득세 중 일부를 돌려받았으며, 연소득이 1억 원 이상인 근로소득자 중에서도 근로소득세를 한 푼도 내지 않은 사람이 1,400여 명에 달한 것으로 조사되었다.[9]

9 시사인, 432호[2015년 12대 뉴스 그후] ① 1월 연말정산 파동-세법 개정으로 면세자 늘어(2015. 12. 29); 한국경제, "면세자 270만명 늘린 '연말정산

최근의 연달정산 파동은 산업화와 민주화 시기 소득공제를 둘러싸고 전개되어왔던 조세정치와 유사한 양상을 보여주었다. 특히 1987년 민주화 이후 전개되었던 조세저항과 판박이라고 할 수 있다. 두 시기 모두 조세저항은 사실상 야당과 언론이 주도하고, 중산층이 적극적인 지지기반이 되었으며, 명시적인 증세정책은 없었지만 사실상 조세부담이 증가하게 된 것에 대한 반발이었다는 점에서 공통적이었다. 조세저항의 결과 오히려 근로소득세 면세자가 늘어나고 조세부담이 하향평준화된 것도 동일했다.

3절 무상복지 논쟁과 복지정치의 변화

1. 외환위기 이후 복지정치 변화

우리나라가 그동안 서구의 복지국가들에 비해 매우 낮은 복지비를 지출해왔다는 점은 잘 알려진 사실이다. 그런데 더욱 흥미로운 점은 이렇게 공공복지 수준이 낮았음에도 불구하고, 불과 10여 년 전까지만 해도 공공복지에 대한 국민의 요구와 관심 또한 저조했다는 사실이다. 과거 권위주의 체제하에서 사회정책 이슈가 정치담론에서 거의 배제되다시피 했다는 사실은 차치하더라도, 민주화 이후에도 사회정책 이슈가 중요한 선거쟁점으로 부상한 적은 없었다(송호근, 1999: 133-134). 민주화 이행기에 분배 갈등은 첨예한 사회 문제였지만, 그렇다고 해서 복지정책이 민주화된 선거정치의 공간에서 정치적 지지를 얻는 수단으로 활

파동'"(2016. 7. 13)

용되지는 않았다.

외환위기 이후에도 마찬가지였다. 김대중 정부가 추진한 복지개혁은 국민기초생활보장제도의 도입, 의료보험의 통합, 고용보험과 산재보험의 포괄범위 확대, 국민연금 개혁 등 매우 포괄적이고 다방면에 걸쳐 전개되었지만, 이러한 복지개혁이 아래로부터의 요구에 의해 추진되었다고 보기는 힘들다. 오히려 신자유주의적 구조조정을 원활하게 추진하기 위한 수단으로 도입 활용되거나, 그렇지 않으면 오래전부터 쟁점이 되어왔던 이슈들에 대한 위로부터의 개혁이라는 성격이 강했다. 국민연금의 전 국민 확대 적용이나 의료보험 통합 등은 모두 대통령 중심의 의사결정구조에서 당시 김대중 대통령의 정책의지가 강했기 때문에 추진될 수 있었던 것들이다(성경륭, 2002).

그럼에도 외환위기 이후 복지정치는 분명 질적인 변화를 겪었다. 우선 복지정책의 도입 또는 확대 과정에서 시민단체의 역할이 커졌다. 더구나 노동계급이나 이익단체가 아닌 시민단체와 같은 공익집단이 복지개혁에 막강한 영향력을 행사한 것은 서구 복지국가 역사에서도 전례를 찾기 힘든 매우 한국적인 현상이었다. 이런 점에서 시민단체의 역할 증가는 한국 복지정치의 역사에서 상징적인 변화 중의 하나라고 평가할 수 있을 것이다(김연명, 2002a).

하지만 시민단체의 역할 증가보다 더 중요한 변화는 복지 이슈가 점점 더 한국사회의 중요한 정치균열로 등장하게 되었다는 사실이다. 사실 복지개혁 과정에서 시민단체의 역할이 중요했다고는 하지만 시민단체들이 여론을 주도하거나 반영했다고 보기는 힘들다. 학자와 전문가를 중심으로 하는 한국의 시민단체들이 공익적 관점에서 복지개혁을 요구했어도 복지 이슈들이 대중의 관심을 끌거나 선거쟁점화되지는 못했다. 하지만 이러한 상황은 점차 변하기 시작해서, 복지이슈가 점점 더 중요한 정치균열이자 선거쟁점으로 등장하게 되었다.

대표적인 사례로 국민연금 개혁과 무상복지 논쟁을 들 수 있다. 국민연금제도는 1997년부터 1999년까지 1차 개혁, 2003년부터 2007년까지 2차 개혁을 거쳤는데, 특히 2차 국민연금 개혁은 과잉정치화를 우려할 정도로 정당 간의 대립이 첨예했다. 무상복지 논쟁은 연금개혁보다 정치사회적 파장이 훨씬 더 컸다. 무상급식에서 시작된 논쟁이 '보편적 복지 대 선별적 복지'라는 프레임 대결로 확대되었을 뿐만 아니라, 이를 계기로 복지 이슈가 본격적으로 선거쟁점화되기 시작했다.

이 절에서는 연금개혁과 무상복지 논쟁을 중심으로 외환위기 이후 복지정치의 변화 양상을 살펴본다. 연금개혁의 정치와 무상복지 논쟁은 모두 한국의 복지개혁이 기존의 정책적·제도적 유산과 부딪치며 어떻게 진행되어왔는지를 보여주는 중요한 사례라고 할 수 있다. 이런 맥락에서 이 두 사례를 통해 그동안 복지 이슈가 어떻게 정치화되고, 그 과정에서 복지제도가 어떻게 변화되어왔는지 살펴본다.

2. 국민연금 개혁의 정치[10]

국민연금 개혁은 제도 변화라는 측면에서 흥미로운 특징을 보여준다. 1990년대 후반 이래로 국민연금 개혁은 일원화론과 이원화론으로 나뉘어 논의가 이루어져왔다. 일원화론이 기존의 국민연금 틀을 그대로 유지하는 모수적 개혁(parametric reform) 방안인 반면, 이원화론은 공적연금체계를 기초연금과 국민연금 두 가지 층위로 나누는 구조적 개혁(structural reform) 방안이었다(국민연금제도개선기획단, 1997; 윤석명·양혜진·오신휘, 2013). 그런데 흥미롭게도 두 차례의 연금개혁을 거치면서 초기

10 이 절은 졸고 「제도병치를 통한 한국 공적연금제도의 다층구조화 과정 연구」(『한국사회정책』, 2015, 제22집 제1호)의 내용을 부분 발췌한 것이다.

의 일원화론이나 이원화론과는 상이하게 국민연금의 중심성은 유지하면서 기초연금을 도입하는 절충적 형태로 귀결되었다.

우리나라의 국민연금제도는 도입 당시 기여에 기초한 소득비례급여를 지급하고, 매우 관대한 소득보장 기능을 지니고 있었다는 점에서 비스마르크형 연금제도에 가까웠다. 그런데 엄격한 기여주의 원칙을 고수했기 때문에 사각지대가 광범위하게 발생하는 문제가 있었다. 기여를 통한 자격 획득에 실패할 경우 국민연금의 혜택을 받을 수가 없었지만, 이들을 포괄할 수 있는 제도도 존재하지 않았다. 그러므로 국민연금제도가 도입되던 초기부터 기초연금 도입의 필요성이 제기되어왔다(김연명, 2002b; 이혜경, 1993).

하지만 1차 국민연금 개혁 과정에서는 기초연금은 도입되지 않았다. '국민연금제도개선기획단'은 국민연금 이원화 방안과 일원화 방안을 모두 제시했는데, 김영삼 정부는 이 중에서 이원화 방안을 국민연금 개혁안으로 채택한 바 있다. 하지만 김대중 정부로의 정권 교체 이후 이원화 방안은 아무런 반대도 없이 자동 폐기되고, 일원화 방안이 채택·실행되었다(권문일, 1999). 전반적으로 국민연금 사각지대 문제나 기초연금 도입 필요성에 대한 사회적 공감대가 약했으며 국민연금 개혁 자체에 대한 관심도 저조했다.

반면 2차 국민연금 개혁은 1차 국민연금 개혁과는 상이하게 전개되었다. 2차 국민연금 개혁의 쟁점은 재정불안정성 문제와 광범위한 사각지대 문제였다. 그런데 1차 개혁과 달리 2차 개혁에서는 정당 간 의견대립이 격렬했다. 우선 정부개혁안은 국민연금 일원체계를 유지하면서 재정안정화를 위해 급여율과 기여율을 조정하는 모수적 개혁안에 해당했다. 기금 고갈을 막기 위해 소득대체율을 2008년까지 50%로 낮추고, 연금보험료율은 2030년까지 15.9%로 인상하는 방안을 제시했을 뿐, 사각지대 문제를 해결하는 방안은 포함하지 않았다. 반면 당시 야당이던 한나라당과 민주노동당은 기초연금 도입을 사각지대 문제 해결을 위한 대안으로 제시했다. 한나라당은 국민연금 소득대체율을 60%에서 20%로 대폭 축소하고, 그 대신 급여율 20%의 보편적 기초연금을 도입하는 이원화 방안을 제시했다. 민주노동당은 국민연금 급여율을 40%로 설정하고, 기초연금 급여율을 15%까지 점진적으로 상향하는 방안을 제시했다(오건호, 2006; 김영순, 2011; 김수완, 2011).

정당간 정책대립과 더불어 정부의 지지기반이 취약한 것도 문제였다. 우선 1차 국민연금 개혁 당시와는 달리 정부개혁안이 상당히 고립되어 있었다. 1차 개혁 당시에는 국민연금을 중심으로 하는 모수적 개혁안이 시민단체로부터 광범위한 지지를 획득했다. 반면 2차 개혁에서는 사각지대 문제에 대한 해결방안을 포함하고 있지 않은 정부개혁안은 민주노총과 한국노총 등 노동계, 참여연대와 경실련 등의 시민단체 등으로부터 비판을 받았다(오건호, 2006). 비토포인트의 역할도 중요했다. 1차 국민연금 개혁은 집권 여당이 다수당이었기 때문에 제도도전자의 거부권이 약화된 상태에서 개혁이 추진될 수 있었다. 반면 2차 국민연금 개혁 과정에서는 집권 여당이 소수당의 처지였기 때문에 야당이 비토권을 행사하는 상황에서 개혁이 추진되기 어려웠다(김영순, 2011).

결국 장기적 교착국면에 빠져 있던 2차 국민연금 개혁은 민주노동당이 제시한 방안과 가장 유사한 방식으로 마무리되었다. 정부는 장기간의 교착국면을 벗어나기 위해서라도 광범위한 사각지대 문제에 대한 해결책을 개혁안에 포함시킬 수밖에 없었다. 그러므로 65세 이상 노인 중 소득 45% 이하 계층에게 월 8만 원을 정액 지급하는 기초연금안(소위 '유시민 개혁안')을 개혁안에 포함시켰다. 다른 한편 기초연금 도입을 계속 주장해왔던 한나라당과 민주노동당은 민주노동당 안을 중심으로 개혁안을 제시했다. 사실 한나라당의 이원화 개혁안은 사각지대 문제 때문에 주목을 받긴 했지만 재원조달의 비현실성 등으로 인해 완결성은 떨어졌다(은민수, 2013). 반면 민주노동당 안은 국민연금의 중심성을 인정한 상태에서 기초연금을 통해 보완하는 방식이었기 때문에 정부와의 타협이 가능한 대안이었다.

결과적으로 2차 국민연금 개혁은 국민연금 소득대체율을 60%에서 40%로 인하하는 대신, 기초노령연금을 도입하고 급여수준을 점진적으로 인상하는 방식으로 마무리되었다. 이러한 개혁안은 국민연금을 중심으로 하되 기초연금을 보완적 차원에서 설계하고, 공적 노후소득 보장의 기능을 강조했다는 점에서, 기존의 이원화 방안이나 일원화 방안과는 상당히 달랐다.

2차 국민연금 개혁의 전개과정은 제도 변화라는 측면에서 중요한 의미를 지닌다. 우리나라의 국민연금제도는 도입 초기 강한 소득보장 기능을 지니고 있었지만, 엄격한 기여주의 원칙으로 인해 광범위한 사각지대 문제가 발생하는 한계가 있었다. 그런데 도입 초기에는 크게 부각되지 않던 사각지대 문제는 고령화가 빠르게 진행되면서 핵심적인 개혁 쟁점으로 부상하게 되었다. 행위자들 또한 이러한 환경변화에 대응하여 기초연금 도입을 주장하는 등 적극적으로 제도 변화를 추구했다. 하지만 국민연금을 중심으로 하는 기존 제도의 경로의존성 또한 강했다. 결국 두 차례의 국민연금 개혁은 국민연금의 중심성은 유지하되 기초노령연금이라는 새로운 제도 도입을 통해 공적연금체계를 변화시키는 제도 중첩(layering)의 과정으로 귀결되었다.

3. 무상급식 논쟁과 '공치사(credit claiming)'의 복지정치

2차 국민연금 개혁을 계기로 비록 연금정치가 활성화되긴 했지만, 연금개혁 이슈가 선거쟁점화까지 되었던 것은 아니었다. 그런데 복지를 둘러싼 선거정치가 활성화되지 않던 상황은 2010년 무상급식 논쟁을 계기로 급격히 바뀌었다. 무상급식 논쟁을 계기로 복지 이슈가 선거정치의 핵심 이슈로 부상하고, 한국 정치사상 처음으로 정당세력들이 득표를 위해 복지정책을 전면에 내세우는 일이 벌어졌다.

앞에서도 지적했듯이 외환위기 이후 공적 복지가 확대되어왔지만, 그것은 복지 이슈가 선거쟁점으로 부상하지 않은 상황에서의 복지 확대 과정이었다. 또한 복지 확대 과정에서 시민단체의 참여가 활발하긴 했지만 정당이나 사회세력의 역할은 크지 않았고, 정책결정은 주로 관료집단 내의 정책조율에 머무는 경우가 많았다(신광영, 2012: 40). 이런 점에서 보면 무상복지 논쟁과 복지 이슈의 선거정치화는 한국사회에서도 선거정치가 복지 확대를 주도하기 시작했음을 보여주는 상징적인 사건이라고 평가할 수 있다.

그렇다면 이러한 변화는 어떻게 가능했던 것일까? 2010년의 무상급식 논쟁과 복지의 선거쟁점화는 몇 가지 계기에 주목할 필요가 있다. 우선 교육감 직선제가 복지 이슈를 정치쟁점화할 수 있는 중요한 기회구조를 제공해주었다. 민주화 이행 이후에도 복지 이슈가 정치쟁점화되지 않았던 핵심 이유는 권위주의 세력이 민주화 이행 과정을 주도하게 되면서 시민사회의 균열이 지역균열 등으로 대체되는 등 분배 갈등이 정치적으로 왜곡되어 표출되었기 때문이다. 그런데 2000년대 후반에 도입된 교육감 선거는 이러한 기존의 정치적 균열구조에서 상대적으로 자유로웠고, 정당과 유권자들의 관심도 상대적으로 떨어졌기 때문에 새로운 선거 이슈를 제기하고 새로운 선거정치를 시도하는 데 유리한 정치적 구조를 제공해주었다(신광영, 2012; 고원, 2012).

2010년 지자체 선거 이후 서울시 무상급식 논쟁은 대립구도를 더욱 명확히 하는 계기가 되었다. 서울시 의회의 다수당이 된 민주당과 교육감으로 당선된 곽노현 교육감이 무상급식 예산을 책정한 데 대해, 당시 오세훈 서울시장이 거부권을 행사하면서 무상급식 이슈가 다시 한

번 중요한 정치적 대립구도로 등장했다. 2011년 1월에 서울시 의회가 무상급식 조례를 통과시킨 데 대해, 오세훈 서울시장이 거부 의사를 표명하고 주민투표를 청구한 데 이어, 주민투표를 자신에 대한 신임투표로 규정하면서 무상급식 이슈는 핵심적인 정치 이슈로 급부상했다. 결국 오세훈 서울시장이 사임하고, 보궐선거에서 박원순 후보가 당선되면서 무상복지 논쟁은 정치쟁점으로 확고하게 자리 잡게 되었다.

이런 몇몇 계기를 통해 한국 정치사상 처음으로 복지 이슈가 광역단체장 선거의 당락을 결정하는 쟁점으로 등장하게 되자, 정치세력 또한 복지 이슈의 파괴력을 실감하기에 이른다. 민주당은 아예 보편적 복지를 당론으로 정하고, '3무1반'(무상급식, 무상보육, 무상의료, 반값 등록금)을 핵심 정책으로 내걸고, 자신들의 복지정책을 '보편적 복지'로 규정했다(김진석, 2010; 신광영, 2012). 한나라당 또한 복지정책을 득표를 위한 중요한 수단으로 활용하기 시작했다. 복지정책이 득표를 위한 중요한 정책 수단이라는 것을 깨닫게 되면서 당시 유력한 대선후보였던 박근혜 의원을 중심으로 보편적 복지를 수용한 '생애주기별 맞춤형 복지'를 제안하기에 이른다(김연명, 2011).

민주화 시기에도 그랬듯이 정치적 균열이 자동으로 사회적 균열을 반영하는 것은 아니다. 정치적 균열은 양극화라든지 고용불안정 등 사회경제적 변화를 전제로 하지만, 이것이 정치세력의 전략적 계산과 선택에 영향을 미칠 때에만 정치적 균열로 등장할 수 있다(고원, 2012: 17-18). 그런데 무상급식 논쟁이라는 우연한 계기를 거치면서 복지 이슈가 선거정치에 미치는 파괴력이 증명되자 새누리당 같은 보수정당도 복지 이슈를 적극적으로 활용하게 되었다. 이러한 경향은 2012년 대선 과정에서 무상보육과 기초연금이 중요한 선거쟁점으로 등장하면서 더욱 뚜렷해졌다.

2012년 대선에서 당시 새누리당 박근혜 후보는 고령유권자들의 지지를 얻기 위해 65세 이상 모든 노인에게 월 20만 원을 지급한다는 보편적 기초연금안을 제시했다(은민수, 2013). 앞에서 지적한 것처럼 2007년 기초노령연금제도가 도입되어 저소득층의 국민연금 배제와 현 세대 노인의 빈곤 문제를 해결하고자 시도한 바 있었다. 하지만 기초노령연금은 급여 수준이 너무 낮아 노후빈곤을 방지하기도 어렵고, 제도 자체가 한시적이고 제도적 기반도 취약했다(이용하·김원섭, 2013). 이러한 제도적 한계로 인해 그동안 노인빈곤이 점점 더 악화되어왔으며, 이것이 기초연금을 중요한 정치적 어젠다로 부상시키는 계기가 된다.

둘째, 무상보육도 정치적 득표를 위한 중요한 쟁점으로 등장했다. 2012년 대선에서 박근혜 후보는 민주당보다 더 포괄적인 보편적 보육을 공약으로 제시했다. 2010년 지자체 선거를 계기로 한나라당은 보편복지를 적극 수용하는데, 특히 무상보육은 무상급식과 달리 저출산 해법으로서 중요성이 부각되었다. 그 결과 노무현 정부 때 소득 기준으로 저소득층에게만 지급되던 차등보육료가 이명박 정부에서는 0~2세 및 만 5세 아동을 대상으로 소득계층에 상관없이 보육료를 지원하는 보편적 보육정책으로 전환되기에 이른다. 여기에 더해 2012년 대선 당시 박근혜 후보는 한발 더 나아가 만 3~4세까지를 포괄해 전 계층에 보육료를 지급하는 전면적·보편적 무상보육을 제시하는 한편, 어린이집을 이용하지 않는 아이들을 위한 양육수당 또한 만 0~5세까지 전 계층으로 확대 적용하는 방안을 제시했다(김수정, 2015).

대선 과정에서 보편적 기초연금과 전면적 무상보육정책은 무상급식 논쟁에서 시작된 복지정책의 선거쟁점화가 본격적으로 중앙정치를 규정하기 시작했음을 보여주는 예라고 할 수 있다. 특히 복지정책이 추상적이고 선언적인 수준으로만 국한되지 않고 구체적인 대상과 혜택의 범위를 제시했다는 점에서 과거와 뚜렷한 차이가 났다. 이것은 정치세력이 복지정책을 적극적으로 자신의 공으로 치켜세우는 '공치사(credit claiming)의 정치'(Wearer, 1986)가 한국 정치에서도 본격적으로 작동하기 시작했음을 보여주는 예라고 할 수 있다.

4. 증세 없는 복지와 '비난 회피(blame avoidance)'의 복지정치

무상복지 논쟁은 기존의 잔여적이고 선별적인 복지 프레임을 깨고, 기존의 정치적 균열구조를 복지 이슈를 중심으로 재편하는 중요한 계기였다. 무엇보다 무상급식 논쟁은 복지가 저소득층에게만 주어지는 잔여적인 혜택이 아니라 모두에게 주어지는 권리라는 점을 분명히 보여주었다. 또한 복지 이슈가 중요한 선거 쟁점으로 부상하면서 보수정당이 보편복지 프레임을 수용하도록 만들고, 복지를 '공치사 정치'의 핵심 이슈로 부각시켰다.

이러한 복지정치의 변화는 지난 10여 년 동안 복지지출이 주로 기초연금이나 무상보육 등을 중심으로 증가해왔다는 점에서도 드러난다. 〈표 5-2〉는 핵심적인 복지영역에서 지출 규모가 어떻게 증가해왔는지를 보여준다. 여기서 단연 눈에 띄는 것은 보육·가족·여성 분야 복지지출과 노인·청소년 분야 복지지출의 급격한 증가다. 무상보육에 대한 지출을 반영하고 있는 보육·가족·여성 분야의 경우 2008년부터 2015년까지의 지출 규모는 연평균 18%의 빠른 증가를 보여주고 있다. 기초연금 지출을 포함하고 있는 노인·청소년 분야 지출 증가는 연평균 22%에 달한다. 특히 2012년 대선 이후 관련 지출이 4조 원대에서 9조 원대로 두 배 이상 증가했다. 이러한 것들은 모두 최근 들어 복지지출 증가가 무상보육과 기초연금 등 무상복지를 둘러싼 복지정치에 의해 주도되어 왔음을 보여준다.

문제는 그동안 복지논쟁이 활발했던 것과는 대조적으로 복지재원 마련에 대해서는 사실상 논의가 부재했다는 점이다. 무엇보다 보편

표 5-2 영역별 복지지출 증가 추이 (단위: 억 원)

	2008	2009	2010	2011	2012	2013	2014	2015	평균 증가율(%)
총계	629,135	734,196	739,162	788,926	847,715	904,712	972,051	1,052,815	8
기초생활 보장	72,716	79,803	72,937	75,240	79,100	87,761	88,310	94,773	4
취약계층 지원	9,217	24,055	15,212	13,427	13,946	16,849	17,987	23,688	14
공적연금	214,285	238,197	259,856	281,833	312,678	331,382	364,031	396,612	9
보육 · 가족 · 여성	16,690	19,567	23,694	28,759	33,847	45,431	57,156	54,278	18
노인 청소년	22,058	32,836	36,630	38,759	40,510	45,034	65,619	90,362	22
노동	104,936	146,846	122,935	126,180	131,242	140,362	144,588	155,162	6

자료: 한국보건사회연구원 데이터 아카이브.

적 복지는 보편적 증세를 요구함에도 불구하고 '무상복지' 프레임이나 '증세 없는 복지' 프레임은 모두 증세의 문제를 적극적으로 다루지 않는다는 것이다(이상이, 2014; 이태수, 2015; 윤홍식 외, 2015). 2012년 대선 과정에서 박근혜 후보는 기초연금과 무상보육을 공약으로 내걸었음에도 불구하고, 이를 위한 재원 마련으로 비과세 감면 축소나 지하경제 양성화, 세출구조조정 등을 제시하는 데 그쳤다. 민주당도 마찬가지였다. 무상급식 논쟁이 한창이던 2010년 당시 보편적 복지를 당론으로 정하면서 민주당은 증세 없이 재정을 조달한다는 안을 제시하는 데 그쳤다(신광영, 2012: 51).

'무상복지'라는 개념 자체가 비용부담의 문제를 포함하고 있지 않은 것도 한계로 지적할 수 있다. 엄밀하게 말해서 무상복지와 보편적 복지는 다른 개념이다. 보편적 복지가 모든 사회구성원이 시장의 횡포로부터 자유로울 수 있는 권리라는 측면에서 복지 문제에 접근하고 있다면, 무상복지는 비용부담이 없다는 것을 강조한다(권혁주 외, 2012). 그런데 무상급식이 쟁점이 되면서 '보편복지=무상복지=공짜복지'라는 등식이 자연스럽게 형성되었다(이태수, 2015: 6).

결국 기초연금이나 무상보육 등 보편적 복지를 추진하는 과정에서 정책당국은 재원 마련 문제에 직면했다. 무상복지라는 프레임의 한계로 인해 비용부담의 문제에 대해서는 적극적인 논의가 부재했고, 사회적 합의도 형성되기 어려웠다. 그런데 무상급식같이 비교적 재정부담이 크지 않은 정책에서는 문제가 되지 않았던 재정 문제가 기초연금과 무상보육 실시 이후에는 본격적으로 등장할 수밖에 없었다.

그 결과 지자체나 지방교육청 등에 재원부담을 떠넘기는 '비난 회피(blame avoidance)의 정치'(Weaver, 1986)가 전개된다. 우선 기초연금의 도입 과정부터 살펴보자. 기초연금 도입 과정의 문제점은 기초연금이 국민연금과의 관련성이 모호한 채 선거공약으로 제시되었다는 점이다. 과거의 연금논쟁에서는 모두 '국민연금 대 기초연금' 혹은 '일원론 대 이원론' 등, 주로 국민연금의 위상과 역할, 기초연금과 국민연금의 관계에 관한 문제가 중심을 이뤘다. 반면 지난 선거에서 박근혜 후보의 선거공약은 65세 이상 모든 노인에게 월 20만 원을 지급한다는 방안만을 제시했을 뿐, 여기에 소요되는 막대한 재원을 어떻게 조달할 것인지, 보편적 기초연금과 국민연금의 관계는 어떻게 되는지 등의 문제를 모두 모호한 채로 남겨 두었다(김도균, 2015a).

결국 이러한 선거공약의 모호성은 정부 출범 이후 기초연금 도입 과정에서 첨예한 논쟁을 초래했다. 지금까지 국민연금개혁 과정에서 보수정당(새누리당 혹은 한나라당)의 일관된 정책목표는 기초연금을 도입하는 대신 국민연금 비례 부문을 대폭 축소해서 민간 부문의 역할을 증대하는 것이었다. 반면 국민연금 축소 논의가 생략된 보편적 기초연금 도입은 재원부담만 늘리고 오히려 공적연금의 소득보장 기능을 강화하는 것으로서 이것은 그동안의 보수정당의 정책목표와는 부합하지 않는 것이었다. 그러므로 선거공약으로 기초연금 도입이 기정사실화된 상황에서 새누리당이 취할 수 있는 선택지는 국민연금을 더욱 축소시켜 연금체계의 이원화를 밀어붙이거나, 아니면 2차 국민연금개혁 때처럼 국민연금을 중심에 놓고 대신 기초연금을 선별하고 축소시킴으로써 기초연금을 국민연금에 중첩시키는 방법밖에 없었다.

하지만 국민연금 급여 수준을 다시 한 번 40%에서 20%로 대폭 축소하는 방안은 정치적으로 매우 위험하고 선거공약으로도 제시된 적이 없기 때문에 가능한 선택지였다고 보기 힘들다. 따라서 새누리당은 재원 조달의 어려움을 이유로, 기초연금을 선별·차등화함으로써 기존 국민연금에 기초연금을 추가하는 방법을 택했다(김도균, 2015a). 더불어 기초연금에 소요되는 재정의 상당 부분을 지자체에 떠넘기는 방식을 취했다. 기초연금은 복지 혜택의 보편성을 고려할 때 중앙정부가 재원 전부를 부담할 필요가 있다. 하지만 기초연금 일부를 지자체가 부담하게 함으로써 중앙정부의 재정부담을 덜고자 했다.

무상보육도 마찬가지였다. 보육에 대한 공치사 정치로 인해 우리나라의 보육비 지출은 빠르게 증가했다. 그 결과 보육비 지출 수준은 국제적인 기준에서도 상당히 높은 수준에 도달하게 되었다. GDP 대비 보육비 지출 규모가 덴마크, 프랑스, 영국에 이어 네덜란드와 유사한 규모에 달하고, 독일이나 일본, 이탈리아, 미국보다는 컸다. 가령 독일은 보육비로 GDP의 0.5%를 지출하는 반면, 우리나라는 0.9%를 지출했다. 2000년대 초반만 하더라도 GDP의 0.1%에 불과하던 보육비가 불과 10년 사이에 9배 정도 증가한 것이다(김수정, 2015).

하지만 보육정책 또한 뚜렷한 재원 마련에 의해 뒷받침된 것이 아니었기 때문에 심각한 재정문제를 초래했다. 마땅한 재원확보 수단이 없는 상황에서 어린이집 보육비 지원은 지자체에 전가하고, 유치원 교육비 지원은 지방교육청에 전가하지 않을 수 없었다. 그 결과 보육료 지출에 대한 국고보조율을 놓고 중앙정부와 지방정부가 첨예하게 갈등하고, 지방교육청과는 지방교육재정부담금을 놓고 갈등하는 상황이 벌어졌다.

무상복지 논쟁을 계기로 정치적으로 중요한 변화가 나타난 것은 사실이다. 그동안 복지 이슈가 선거정치의 쟁점으로 제기되지 않았던 것은 정치균열이 시민사회의 균열을 반영하지 못했기 때문인데, 적어도 이제 이러한 괴리는 극복했다고 볼 수 있다. 또한 무상복지 논쟁을 계기로 우리 사회의 복지 패러다임으로 선별복지가 적절한지 보편복지가 적절한지와 같은 질문을 제기할 정도로 복지정치의 수준이 발전한 것도 사실이다(김연명, 2011). 하지만 복지재원 문제를 해결하지 못하고 있는 것은 여전한 한계다. 이러한 교착 국면이 오래될수록 비난 회피의 정치도 반복될 것이고, 이것은 결국 복지에 대한 지지 기반을 약화시킬 가능성이 높다.[11]

11 서울대학교 사회발전연구소가 2012년 실시한 '삶과 사회에 관한 조사'에 따르면, 응답자의 85.6%가 양극화가 심각해졌다고 느끼지만, 양극화 해소와 복지 확대를 위해서 세금을 더 내겠느냐는 질문에 부정적 견해가 59.6%로 나타났다(우명숙·남은영, 2014). 양극화는 심각한 문제지만 이를 위해 세금을 더 낼 의향은 없다고 답한 응답자는 26%나 되었다. 이러한 결과들은 모두 복지 확대의 필요성은 인정하면서도 이를 위해 세금을 더 부담하고 싶지는 않다는 것이 일반적임을 보여준다.

4절 가계저축에서 가계부채로

1. 복지국가와 가계부채

복지 레짐에 관한 상당수 연구들은 공적 복지와 민간복지 간의 역의 상관관계를 강조해왔다. 공적 연금의 소득대체율이 낮은 자유주의 복지 레짐 국가들에서는 상대적으로 민간연금 비중이 높은 반면, 공적 연금의 소득대체율이 높은 사민주의 복지 레짐 국가들에서는 민간연금 비중이 낮다는 것이 대표적인 예다. 우리의 경우처럼 산업화와 민주화 시기를 거치면서 가계저축이 복지대체재로서 국가의 복지공백을 메우는 중요한 수단으로 활용되어온 것도 공적 복지와 민간복지의 대체관계를 보여주는 중요한 예라고 할 수 있다. 이러한 복지혼합의 관점에서 볼 때, 복지국가의 사회보장제도를 일종의 사회적 저축이라고 한다면, 가계저축은 개인화된 복지 수단이라고 평가할 수 있을 것이다.[12]

그렇다면 외환위기 이후 공적 복지가 확대된 결과 가계저축과 같은 민간복지 수단에 대한 의존성은 줄어들었을까? 공적 복지와 민간복지의 대체가설에 따르면 증세 없는 복지라는 한계는 있지만 외환위기 이후 공적 복지의 확대로 민간복지 수단에 대한 의존성이 줄었을 것이라는 추론이 가능하다. 실제로 국민연금이 가계저축률에 미친 영향을 다룬 연구들은 국민연금 도입으로 우리나라의 가계저축률이 하락했다

12 국가의 사회보장제도를 일종의 사회적 저축으로 보는 견해는 오건호(2006: 12)를 참고했다. 오건호는 스웨덴 노동조합 간부에게 왜 스웨덴 국민은 은행에 예금을 하지 않는가라는 질문을 던졌을 때, "(우리는) 민간은행에는 저축하지 않는다. 그대신 사회적으로 저축을 한다. 바로 공적연금이다"라고 답했다는 에피소드를 밝히고 있다.

고 주장하기도 한다(김대철·김진영·이만우, 2008).[13] 더구나 2000년대 이후 가계저축률이 빠르게 하락해왔기 때문에, 공적 복지의 확대와 동시에 민간복지에 대한 의존성이 하락해온 것처럼 보이기도 한다.

하지만 이 장에서는 외환위기 이후 공적 복지의 확대에도 불구하고 민간복지 수단에 대한 의존성은 줄지 않았다는 점을 살펴볼 것이다. 오히려 가계의 자산의존성은 줄지 않은 상태에서 가계저축률이 하락하면서 자산 형성의 메커니즘이 저축 중심에서 부채 중심으로 빠르게 전환되어왔다는 점을 강조한다. 그리고 이러한 흐름은 소득과 복지의 성장이 정체되면서 가계부채가 빠르게 증가해온 서구 복지국가의 변화 흐름과도 일맥상통한다는 점을 강조한다.

21세기 복지자본주의의 중요한 변화 중 하나는 금융화된 민간복지 수단에 대한 의존성이 점점 증가하고 있다는 점이다. 최근에는 여기에서 더 나아가 가계부채 증가도 복지국가 축소의 맥락에서 이해해야 한다는 주장이 제기되고 있다. 콜린 크라우치(Crouch, 2011)는 최근의 가계부채가 증가하는 현상을 케인즈주의에 빗대어 '민간 주도 케인즈주의(privatized Keynesianism)'라고 부른다.[14] 전통적인 케인즈주의하에서는 정부가 빚을 져서라도 노동소득(완전고용)과 복지급여(재분배)를 책임져왔다면, '민간 주도 케인즈주의'하에서는 공공부채 대신 가계부채가 가계의 구매력을 유지시켜주는 핵심적인 정책 수단으로 활용된다는 것이

13 일반적으로 생애주기모형(life-cycle model)에 따르면 공적 연금은 가계저축을 구축하는 효과가 있는 것으로 알려져 있다. 하지만 실증적으로는 공적 연금이 가계저축에 영향을 미치지 않는다는 연구결과도 있고, 상당한 구축효과가 있다는 연구결과도 있다. 우리나라의 경우에도 국민연금과 가계저축의 관계에 대한 실증연구 결과는 상이하다(홍민기, 2009; 김대철·김진영·이만우, 2008).

14 이하에서 가계부채에 관한 논의의 일부분은 『경제와사회』에 실린 필자의 논문 일부를 인용한 것이다(김도균, 2015b).

다. 정부는 소비자금융에 대한 규제완화를 통해 가계대출을 장려하고, 그 대신 가계는 가계부채에 기대어 실직이나 퇴직 등 사회적 위험에 스스로 대처하지 않을 수 없게 되었다는 것이다. 이런 점에서 보면 가계부채 증가는 복지국가의 정체 내지는 축소와 밀접한 관련이 있다고 평가할 수 있을 것이다.

물론 케인즈주의가 실패한 후 가계부채가 공공부채를 대신하게 되리라는 건 누구도 예상하지 못했다(Streeck, 2014). 주지하다시피 서구 복지국가들에서는 1970년대에 이르면 '요람에서 무덤까지' 국민의 삶을 책임진다는 사회협약이 흔들리기 시작하고, 이를 뒷받침하던 케인즈주의적 처방 또한 설득력을 잃기 시작했다. 완전고용이 힘들어지고, 실질임금은 정체되는 한편, 복지국가를 유지하기도 어려워졌다. 그렇다고 전후의 사회적 합의를 일방적으로 파기하는 것은 정치적으로 매우 위험할 뿐만 아니라 불가능에 가까운 것이었다. 실제로 1980년대에 레이건과 대처는 복지국가 축소를 시도했지만 정치적 반발이 너무 거세어서 결국 물러서지 않을 수 없었다. 오히려 사회보장지출이 증가하여 공공부채 규모도 더욱 커지게 된다(Pierson, 1994; Krippner, 2011; Streeck, 2014).

가계부채는 이렇게 실질임금이 정체되고 복지급여가 축소되는 한편, 공공부채가 증가하는 상황에서 축적위기와 정당성 위기를 동시에 회피하기 위한 수단으로 활용된 것이라고 할 수 있다(Streeck, 2014). 무엇보다도 금융기법의 발달로 금융기관들이 가계를 상대로 막대한 금액을 대출할 수 있게 되었는데, 이로 인해 노동소득이나 복지급여 대신 가계부채를 이용해 가계의 구매력을 지탱해주는 것이 가능해졌다(Crouch, 2011; Krippner, 2011). 금융시장이 가계의 구매력을 지탱해줌에 따라 국가는 사회안전망을 제공해야 한다는 책임에서 어느 정도 벗어날 수 있게 되었다(Streeck, 2014). 즉 국가 대신 가계가 빚을 떠안고, 금융시장이 복지국가를 대신함으로써 전후의 사회적 타협을 지속하는 것이 가능했던 것이다.

이렇듯 서구 선진국들의 가계부채 증가가 복지국가 축소와 밀접한 관련이 있는 것이라면 우리의 경우는 어떤가? 우선 한국도 지난 20년 동안 가계부채는 빠르게 증가해왔으며, 그 규모도 세계적으로 매우 높은 수준이라는 점을 지적할 필요가 있다. 먼저 〈그림 5-4〉는 가계저축과 가계부채의 변화를 보여준다. 가계저축률의 경우 외환위기 전에는 20%대의 높은 수준을 유지하다 외환위기 이후 급격히 하락한 것을 알 수 있다. 비록 최근 들어 가계저축률이 다소 증가하고 있지만, 2000년대 가계저축률은 5%대에 머물러 있었다. 반면, 가계부채는 외환위기 이전에는 가처분소득 대비 60% 수준에 머물다가 외환위기 이후 급격히 증가해왔다. 현재 가처분소득 대비 가계부채 규모는 153% 수준에 달한다. 외환위기 이후 세 배 가까이 증가했으며, 현재도 계속 증가하는 추세다.

다음으로 국제적인 수준에서 한국의 가계부채 규모를 살펴보자. 〈그림 5-5〉를 보면, OECD 국가의 '순가처분소득 대비 가계부채' 평균은 136.5%에 달하며, 대부분 국가의 가계부채 비중은 100%를 넘는다. 우리나라는 가계부채 비중이 160% 정도로 OECD 국가 중 여덟 번째로 큰 규모다. 이러한 규모는 덴마크나 네덜란드, 스웨덴 등의 유럽 복지국가들보다는 작지만 미국, 일본, 그리고 그리스나 스페인보다는 큰 편에 속한다.

이렇게 외환위기 이후 가계부채가 빠르게 증가해왔고, 그 규모가 OECD 평균보다 높은 수준이라면 그 이유는 무엇인가? 그동안 공적 복지가 확대되어왔음에도 불구하고 가계부채가 빠르게 증가한 이유는 무엇인가? 이하에서는 가계부채 증가를 공급 측 요인과 수요 측 요인으로 나누어 살펴보겠다.

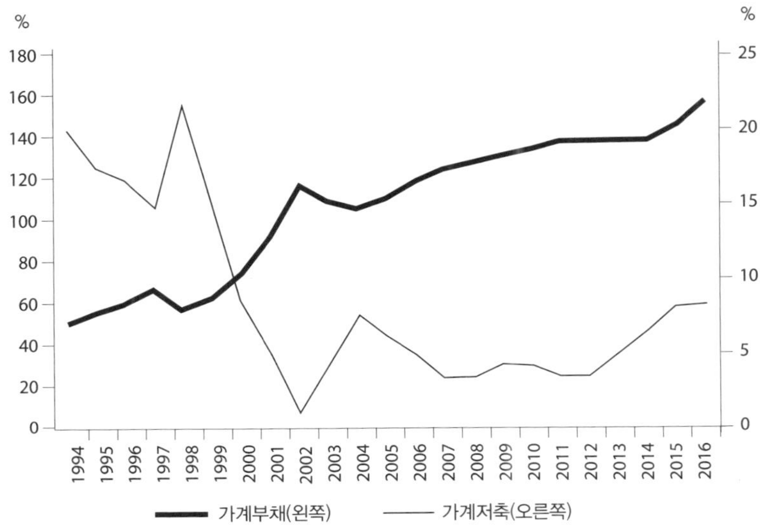

〈그림 5-4〉 가계저축과 가계부채의 변화 추이

주: 가계부채는 가처분소득 대비 가계신용 비중, 가계저축은 가계순저축률.

자료: 한국은행 국민계정통계.

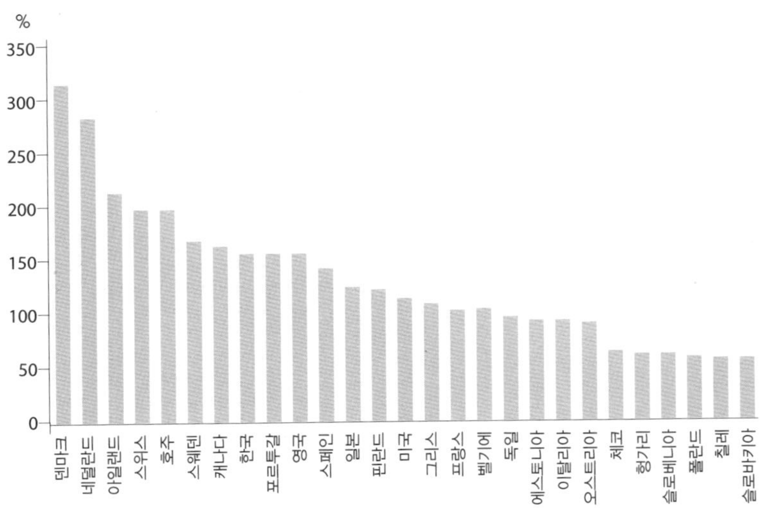

〈그림 5-5〉 가계부채 국제 비교(GDP 대비 비율) (2012년 기준)

자료: OECD(2015: 55), Household debt(indicator).

2. 가계부채 증가: 공급 측 요인

우선 공급 측 요인부터 살펴보도록 하자. 앞에서도 지적했듯이 그동안 한국은 정책금융을 이용해 재벌들에게 막대한 자원을 몰아주었으며, 재벌은 이를 바탕으로 경제성장을 이끌었다(조영철, 2003; 이병천, 2003). 이러한 정책금융을 뒷받침했던 것이 높은 가계저축률이었다. 그렇기 때문에 정부는 가계저축을 장려하기 위해 '국민저축추진위원회'를 통해 저축캠페인을 벌이고 근로자재형저축이나 농어가목돈마련저축과 같이 다양한 저축 인센티브를 제공하는 등 적극적인 노력을 펼쳐야 했다.

하지만 외환위기 이후 상황은 완전히 바뀌어서 가계저축이 아니라 가계부채를 적극 권장하는 정책들이 추진된다(유경원·조은아, 2006). 무엇보다도 IMF가 요구한 구조조정으로 발전주의 경제시스템을 유지하는 것이 불가능해졌다. IMF 구조조정 프로그램은 은행 자기자본비율을 8% 이상으로 유지하고, 기업 부채비율을 200% 이하로 낮출 것을 요구했다. 이러한 조치는 외환위기의 주범으로 인식되던 관치금융과 차입경영을 불가능하게 만들기 위한 조치였다. 실제로 구조조정 결과 은행의 자기자본비율이 1997년 7.0%에서 2007년 12.99%로 증가하고, 기업의 부채비율이 1997년 424.6%에서 2006년 105.3%까지 떨어지는 등 기존의 발전주의 시스템은 급격히 해체되었다(참여정부 국정브리핑 특별기획팀, 2009: 14).

여기서 주목할 것은 이러한 기업·금융 구조조정의 결과 금융의 역할이 산업자금 조달에서 소비자금융 공급으로 전환되었다는 점이다. 외환위기 이후 기업의 차입경영이 위기의 주범으로 인식되면서 은행의 기업대출은 급격히 축소되었고, 그로 인해 은행들은 새로운 영업대상을 찾아야 했다. 그런데 은행의 입장에서 중소기업 대출은 리스크가 큰 반면, 일반 가계를 대상으로 한 주택담보대출 등의 가계대출은 안정성과 수익성이 동시에 보장되는 매력적인 투자처였다. 따라서 변화된 상황에서 은행들이 가계대출을 중요한 영업 전략으로 택하게 된 것은 어떻게 보면 당연한 결과라고 할 수 있다(한국은행, 2012: 50-51; 한국금융연구원, 2013).

발전주의 경제시스템하에서는 모든 가용한 자원을 산업 부문에 할당해야 했기 때문에 소비자금융은 억제해야 했다. 그 결과 기업대출 규모는 막대했지만 가계대출은 전무하다시피 했다. 외환위기 이전 우리나라의 기업부채가 경제위기를 초래할 정도로 과도했던 반면 가계부채 수준은 낮았던 것도 소비자금융을 의도적으로 억제한 결과라고 할 수 있다. 이렇게 소비자금융 자체가 부재하다시피 했기 때문에 외환위기 이전에는 아끼고 아껴서 돈을 모으지 않으면 집 한 채 장만하기가 어려웠던 것이 현실이었다(제윤경·이헌욱, 2012). 그런데 외환위기 이후에는 상황이 정반대로 바뀌어서 기업대출은 까다로워진 반면 가계대출은 누구나 매우 낮은 금리로 손쉽게 돈을 빌릴 수 있게 되었다. 이것은 공급 측 요인으로서 소비자금융 활성화와 같은 금융정책상의 변화가 가계부채 증가의 주요 원인이라는 사실을 잘 보여준다.

3. 가계부채 증가: 수요 측 요인

그러면 수요 측 요인을 살펴보도록 하자. 사람들은 어떤 이유에서 은행이나 금융기관에서 돈을 빌렸을까? 외환위기 이후 금융정책이 급격히 바뀌어서 소비자금융에 대한 규제가 대폭 완화되었다고 하더라도 돈을 빌릴 이유가 없었다면 가계부채가 그렇게 급격하게 증가하지는 않았을 것이다. 외환위기 이후 가계부채가 급속히 증가했을 뿐만 아니라 가계부채 규모가 국제적으로도 매우 높은 수준이었다면 그 이유는 공급 측 요인뿐만 아니라 수요 측 요인에서도 살펴볼 필요가 있다.

우선 외환위기 이후 가계부채가 증가한 주된 요인은 주택담보대출의 증가에 있다. 〈그림 5-6〉은 2000년대 들어 '예금기관 가계대출' 규모와 '주택담보대출' 규모의 변화 추이를 보여준다. 이 그림은 예금기관 가계대출의 규모가 2003년 322조 원에서 2016년 909조 원으로 불과 15년도 안 되어서 세 배 정도 상승한 것을 보여준다. 주택담보대출의 경우는 증가속도가 더 빨라서 2003년 153조 원에서 2016년 546조 원으로 약 3.5배 증가했다. 예금기관 가계대출에서 주택담보대출의 비중은 2003년 47.4%에서 2016년 60.1%로 증가했다. 주택담보대출이 대부분 주택 구입과 관련 있다고 봤을 때, 이것은 2000년대 가계대출 증가의 상당 부분이 주택 구입에 활용되었음을 보여준다.

하지만 가계부채 증가를 주택담보대출 증가만으로 설명하기는 어렵다. 〈표 5-3〉은 2016년도 가계금융복지조사 결과를 바탕으로 가구주 연령별로 금융부채의 보유 비율과 평균 부채 규모, 그리고 부채조달 목적을 살펴본 것이다.[15] 우선 금융부채로만 한정한 가계부채 보유 비율은 55%임을 알 수 있다. 가구주 연령별로는 30세 미만 45.2%에서 40대 70.9%까지 증가하다가 50세 이후로 빠르게 하락하는 것을 알 수 있다. 60세 이상에서는 33.7%로 낮은 수준인 것을 알 수 있다. 금융부채를 보유한 경우 평균 부채 규모는 30세 미만 3,289만 원에서 50대 9,427만 원

15 가계부채는 크게 금융부채와 임대보증금으로 나뉜다. 금융부채는 담보대출과 신용대출, 신용카드대출 등의 합, 임대보증금은 전세나 월세보증금, 상가임대보증금 등의 합으로 구성된다. 〈표 5-3〉과 〈표 5-4〉는 가계부채 중 금융부채 규모와 보유 여부만을 다룬다. 왜냐하면 한국은행이나 OECD 같은 국제기구가 추계하는 가계부채가 주로 금융부채를 대상으로 하기 때문이다. 게다가 임대보증금은 주로 임대소득 등 투자목적이 강하고, 이자부담도 사실상 없다.

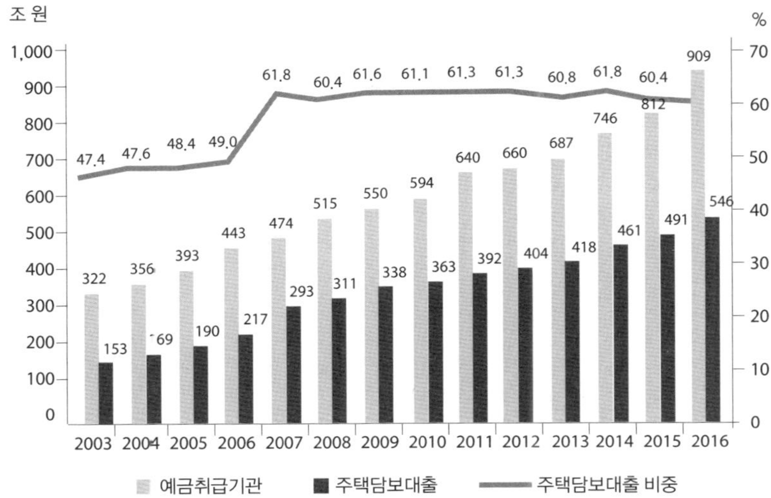

〈그림 5-6〉 예금기관 가계대출과 주택담보대출의 변화 추이

자료: 한국은행 경제통계시스템.

까지 상승하다가 60세 이상에서는 다시 7,839만 원으로 하락한다. 금융부채 보유가구의 평균 금융부채 규모는 8,216만 원이다.

부채조달 목적도 연령별로 뚜렷한 차이가 있다. 전체적으로는 금융부채 조달 목적이 거주주택 마련(34.2%)이나 생활비 조달(22.7%), 사업자금 조달(17.7%), 전월세보증금 마련(10.5%) 순으로 나타나고 있다. 그런데 연령별로 보면, 거주주택 마련을 위한 금융부채 조달은 30대(39.7%)와 40대(40.2%)에서 높은 반면, 전월세보증금 마련은 20대(30.8%)와 30대(20.2%)에서 높은 수준이다. 거주주택 이외 부동산 마련과 사업자금 조달은 40대부터 빠르게 증가하는 반면, 교육비 조달 목적의 금융부채는 20대(15.4%)와 50대(8.6%)에서 높다. 생활비 조달 목적의 금융부채는 전 연령대에서 높게 나타나는 편이지만 40대(25.8%)와 50대(23%)에서 상대적으로 높은 수준임을 알 수 있다.

이러한 사실은 금융부채가 생애주기상에 부딪치는 다양한 욕구를

〈표 5-3〉 가구주 연령별 금융부채 규모 및 부채조달 목적 (단위: %, 만 원)

연령	부채 보유 비율	부채 평균	부채조달 목적						
			거주 주택	부동산*	전월세 보증금	부채 상환	사업 자금	생활비	교육비
30세 미만	45.2	3,289	18.0	2.6	30.8	2.1	1.5	16.4	15.4
30~40세 미만	68.6	6,841	39.7	5.8	20.2	2.6	8.1	21.3	2.6
40~50세 미만	70.9	8,530	40.2	9.5	10.0	4.4	17.9	25.8	4.1
50~60세 미만	64.2	9,427	32.5	10.2	6.5	4.3	20.7	23.0	8.6
60세 이상	33.7	7,839	25.2	8.8	6.2	4.5	23.0	20.1	2.7
평균	55.0	8,216	34.2	8.7	10.5	4.0	17.7	22.7	5.0

주: *거주주택 이외 부동산 마련 관련 부채임.
자료: 가계금융복지조사(2016).

해결하기 위한 수단으로 활용되고 있다는 것을 보여준다. 가령 교육비 관련 부채가 20대와 50대에서 높게 나타나는 이유는 이 연령대에서 본인이나 자녀의 학비 마련의 필요성이 커지기 때문이다. 20대와 30대에서는 전세나 월세 거주가 많기 때문에 전월세보증금 마련을 위한 대출 비중이 높지만, 30대 이후 내 집 마련이 본격화되기 때문에 30대와 40대에서 거주주택 마련을 위한 대출 비중이 높게 나타나는 것으로 해석할 수 있다. 50대 이후 거주주택 이외 부동산 마련이나 사업자금 관련 대출이 증가하는 것은 조기퇴직과 노후 준비를 위한 필요성이 증가하기 때문인 것으로 이해된다. 마지막으로 전 연령대에서 생활비 관련 대출이 높다는 것은 그만큼 가계부채가 소득과 지출의 격차를 해소하기 위한 수단으로 적극 활용되고 있다는 것을 보여주는 증거라고 할 수 있다.

다음으로 소득계층별로 금융부채 조달 목적을 살펴보자. 〈표

5-4〉에서, 가구주 소득계층별로 금융부채 보유 비율을 보면 소득수준이 높을수록 금융부채 보유 비율도 빠르게 증가하는 것을 알 수 있다. 연간 1천만 원 미만 소득계층의 금융부채 보유 비율은 18.1%에 불과하지만 1억 원 이상 소득계층의 금융부채 보유 비율은 71.5%에 달한다. 평균 금융부채 규모도 1천만 원 미만에서는 2,867만 원인 데 반해, 7천만 원~1억 원 이하 계층은 1억 541만 원, 1억 원 이상의 경우 2억 2,063만 원에 달한다.

부채조달 목적도 소득계층별로 차이가 뚜렷하다. 소득 수준이 낮을수록 생활비나 의료비, 전월세보증금 조달 목적의 대출 비중이 높은 반면, 소득 수준이 높을수록 사업자금이나 거주주택 이외 부동산 마련 목적의 대출 비중이 증가한다. 소득수준이 낮을수록 생계형 가계부채 비중이 높지만, 소득 수준이 높을수록 투자형 가계부채 비중이 증가하는 것을 알 수 있다. 가계부채에서 가장 큰 비중을 차지하는 거주주택 마련 목적 부채의 경우에는 연간 5천만 원에서 1억 원 이상 소득계층 사이에서 40% 이상 높은 비중을 차지하는 것을 알 수 있다.

마지막으로 종사상 지위에 따른 가계부채 문제, 즉 자영업자 부채 문제를 살펴보도록 하자. 전체 자영업 부채 규모는 2010년 367조 원에서 2016년 현재 465조 4천억 원으로 증가했다(김도균, 2015b). 전체 가계부채 규모가 2010년 861조 원에서 2016년 1,269조 원 증가한 것과 유사한 속도로 증가해온 것을 알 수 있다. 〈표 5-3〉과 〈표 5-4〉에서도 사업자금 마련을 위한 대출이 높은 비중을 차지하는 것을 알 수 있었다. 연령별로는 50대 이후에서, 소득계층별로는 1억 원 전후에서 사업자금 대출이 높은 편이었다.

자영업자 부채 증가는 자영업 경쟁 심화와 관련이 있고, 자영업 경쟁 심화는 노동시장 유연화 및 미흡한 노후소득보장과 밀접한 관련이 있다. 얼마 전 우리나라의 치킨집 수가 전 세계 맥도널드 매장 수보다

〈표 5-4〉 가구주 소득계층별 금융부채 규모 및 부채조달 목적 (단위: %, 만 원)

소득	부채 보유 비율	부채 평균	부채조달 목적							
			거주 주택	부동산*	전월세 보증금	부채 상환	사업 자금	생활비	교육비	의료비
1천만 원 미만	18.1	2,867	14.6	2.3	14.8	4.6	15.2	28.5	4.2	7.6
1천~3천만 원	45.1	3,562	22.3	3.6	10.6	4.1	16.2	25.8	4.9	2.3
3천~5천만 원	64.8	5,711	33.5	5.6	12.2	4.1	16.6	23.8	5.2	1.2
5천~7천만 원	69.9	7,788	39.5	8.7	10.5	5.0	17.9	20.1	4.6	0.8
7천~1억	70.0	10,541	46.0	13.7	9.2	3.4	17.6	21.9	5.5	0.4
1억 이상	71.5	22,063	40.7	21.1	6.4	2.8	23.5	17.9	4.9	0.3
총계	55.0	8,216	34.2	8.7	10.5	4.0	17.7	22.7	5.0	1.4

주: *거주주택 이외 부동산 마련 관련 부채임.
자료: 가계금융복지조사(2016).

많다는 기사가 회자된 적이 있다.[16] 외환위기 이후 조기퇴직이 일상화되고, 일찍 은퇴한 사람들이 너도나도 치킨집이나 피자·햄버거 창업 등에 뛰어들다 보니 이들 업종은 경쟁이 치열한 레드오션이 되었다는 얘기다. 실제로 영업점 1개당 인구 수가 치킨집의 경우 2006년 2,133명에서 2013년 1,625명, 커피숍은 같은 기간 1,852명에서 1,062명으로 빠르게 줄었다(김도균, 2015b). 그만큼 경쟁이 치열해졌다는 얘기고, 그만큼 실직자와 조기은퇴자를 복지제도가 포괄하지 못하고 있다는 얘기다.

그런데 생계형 자영업 간에 경쟁이 치열해지다 보니 자연히 창업비용은 증가하는 반면 매출은 하락할 수밖에 없고, 그 결과 자영업 부채가 증가한 것으로 보인다. 자영업 경쟁이 심하다 보니 영업이 잘될 만한

16 이데일리, "한국 치킨집 3만 6천 곳, 전 세계 맥도날드 '매장' 개수보다 많다" (2015. 10. 15).

곳의 자리경쟁이 치열해질 수밖에 없는데, 이것은 임대료와 권리금의 상승으로 이어지기 때문에 자영업자의 창업 부담은 커질 수밖에 없다. 반면 영업점 1개당 인구 수는 줄기 때문에 매출액이 감소할 위험은 더 커지게 된다. 이러한 경쟁 악화의 결과는 고스란히 자영업 부채 증가로 귀결될 가능성이 크다.

지금까지 살펴본 것처럼 외환위기 이후 가계부채는 주로 내 집 마련이나 생계비·교육비 조달, 자영업 창업이나 노후대비 등의 이유로 빠르게 증가해왔다. 외환위기 이후 소득 증가보다 집값 상승 속도가 빨랐고, 내 집 마련에 성공하지 못할 경우 주거불안정성이 커지기 때문에 가계 입장에서는 내 집 마련을 위해서 빚이라도 져야 했다. 또한 노후 준비가 제대로 되지 않은 상황에서 노후를 맞게 된 사람들에게 가계부채를 이용한 부동산 투자나 임대, 자영업 진출은 몇 개 안 되는 선택지 중의 하나였다. 정부 입장에서는 복지 사각지대가 광범위하게 존재하는 상황에서 가계부채는 공공지출을 늘리지 않고서도 당장의 소득과 지출의 차이를 메워주는 손쉽고 편리한 수단이었다.

산업화 시기 가계저축은 국가의 복지공백을 메우는 중요한 수단으로 활용되어왔다. 가계부채도 마찬가지라고 할 수 있다. 가계부채 또한 주택구입이나 교육비, 의료비, 생활비, 그리고 노후대비 목적으로 활용되었고, 그 결과 가계부채가 빠르게 증가했던 것이다. 이러한 점에서 우리나라의 경우도 가계부채 증가는 서구 선진국처럼 세계화 시대의 복지 축소와 밀접한 관련이 있다고 할 수 있다.

한국은 외환위기 이후 복지지출이 빠르게 증가하면서 세계화에도 불구하고 복지국가 이륙에 성공했다는 평가를 받는다. 하지만 공적 복지의 확대에도 불구하고 민간복지 수단에 대한 의존성은 줄지 않았다. 오히려 저축의존성은 줄고 부채의존성은 증가했다는 점에서 상황은 더욱 나빠지고 있다. 이것은 국가복지가 확대되었음에도 불구하고, 노동시장 유연화나 조기퇴직, 소득정체 등 사회적 위험들이 더 빠르게 증가한 결과, 이로 인해 초래되는 복지 욕구를 공적 복지가 제대로 충족시키지 못했기 때문이다. 즉 사회적 위험은 빠르게 팽창하는 데 증세 없는 복지로 인해 공적 복지가 복지 욕구를 제대로 충족시키지 못하다 보니 가계부채에 의존하게 되는 상황이 늘었다고 할 수 있다.

5절 자산기반복지와 사회재생산 위기

그동안 자산기반복지는 한국사회의 지배적인 규범으로 작용해왔다. 한국만큼 부동산 혹은 주택이 복지대체수단으로 중요한 역할을 담당해온 경우도 드물 것이다. 자기 집을 소유하고 있을 경우, 주거안정성이 높아지는 것뿐만 아니라, 환금성이 크기 때문에 큰돈을 벌 수 있는 가장 확실한 투자처이기도 했고, 노후에는 든든한 안전망으로 활용될 수도 있었다(김수현, 2011: 45). 게다가 부동산은 계층이동을 가능하게 하는 수단 중 하나였다. 이러한 맥락에서 볼 때 부동산을 통한 가족의 안전망 확보가 중산층의 규범적 가치로 자리매김해왔다는 사실은 놀랄만한 일이 아니다.

그런데 외환위기 이전에는 자산 형성의 방식이 주로 저축을 통해 이루어졌다면 외환위기 이후에는 부채를 통해 이루어지게 되었다는 점에서 중요한 차이가 있다. 내 집 마련과 자기책임 규범이 그대로 유지된 채 금융정책의 변화로 자산 형성의 방식이 저축 중심에서 부채 중심으로 전환되면서 가계부채가 급격히 증가한 것이다. 이런 점에서 현재 한국사회의 가장 심각한 문제 중 하나인 가계부채 증가는 자산기반복지 규범과 밀접한 관련이 있다고 할 수 있다.

문제는 가계부채 중심의 자산기반복지가 심각한 부작용을 초래하고 있다는 것이다. 무엇보다도 가계부채 증가로 가계의 이자부담이 빠르게 증가해왔다. 1990년대 이후 중산층 가구의 주요 지출항목별 비중 변화를 보면, 통신비, 연금/보험, 보건/의료, 교육비, 부채상환, 식료품비 중에서 부채상환 비중의 증가가 단연 눈에 띈다. 가계의 부채상환 비중이 1990년 10.4%에서 2010년 27.5%로 거의 세 배 가까이 증가했다(현대경제연구원, 2011). 이렇게 부채상환 부담이 크다 보니 복지 확대에 따른 조세부담 증가에도 매우 민감할 수밖에 없다.

과도한 자산의존성이 젊은 세대의 경제적 독립을 점점 어렵게 하는 것도 심각한 문제다. 젊은 세대의 주택 구입이 어려워지고 이것이 결혼과 출산에도 영향을 미치고 있어서 문제는 더욱 심각하다. 보통 생애과정상 주택 구입은 40대 전후에 하기 때문에 50대 이상에서는 주택소유 계층이 많고, 30대 이하에서는 무주택 계층이 많다. 그런데 소득 대비 주택가격이 급격히 상승함에 따라 젊은 세대의 주택 구입은 점점 더 어려워지고 있는 실정이다. 그동안 지속적으로 주택소유율은 상승해왔지만, 그것의 상당 부분은 50~60대 인구의 증가와 관련이 깊다. 50~60대들이 주로 주택을 구입하면서 전체적으로 주택소유율이 증가한 것일 뿐, 사실상 젊은 세대의 주택소유율은 과거에 비해 더 하락해왔다(김란우, 2010).

자산격차 또한 점점 심각하게 벌어지고 있다. 금수저·흙수저 논란에서도 알 수 있듯이, 현재 한국사회는 부모 세대의 결과의 불평등이 자녀 세대의 기회의 불평등으로 이어지는 것에 대한 우려와 불만이 크다. 기회의 평등이 부모 세대의 경제적 능력에 의해 심각하게 침해받고 있다고 생각하는 것이다. 그런데 이러한 불평등 재생산의 핵심고리에는 부동산과 같은 자산이 있다. 자산기반복지와 가계의 자산의존성이 계층 간에 불평등과 격차를 심화시키는 메커니즘으로 작동하고 있는 것이다.

6절 소결

이 장에서는 외환위기 이후 자산기반복지 규범의 지속과 금융정책 변화가 가계부채의 증가로 귀결되는 과정을 살펴보았다. 비록 외환위기 이후 복지 이슈가 뚜렷한 정치균열을 형성하는 데에는 성공했지만, 증세에 대한 거부감과 제도적인 경로의존성으로 인해 '증세 없는 복지'의 틀을 벗어나지 못했다. 반면 자산기반복지 규범이 여전히 중산층에게 강한 영향을 미치는 상황에서 가계부채는 급격히 증가하게 되었다.

지금까지 한국 복지국가에 관한 논쟁은 그것이 복지제도의 혁신을 강조하든, 불평등의 심화를 강조하든 대부분 분석대상이 사회정책의 변화에 국한되어왔다. 즉, 외환위기 이후 10년 동안 민주화 세력이 집권했다는 사실로 인해, 국가 엘리트가 어떤 개혁을 추진했는가, 그것의 성격은 무엇이었는지에만 분석의 초점을 맞추어왔다. 하지만 지금까지 살펴본 바와 같이 한국사회에서는 사회정책보다는 조세정책이나 금융정책 등이 국민의 삶과 복지에 미치는 영향력이 컸다. 그러므로 한국 복지자본주의의 변화를 전체적으로 조망하기 위해서는 사회정책의 변화만 봐서는 안 되고, 조세정책 및 금융정책의 변화를 함께 볼 필요가 있다.

우리는 21세기에 들어서야 비로소 복지국가 실험과 이를 둘러싼 복지정치를 경험했다. 하지만 복지 이슈가 중요한 정치균열로 등장하는 과정이 순조로웠던 것은 아니다. 외환위기 이후 실업과 조기퇴직, 고용조건의 불안정화 등 노동시장 조건이 급격한 변화를 겪으면서 국가복지의 필요성이 크게 증가했지만, 복지 이슈는 여전히 정부 관료와 전문가 중심의 관심사에 머물러 있었다. 무상급식 논쟁이 중요한 선거 이슈로 부상하고, 이를 계기로 무상복지가 중앙정치의 선거 이슈로까지 등장하게 되면서 복지 이슈를 둘러싼 선거정치가 활성화될 수 있었다.

또한 복지 이슈가 선거정치의 뜨거운 쟁점으로 부상했어도 이것이 재원조달의 문제까지 적극적으로 쟁점화한 것은 아니다. 오히려 조세정책은 지속적으로 감세정책 위주로 진행되어왔을 뿐이다. 경제위기로 과세기반이 심각하게 붕괴하고 신자유주의 개혁이 진행되는 과정에서 공적 복지의 확대를 뒷받침할 수 있는 증세정책은 용이하지 않았다. 오히려 경기활성화의 일환으로 금융소득 종합과세의 시행이 연기되고, 중산층 서민 대책의 하나로 다시금 소득세 감면 조치가 취해지는 등 기존의 소득공제 활용 방안이 강한 경로의존성을 지니면서 재생산되었다. 더욱이 소득공제를 세액공제로 개편하는 소극적 조세개혁조차 격렬한 조세저항에 직면하는 등 증세는 정치적으로 불가능에 가까운 사안이었다.

반면 공적 복지가 여전히 중산층의 복지 욕구를 충족시키지 못하는 상황에서 '중산층=자산 형성=내집 마련'이라는 자산기반복지 규범은 지속되어왔다. 다만 예전에는 자산형성의 메커니즘이 저축을 중심으로 작동했던 반면, 외환위기 이후로는 부채 중심으로 작동하면서 가계부채가 급격히 증가하게 되었다. 이것은 외환위기 이후 신자유주의 구조조정의 결과 금융의 역할이 산업금융 조달에서 소비자금융 조달로 급격히 바뀌었기 때문이다. 이렇게 자산기반복지 규범과 소비자금융 중심의 금융시스템 전환이 결합하여 주택담보대출 등 가계 부채가 급격히 증가하게 되었다.

이러한 맥락에서 봤을 때 외환위기 이후 가장 큰 변화를 겪은 분야는 단연 금융정책이라고 할 수 있다. 조세정책은 사실상 거의 변화가 없었다. 복지정책 분야에서는 중요한 변화가 있긴 했지만 여전히 증세에 대한 사회적 합의가 부재한 상황에서 '증세 없는 복지'의 한계에 갇혀 있으며, 복지재원 마련을 둘러싼 갈등이 첨예해지고 있는 상황이다. 반면 금융 분야에서는 변화가 매우 급격했으며, 이것은 가계저축의 급격한 하락과 가계부채의 급격한 증가로 나타났다.

한국은 외환위기 이후 신자유주의적 구조조정이 추진되는 와중에도 복지지출이 확대되어 세계화에도 불구하고 복지국가가 성장한 예외적인 사례로 주목을 받아왔다. 하지만 이러한 평가는 사회정책의 변화와 복지지출 증가 등 제한된 영역에서의 변화라는 측면에서만 타당하다. 조세정책과 금융정책까지를 포괄한 복지자본주의의 변화라는 측면에서 볼 때는 정반대의 평가가 가능하다. 이 장에서는 한국은 세계화에도 불구하고 복지국가 이륙에 성공한 예외적인 사례라기보다는 신자유주의적 금융세계화와 친화력이 있는 자산기반복지의 대표적인 사례임을 보였다. 그리고 자산기반복지 규범이 지속되는 가운데 금융정책의 변화로 자산형성 메커니즘이 저축 중심에서 부채 중심으로 바뀌면서 가계부채가 급격히 증가하게 되었음을 보였다.

제6장

나오며

1. 연구 결과

이 글은 조세정책, 사회정책, 금융정책이라는 세 가지 축을 통해 한국 복지자본주의의 역사적 변화를 살펴보고, 이를 통해 현재 한국사회가 직면한 복지 갈등의 성격을 규명해보았다. 지금까지 한국 복지국가에 관한 논의들은 연구대상을 사회정책이나 이와 직접적인 대체관계에 있는 기업복지 혹은 사적이전 등으로 국한해온 한계가 있다. 반면 이 글은 조세정책과 금융정책으로 연구 대상을 확대해서 산업화 시기 국가의 자본동원전략이 한국 복지자본주의의 형성에 미친 영향과 그것의 경로의존성을 통해 한국 복지자본주의의 역사를 설명했다. 이 글의 내용을 정리하면 다음과 같다.

첫째, 한국은 산업화 초기 심각한 자본 부족 문제에 직면하여 가계저축을 통한 자본동원전략을 적극적으로 활용했다. 국가가 시중은행을 사실상 소유하고 있었기 때문에 소비억제와 저축 장려를 통해 유휴자본을 최대한 은행으로 흡수하고, 이를 국가가 신용할당을 통해 선별적으로 배분하는 자본동원전략이 가능했다. 그리고 가계저축 증대를 위해 저축캠페인과 저축계몽운동을 전개했다. 이러한 저축장려운동을 통해 국가는 합리적 소비생활과 근검·절약·저축 등 자본주의적 생활규범을 확립하기 위해 노력했다. 반면 국가복지는 최대한 억제하고 복지를 낭비적이고 비도덕적인 것으로 낙인찍음으로써 국민에게 저축에 기반한 자조적인 생활양식을 강제했다. 이런 맥락에서 한국의 높은 가계저축률과 자조적인 생활태도는 유교적 전통의 산물이 아니라 지배 엘리트의 자본동원전략의 산물이라고 할 수 있다.

둘째, 1970년대 중화학공업화를 거치면서 공적 복지 대신 가계저축을 기반으로 하는 자산기반복지의 경로가 형성되었다. 1970년대 자본축적의 위기와 정당성 위기에 직면한 지배 엘리트는 중화학공업화 전략으로 대응하는데, 중화학공업화에 필요한 자본을 조달하는 과정에서 저축동원이 강조되고, 이것이 1970년대 재분배의 정치에 중요한 영향을 미쳤다. 가용자원을 중화학공업화에 총동원해야 함에도 불구하고 공적 지출이 억제되는 상황에서 국민의 조세부담률을 일방적으로 인상할 수는 없었다. 오히려 국가는 근로소득세 면세점 제도를 통해 조세정책을 재정복지(fiscal welfare) 수단으로 활용했다. 반면 조세동원이 제약됨에 따라 가계저축의 동원이 더욱 중요해지고, 저금리 기조하에서 가계저축을 증대시키기 위해 '근로자재산형성저축'제도와 같은 사회보장 성격이 강한 저축우대 조치를 도입했다. 정치적 정당성 확보 차원에서 국민복지연금제도나 의료보험제도가 도입되었지만 대체로 사회정책은 형식적인 수준에 머물렀다.

셋째, 민주화를 거치면서 한국사회는 자가소유자 중심의 사회로 전환했다. 1980년대 민주화 이행으로 정당성 위기에 직면한 지배 엘리트는 중산층 육성전략을 통해 분배 갈등에 대응했다. 1970년대에 도입된 근로소득세 면세점 제도와 근로자 재산형성저축, 그리고 사회적 지출의 억제와 사회정책의 형식화는 1980년대 재분배의 정치에 중요한 영향을 미쳤다. 불공평한 조세체계로 인해 조세저항이 심하고, 기금 위주의 재정운용으로 복지재정의 마련도 쉽지 않았다. 반면 근로자재산형성저축과 같은 저축 장려 조치들은 사회적 차원에서도 개별적 · 자조적 생활보장 수단에 대한 선호구조를 낳았다. 중산층 육성전략은 이러한 제도적 조건과 사회적 선호구조를 반영한 것으로서 국가의 재정 부담은 최소화하고, 그 대신 1970년대 형성된 제도를 전용(conversion)하여 재산 형성 촉진과 같은 금융적 방식을 강조했다. 특히 당시에는 주택 문제가 매우 심각했기 때문에 주택 문제 해결을 위한 방안으로 재산 형성 촉진정책이 적극 활용되었다. 중산층 육성 차원에서 재산 형성 지원의 혜택을 받는 정책수혜대상의 범위도 광범위해졌다. 노동계급 또한 노동자 대투쟁 이후 조직력을 바탕으로 내 집 마련 및 자산 형성을 위해 기업복지를 활용하는 전략을 취했다.

넷째, 외환위기를 거치면서 증세 없는 복지 확대와 함께 저축 중심의 복지자본주의는 부채 중심의 복지자본주의로 전환되었다. 외환위기로 촉발된 자본축적의 위기에 대응해 지배 엘리트는 신자유주의적 구조조정과 함께 복지 확대를 추진했다. 외환위기 이후 실업과 조기퇴직, 고용조건의 불안정화 등 노동시장 조건이 급격히 변화되면서 국가복지의 필요성이 크게 증가했던 것이다. 또한 무상급식 논쟁을 거치면서 복지가 중요한 선거 이슈가 되면서 한국사회에서도 본격적으로 복지정치가 복지 확대를 주도하기 시작했다. 하지만 이러한 복지지출의 확대를 뒷받침할 수 있는 증세의 정치에는 성공하지 못했다. 경제위기로 과세기반이 붕괴한 상황에서 오히려 기존의 조세개혁마저 후퇴하고, 중산층 서민대책의 하나로 다시금 소득세 감면 조치를 취했다. 특히 소득공제를 세액공제로 전환하는 소극적인 조세개혁마저 연말정산 파동과 같은 격렬한 조세저항에 부딪쳐 실패하고 말았다. 이렇게 복지확대전략이 기존에 형성된 이해관계 및 선호구조와 충돌하면서 자산기반복지 규범은 지속되었다. 공적 복지의 확대가 실질적인 효과를 발휘하지 못하고, 더구나 노동시장 유연화나 고령화와 같은 사회구조적 변동 속도를 따라가지 못하는 상황에서 중산층 가계는 여전히 자산증식과 재테

크를 중요한 생존전략으로 활용해왔다. 하지만 외환위기 이후 금융정책의 방향이 산업금융에서 소비자금융 중심으로 전환되면서 기존의 저축 중심의 자산 형성이 부채 중심의 자산 형성으로 변함에 따라 가계부채가 급격히 증가하게 되었다.

2. 동아시아 복지자본주의 유형화

지금까지 한국을 비롯한 동아시아 국가들을 하나로 묶어주는 독자적인 복지자본주의 유형이 있는지는 계속 논란이 되어왔다. 동아시아적인 특수성이 존재하는 것 같기도 하지만, 이러한 특수성을 제대로 규명하지 못한 채 동아시아에 위치해 있다는 이유만으로 동아시아 복지체제를 논한다면, 이것은 또 다른 오리엔탈리즘에 불과한 것이 아닌가 하는 비판이 제기되었다(Goodman and White, 1998). 이러한 비판이 공감을 얻었던 이유는 그동안 동아시아 복지체제에 관한 상당수 연구들이 동아시아적인 국가-사회관계의 특수성을 제대로 규명하지 못한 채, 이를 유교적 가치나 가족주의 전통, 혹은 국민성으로 대체해버리는 경향이 있었기 때문이다(Jones, 1990; 1993). 최근에는 한 걸음 더 나아가 동아시아 내부의 차이를 강조하는 견해도 제기되고 있다. 이러한 견해에 따르면 한국·일본·대만은 '포괄적 사회보험' 유형으로, 싱가포르·홍콩·중국은 '개인주의 소득보장' 유형으로 분류되고, 이 둘을 구분하는 가장 중요한 기준으로 강제저축 프로그램의 유무와 국가의 과세역량이 강조된다(Peng and Wong, 2010).

하지만 이 글에서 살펴본 것처럼, 낮은 조세부담과 함께 저축에 대한 강조는 동아시아 복지자본주의의 공통점으로 간주될 수 있는 것들이다. 국제적으로 홍콩이 조세부담률이 가장 낮고, 그다음이 싱가포르라고 하지만, 홍콩·싱가포르의 조세부담률이 15% 전후인 반면, 한국·

대만의 조세부담률은 20~25% 정도다. 스웨덴·프랑스 등 유럽 복지국가의 조세부담률이 50%에 달한다는 사실을 고려할 때, 한국·대만은 홍콩·싱가포르 사례에 더 가깝다. 또한 동아시아 국가들은 산업화 시기에 국가가 저축을 장려하고, 저축을 복지 수단으로 활용해왔으며, 가계저축률도 매우 높았다는 점에서 매우 동질적이다. 서구 복지국가들이 사회보장제도를 통해 사회적으로 저축하는 방식을 택했다면, 동아시아 발전국가들은 개별적인 저축을 강조해왔다.

이렇게 동아시아 국가들 간에 상당한 공통점이 존재하는 이유를 우리는 산업화 시기 국가의 자본동원전략, 특히 민간저축자금을 재정자금화하는 독특한 자본동원전략에서 찾을 수 있다. 싱가포르는 아예 중앙적립기금(Central Provident Fund)과 같은 강제저축 프로그램을 이용해 민간저축자금을 재정자금으로 활용한 경우라면(Sherraden, 1995), 일본은 우편저축제도(柴垣和夫, 1985; Calder, 1990; Park, 2011), 그리고 한국은 정책금융을 통해 민간저축자금을 재정자금으로 활용한 경우라고 할 수 있다(Woo, 1991). 비록 제도의 구체적인 특징들은 국가별로 달랐지만, 이들 국가별 사례를 통해 민간저축자금의 재정자금화라는 일반적 특징을 추론해낼 수 있다. 사회정책의 측면에서는 동아시아 국가들 내부에 상당한 이질성이 존재하지만(김연명, 2009), 공사복지혼합의 관점에서 보면 이들 국가는 상당한 공통점을 공유하고 있음을 확인할 수 있다.

후발 국가의 산업화 및 자본동원 문제는 동아시아라는 지역적 범주의 타당성을 설명하는 데에도 중요하다. 세계체계론적 관점에서 보면 동아시아 국가들은 서구 국가들과는 다른 시간대에 세계자본주의에 편입해 들어갔으며, 그렇기 때문에 국가의 역할 및 국가와 사회가 관계 맺는 방식이 매우 다를 수밖에 없었다. 서구 복지국가들이 산업화와 민주화가 동시에 진행되는 와중에, 그리고 양차 세계대전을 거치면서 현대적인 조세체계를 구축하고 복지국가를 발전시켜왔다면, 동아시아 국가들은 국가 주도로 산업화를 추진하고, 산업화에 일정 정도 성공한 이후에 민주화가 되는 등 매우 다른 역사적 경로를 밟아왔다. 이렇게 서구와는 매우 다른 지정학적 · 지경학적 조건하에서 국가의 역할과 역량이 달랐기 때문에 국가와 사회가 관계 맺는 방식도 달랐다. 그 결과 복지자본주의도 서구와는 다른 방식으로 발전해왔다고 할 수 있다.

그렇다면 자산기반복지를 특징으로 하는 동아시아 복지자본주의는 비교적 관점에서 어떻게 분류할 수 있을까? 동아시아 사례까지를 포괄해서 복지자본주의 유형을 구분할 수 있는 일관된 틀은 존재하는가? 이 글에서는 권리의 측면(사회권 대 소유권)과 단위의 측면(개인 대 가족) 두 가지 기준으로 복지자본주의 유형을 분류해보고, 이를 통해 동아시아 유형을 위치지어보고자 한다.

첫째, 지금까지 복지국가 유형화에서는 사회정책의 탈상품화 정도가 가장 중요한 기준이었다. 복지국가가 시장에 의존하지 않고서도 자유로운 삶을 살 수 있는 사회를 지향한다는 점에서 사회적 권리를 강조하는 것은 타당하다. 하지만 복지자본주의의 관점에서 보면 복지 수단은 공적 복지에만 국한되는 것이 아니라 민간연금이나 가계저축, 주택소유 등 가계자산에 이르기까지 그 범위가 매우 넓다. 더욱이 최근의 변화들은 소유권 측면의 복지 수단들이 더욱 중요해지고 있음을 보여준다. 가령 미국의 401(k)플랜 같은 연금저축상품의 등장이나 세계은행의 다층체계 연금개혁안의 예를 통해서도 알 수 있듯이, 인구고령화의 진행과 함께 중간층 이상의 소득계층은 금융상품이나 가계자산 등을 대안적인 소득보장 수단으로 이용하는 경우가 점점 더 광범위해지고 있다(Groves, Murie, and Watson, 2007). 이런 맥락에서 우리는 탈상품화 혹은 사회적 권리의 정도가 아니라 사회권과 소유권이라는 두 측면을 모두 강조하는 방식으로 복지자본주의를 유형화할 필요가 있다.

둘째, 복지자본주의를 구성하는 핵심 단위가 개인인가 가족인가에 따라 복지자본주의의 성격이 달라질 수 있다. 이 글에서는 젠더 또는 가족의 문제를 깊이 있게 다루지 않았지만, 그동안 젠더 연구와 가족 연구는 '복지국가가 어떻게 계급관계를 변형시켰는가'라는 질문뿐만 아니라 '복지국가가 젠더관계(혹은 가족 형태)를 어떻게 변형시켰는가'에 관한 질문을 제기해왔다(Pierson, 2006; O'Connor, Orloff and Shaver, 1999). 여성의 정체성은 존재론적으로 노동자로서, 어머니로서, 그리고 아내로서 다양한 차원에서 구성된다. 따라서 국가가 여성의 노동시장 참여와 노동권을 우선적으로 보장하는가, 여성의 모성으로서의 권리를 우선적으로 보장하는가(Orloff, 1993; Lewis, 1992)에 따라 복지자본주의의 성격이 달라질 수 있다. 이러한 맥락에서 개인을 단위로 하는가 가족을 단위로 하는가를 기준으로 복지자본주의를 유형화할 필요가 있다.

이상의 논의를 바탕으로 복지자본주의를 유형화하면 〈그림 6-1〉과 같다. 그림은 개인과 가족, 사회권과 소유권을 기준으로 네 가지 유형화가 가능하며, 이 네 가지 유형을 각각 시민적 개인주의, 소유적 개인주의, 시민적 가족주의, 소유적 가족주의로 명명할 수 있음을 보여준다.[1] 첫째, 시민적 개인주의는 높은 조세부담과 보편적 복지제도를 바탕으로 하고 여성노동권과 사회적 권리가 잘 갖추어진 형태로서 사민주의 유형이 이에 해당한다. 둘째, 소유적 개인주의는 여성노동권은 인

1 복지국가 논쟁에서 젠더와 가족의 중요성이 강조된 이래, 젠더 혹은 가족은 복지체제 유형화의 중요한 변수가 되었다. 하지만 에스핑-안데르센(1999)은 탈가족화 변수를 탈상품화 변수와 단순히 병렬적으로 배치함으로써 두 변수 간의 교호작용(interaction effect)을 고려하지 않고, 그 결과 복지체제 유형도 3분류 체계를 고수한다. 반면 두 변수를 2차원적으로 파악할 경우 네 가지 유형화가 가능하다는 지적이 있다(新川敏光, 2005). 이 글은 이러한 지적에 전적으로 동의하며, 여기서 더 나아가 네 가지 유형 간의 구체적인 차이를 지적하고자 한다. 여기서 시민적 개인주의는 Orlean(1999), 소유적 개인주의 개념은 Macpherson(1964)을 참고했다.

단위 / 권리	개인 여성노동권 강조 ◀	▶ 가족 가족부양 강조
공공복지 / 사회권 ▲	**시민적 개인주의** 사민주의 북유럽형	**시민적 가족주의** 보수주의 대륙유럽형
▼ 민간복지 / 소유권	**소유적 개인주의** 자유주의 앵글로색슨형	**소유적 가족주의** 발전주의 후발국가형

〈그림 6-1〉 복지자본주의의 네 가지 유형

정되지만 이것이 민간연금이나 재정복지, 가계자산 등 소유권에 기반한 복지제도와 결합된 형태로서 자유주의 유형이 이에 해당한다. 셋째, 시민적 가족주의는 사회적 권리를 강조하는 공적 복지제도가 발달했지만, 여성노동권보다는 가족부양책임을 강조하는 형태로서 보수주의 유형이 이에 해당한다. 마지막으로 소유적 가족주의는 가계자산을 중심으로 한 자산기반복지가 가족부양책임 원칙과 결합된 형태로서 발전주의 유형이 이에 해당한다.

이런 유형화는 기존의 사민주의·보수주의·자유주의라는 삼분류법에 더해 동아시아 유형을 체계적으로 비교할 수 있는 네 가지 유형을 제공해준다. 또한 기존의 사민주의·보수주의·자유주의라는 정치 이데올로기를 기준으로 한 성격 규정 대신 가족과 여성까지를 포괄한 복지자본주의의 성격을 분명히 제시해주고 있다. 특히 이런 분류법은 자산기반복지가 가족주의적 생존전략과 밀접하게 연관되어 있던 동아시아적 경험을 소유적 가족주의라는 개념으로 잘 표현해준다.

소유적 가족주의라는 복지자본주의 프레임은 현재 한국사회가 직면한 난맥상을 분석하는 데에도 도움이 된다. 가계자산과 낮은 조세부담을 근간으로 하는 복지자본주의는 분배적 측면에서는 매우 역진적이고, 정치적 측면에서는 권리를 탈정치화하는 등 매우 심각한 문제를 지닌다. 소득세 감면과 같은 방법은 근로소득이 발생하는 경우에만 혜택이 주어지고, 상위 소득계층에게 더 많은 혜택이 돌아간다는 점에서 배타적이고 역진적인 성격이 강하다. 또한 소득공제로 인한 국가 조세수입의 감소는 일반조세를 통한 복지지출을 어렵게 함으로써 시민권에 토대를 둔 복지제도의 성장을 가로막을 뿐만 아니라 복지를 권리 차원에서 제기하기 어렵게 만든다. 게다가 산업화 시기 저축동원 과정에서 가정주부를 합리적 소비자이자 가계의 재무관리자로서 동원해왔는데, 이러한 역사적 경험들이 그동안 소유적 가족주의를 공고화하는 효과를 발휘해왔다.

하지만 최근 한국이 처한 상황은 소유적 가족주의의 한계를 잘 보여준다. 세계적으로 매우 높은 노인 빈곤율, 부동산 격차의 심화, 불평등의 세대간 재생산과 세대 갈등의 심화, 그리고 결혼 기피와 저출산 현상 등은 사회적 양극화와 불평등이 매우 심각한 수준에 도달했다는 것을 보여준다. 여기에 주택 구입이나 교육 등 가계지출에서 사회서비스 구입 비중이 급격히 증가함에 따라 가계저축이 하락하고 있다. 그 대신 내 집 마련이나 자녀 교육 등을 목적으로 한 가계대출이 급증하면서 가계부채가 심각한 수준으로 증가하고 있다. 이것은 기존에 삶의 안전성을 제공해주던 가계저축이라는 수단마저 가계부채라는 훨씬 더 불안정한 수단으로 대체되고 있음을 보여준다. 높은 가계저축을 기반으로 유지되었던 가족주의 연대전략은 뿌리째 흔들리고 있는 반면, 이를 대체할 수 있는 공공복지의 성장은 지체되어온 결과, 가족이 기능적 과부하 상태에 빠지면서 전방위적 가족해체 및 탈가족화 현상이 초래되고 있다(장경섭, 2009). 현재의 심각한 저출산과 불평등 심화, 가계부채 증가, 청년 문제 등이 모두 소유적 가족주의라는 한국 복지자본주의의 성격과 밀접한 관련이 있는 것이다.

외환위기 이후 민주화 세력의 집권은 한국에서도 본격적인 복지정치의 활성화 및 복지국가의 이륙을 예견케 했다. 하지만 복지정치의 활성화, 복지국가의 이륙에도 불구하고 한국사회는 기존 복지자본주의의 강한 경로의존성을 목도하고 있다. 이것은 향후 복지개혁이 기존의 복지자본주의로부터 경로 단절에 성공할 수 있으려면, 총체적인 계획하에 패러다임 전환을 위해 정책의 우선순위를 정하고 체계적으로 접근할 필요가 있음을 보여준다. 지금까지 복지개혁은 다분히 사회정책이라는 고립된 영역에서만 논의되어왔다. 하지만 복지개혁은 여타의 공공정책과 불가분의 관계를 형성하고 있으며, 우리나라는 특히 사회정책이 조세정책, 금융정책과 매우 긴밀히 엮여 작동해왔다고 할 수 있다. 그러므로 한국의 복지개혁은 새로운 발전 모델의 구상이라는 관점에서 접근할 때에만 유의미한 결과를 도출해낼 수 있을 것이다.

3. 금융과 복지자본주의

마지막으로 신자유주의적 금융세계화와 복지자본주의의 변화에 대해 언급해보고자 한다. 앞에서도 언급했듯이 복지국가가 담당해오던 많은 역할을 점점 금융이 대체해가고 있으며, 이러한 추세는 정도의 차이는 있지만 대부분의 국가들에서 공통적으로 발견되는 현상이다. 즉 복지국가는 축소되지 않았을지 몰라도 복지국가가 포괄하지 못하는 새로운 사회적 위험들을 금융시장이 점점 잠식해가고 있는 것이다. 가령, 고령화로 공적 연금의 한계가 지적되면서 점점 더 민간연금의 비중이 증가하고 있으며, 연기금 기관투자자들이 금융시장의 큰손으로 역할하면서 노후생활이 점점 더 금융시장과 밀접한 관련을 맺게 되었다. 또 실직이나 퇴직 등으로 소득이 단절되었을 때 가계부채 등 은행에서 돈을 빌려 어려움을 해결하는 경우가 증가하고 있다.

금융시장과 복지자본주의의 연관성은 현대 자본주의의 역사적 변화라는 측면에서 바라볼 때 더욱 뚜렷하다. 자본주의를 생산과 노동을 중심으로 볼 것인지, 아니면 금융을 중심으로 볼 것인지는 중요한 쟁점이지만, 일단 페르낭 브로델과 지오반니 아리기 같은 세계체계론자들의 논의를 따를 경우, 금융적 팽창은 자본주의의 역사적 변화를 추동하는 매우 중요한 동력이라고 할 수 있다.[2] 하지만 세계체계론자들이 금융적 팽창을 공간적 팽창으로만 이해해온 것과는 달리, 여기서 주목할 것은 그동안 금융의 역할이 국가에 대한 전쟁자금 대부에서 주식회사를 대상으로 한 기업금융, 그리고 최근에는 일반 가계를 대상으로 한 가계대출과 소비자금융의 형태로 계속 확대 변화되어왔다는 사실이다. 이것은 그동안 금융의 역할이 넓이(breadth)뿐만 아니라 깊이(depth) 또한 깊어져왔다는 사실, 즉 금융의 역할이 자본주의의 최상층부에서 시

2 페르낭 브로델과 지오반니 아리기의 논의를 이해하기 위해서는 우선 세계화를 영토권력과 경제권력의 관계 변동의 차원에서 이해할 필요가 있다. 근대국가와 근대자본주의는 모두 근대초 유럽의 독특한 지정학적 조건의 산물로서, 영토경쟁에 따른 군비지출의 급격한 증가로 인해 정치세력들이 상인자본가들의 자금력에 상당히 의존하게 된 결과 출현한 것이다(Arrighi, 1994). 군비지출의 급증에 따른 부채조달의 필요성으로 자본주의적 은행시스템과 근대적인 조세체계가 구축되고, 국가는 다시 부채조달과 조세의 물적 토대가 되는 부를 지속적으로 생산할 수 있도록 경제를 지원하게 된다(Ingham, 2008: 175-180). 그런데 영토권력과 경제권력은 상호의존적이면서도 갈등관계를 지속해왔으며 이 관계는 주기적으로 재편되어왔다. 최근의 세계화는 두 가지 권력 형태 사이의 갈등이 다시 격화된 것이라고 볼 수 있으며, 신자유주의는 금융(혹은 경제권력)이 복지국가에 대해 우위를 점하기 위한 시도로 이해할 수 있다(Ingham, 2008: 175-180).

장경제, 그리고 물질문명의 영역(또는 복지의 영역)으로까지 확대되어왔다는 사실을 보여준다. 즉 현대 복지국가 혹은 복지자본주의의 변화는 현대 자본주의의 금융적 팽창과 깊이의 확대 과정과 밀접한 관련이 있으며, 21세기 복지자본주의란 금융과의 관련성을 고려하지 않고서는 설명하기 힘들다는 점을 보여준다. 이런 점에서 앞으로 복지국가 프로젝트는 사회정책이나 노동시장정책으로만 국한될 수 없으며, 조세정책·금융정책까지를 포괄하는 좀 더 체계적인 접근이 필요하다고 할 수 있다.

지금까지의 연구결과를 놓고 볼 때, 한국 복지자본주의는 기존의 자산기반복지 규범이 지속되고 있는 가운데, 공적 복지가 중첩(layering) 발전되는 양상을 보이고 있다고 평가할 수 있을 것이다. 비록 외환위기 이후 공적 복지가 빠르게 확대되어왔다고는 하나, 사람들이 부딪치는 사회적 위험의 크기는 더욱 빠르게 확대되어왔으며, 이러한 복지공백을 메우기 위한 수단으로 자산기반복지의 중요성이 여전히 지속되고 있다. 더구나 앞으로 고령화와 고용유연화가 더욱 심화된다면 자산기반복지에 대한 의존성도 더욱 증가할 가능성이 높고, 이로 인해 초래되는 사회적 믄제들도 점점 심각해질 것이다. 최근 문제가 되는 청년세대의 경제적 득립의 지연, 가계부채에 대한 의존성 심화, 자산불평등과 사회적 이동의 정체 등은 자산의존적인 생활방식들과 관련이 있다고 할 수 있다. 한국 복지자본주의는 산업화의 유산과 세계화·고령화의 압력으로부터 자유로울 수 없으며, 우리는 이러한 제도적 제약조건하에서 새로운 삶의 양식을 모색해나가야 할 것이다.

참고문헌

가와모토 아야. 1999. 「조선과 일본에서의 현모양처 사상에 관한 비교연구: 개화기로부터 1940년대 전반을 중심으로」. 서울대학교 사회학과 석사논문.

강만수. 2005. 『(실전경제학)현장에서 본 한국경제 30년: 부가세에서 IMF사태까지』. 삼성경제연구소.

강민. 1983. 「관료적 권위주의의 한국적 생성」. 『한국정치학회보』 17: 341-362.

강신택. 2000. 『財務行政論: 豫算過程을 中心으로(전정판)』. 박영사.

강원룡. 2003. 『역사의 언덕에서: 젊은이들에게 들려주는 나의 현대사 체험(제3권)』. 한길사.

강준만. 1991. 「중산층신화와 사회변혁」. 월간 『말』(9월호).

강준만. 2002a. 『한국 현대사 산책: 1970년대편 평화시장에서 궁정동까지(제1권)』. 인물과사상사.

강준만. 2002b. 『한국 현대사 산책: 1970년대편 평화시장에서 궁정동까지(제2권)』. 인물과사상사.

강준만. 2003. 『한국 현대사 산책: 1980년대편(제4권)』. 인물과사상사.

경제기획원. 1973. 『우리 경제의 장기전망 1972-1981』. 경제기획원.

경제기획원. 1986. 『제6차 경제사회발전 5개년계획 국민생활부문계획』. 경제기획원.

국민연금제도개선기획단. 1997. 『전국민연금 확대적용에 대비한 국민연금제도 개선』. 국민연금제도개선기획단.

국세청. 1971. 『국세행정백서』. 국세청.

국정브리핑 특별기획팀. 2007. 『대한민국 부동산 40년: 1967년부터 2007년까지 부동산 정책의 과거와 현재』. 한스미디어.

국회예산정책처. 2015a. 『조세의 이해와 쟁점: 법인세』. 국회예산정책처.

국회예산정책처. 2015b. 『조세의 이해와 쟁점: 소득세』. 국회예산정책처.

국회예산정책처. 2015c. 『조세의 이해와 쟁점: 통계편』. 국회예산정책처.

국회예산정책처. 2016. 『조세의 이해와 쟁점: 소득세』. 국회예산정책처.

고원. 2012. 「한국에서 복지의제의 지배적 정치담론화 과정 분석」. 『경제와사회』 95: 12-38.

공보처. 1992. 『第6共和國實錄: 盧泰愚大統領政府5年(제3권)』. 공보처.

곽태원. 1987. 「복지지출확대와 국민부담전망」. 『국가예산과 정책목표』. 연하청 · 이계식 편. 한국개발연구원.
곽태원. 1991. 「재정지출」. 『韓國財政 40年史: 재정운용의 주요과제별 분석(제7권)』. 한국재정40년사편찬위원회 편. 한국개발연구원.
구인회. 2006. 『한국의 소득불평등과 빈곤: 소득분배 악화와 사회보장정책의 과제』. 서울대학교출판부.
구해근. 2002. 『한국 노동계급의 형성』. 신광영 옮김. 창작과비평사.
권문일. 1999. 「국민연금 전개과정상의 쟁점 분석」. 『사회복지연구』 14(겨울).
권혁주 · 김효정 · 송재환. 2012. 「보편적 복지에 대한 규범론적 분석」. 『한국행정학보』 46(2): 161-184.
권혁진 · 신우진. 2010. 「조세지출의 이전지출로의 전환 효과: 가족복지를 위한 소득세제의 인적공제를 중심으로」. 『사회보장연구』 26(4): 325-355.
기미야 다다시. 2008. 『박정희 정부의 선택: 1960년대 수출지향형 공업화와 냉전체제』. 후마니타스.
기획재정부. 2015. 「연말정산 보완대책」. 기획재정부 보도자료(2015. 4. 7).
김대곤. 1985. 『10.26과 金載圭』. 이삭출판사.
김대철 · 김진영 · 이만우. 2008. 「국민연금제도의 가계저축 구축효과 분석」. 『경제분석』 14(2): 1-37.
김도균. 2012. 「국가의 저축동원과 발전주의 복지체제의 형성: 한국과 일본 사례 비교연구」. 『한국사회정책』 19(1): 163-198.
김도균. 2013. 「한국의 재정복지와 "근로소득세 면세점 제도"에 관한 연구」. 『사회보장연구』 29(4): 55-79.
김도균. 2015a. 「제도병치를 통한 한국 공적연금제도의 다층구조화 과정 연구」. 『한국사회정책』 22(1): 187-215.
김도균. 2015b. 「자영업 부채의 이중성과 외환위기 이후 자영업 부채 증가」. 『경제와사회』 108.
김동춘. 1995. 『한국사회 노동자 연구: 1987년 이후를 중심으로』. 역사비평사.
김란우. 2010. 「자가거주율 분석을 통한 주거안정성 변화 연구: 1985-2005년 서울시 사례를 중심으로」. 『서울도시연구』 11(1): 43-59.
김병섭 외. 2015. 『우리 복지국가의 역사적 변화와 전망』. 서울대학교출판문화원.
김병주. 2005. 「금융정책의 변화와 발전」. 『한국 근대화, 기적의 과정』. 조이제 · 카터 에커트 편. 월간조선사.
김삼수. 1974. 『한국 사회경제사 연구: 계의 연구(개정4판)』. 박영사.
김상균. 1993. 「한국 복지정책의 당면과제」. 『복지국가의 현재와 미래』. 한림과학원 편. 나남.

김상조. 1991. 「금융 부문의 구조와 변화: 원화 설비금융 공급체계를 중심으로」. 『한국자본주의 분석』. 양우진 · 홍장표 편. 일빛.

김상조. 2003. 「기업지배구조의 변화: 금융과의 관계를 중심으로」. 『한국발전모델의 역사와 위기』. 유철규 편. 나눔의집.

김수완. 2011. 「복지국가의 정치적 균열에 관한 연구: 공적 노후소득보장정책에 대한 인식을 중심으로」. 『사회보장연구』 27(2): 251-278.

김수정. 2015. 「보육서비스의 트릴레마 구조와 한국 보육정책의 선택: 민간의존과 비용중심의 정책」. 『경제와사회』 105: 64-93.

김수현. 2011. 『부동산은 끝났다: 우리 삶에서 가장 중요한 곳, 다시 집을 생각한다』. 오월의봄.

김연명. 2002a. 「김대중 정부의 사회복지정책: 신자유주의를 넘어서」. 『한국 복지국가 성격 논쟁 I』. 김연명 편. 인간과복지.

김연명. 2002b. 「김대중 정부의 사회복지 개혁과 불확실한 미래: 국민연금 의료보험 개혁을 둘러싼 이해집단간 갈등을 중심으로」. 『경제와사회』 55.

김연명. 2009. 「동아시아 복지체제론의 재검토」. 『한국 복지국가 성격 논쟁 II』. 정무권 편. 인간과복지.

김연명. 2011. 「'무상복지' 논쟁의 의의와 쟁점」. 『월간 복지동향』 149.

김연명 편. 2002. 『한국 복지국가 성격 논쟁 I』. 인간과복지.

김영범. 2002. 「한국 사회보험의 기원과 제도적 특징: 의료보험과 국민연금을 중심으로」. 『경제와사회』 55.

김영순. 1988. 「유신체제의 수립 원인에 관한 연구」. 『오늘의 한국자본주의와 국가』. 한국산업사회연구회 편. 한길사.

김영순. 2011. 「한국의 복지정치는 변화하고 있는가?: 1, 2차 국민연금 개혁을 통해 본 한국의 복지정치」. 『한국정치학회보』 45(1): 141-163.

김영순 · 권순미. 2008. 「공공부조제도」. 『한국의 복지정책 결정과정: 역사와 자료』. 양재진 편. 나남.

김영호. 2002a. 『실록 국세청 1권』. 한국세무경영사.

김영호. 2002b. 『실록 국세청 2권』. 한국세무경영사.

김영호. 2002c. 『실록 국세청 3권』. 한국세무경영사.

김용환. 2006. 『(개발년대와 IMF위기시의)재정 · 금융정책 비사: 靜岩 金龍煥의 자전적 에세이(보정판)』. 매일경제신문사.

김원. 2009. 『87년 6월 항쟁』. 책세상.

김은경. 2006. 「조세정책의 현황과 개혁 방안」. 『혁신과 통합의 한국 경제 모델을 찾아서』. 유철규 편. 함께읽는책.

김재규. 1980. 「항소이유보충서」(1월 28일).

김재영. 2010.『하우스푸어』. 더팩트.

김재훈. 1988.「1950년대 미국의 한국원조와 한국의 재정금융」.『경제와 사회』1: 131-164.

김정렴. 2006.『최빈국에서 선진국 문턱까지: 한국 경제정책 30년사』. 랜덤하우스중앙.

김정탁. 1989.「한국언론인의 보수화된 고정관념: 근로소득세 보도를 통해 나타난 사례를 중심으로」.『현대사회』35.

김정한 · 박찬임 · 오학수. 2004.『기업복지의 실태와 정책과제』. 한국노동연구원.

김종일. 1998.「미국 기업복지의 구조와 성격」.『사회보장연구』14(2): 241-271.

김준경. 1993.「정책금융의 재원조성 개선방안」.『國家豫算과 政策目標: 1993年度』. 송대희 · 문형표 편. 한국개발연구원.

김중수. 1987.「주택정책의 당면과제와 공공부문의 역할」.『국가예산과 정책목표』. 연하청 · 이계식 편. 한국개발연구원.

김진석. 2010.「복지담론에 대하여」.『황해문화』. 2010년 겨울호. 279-304.

김태성 · 성경륭. 1993.『복지국가론』. 나남.

김태일 · 김도균. 2016.「자영업자와 조세부과의 형평성」.『정부학연구』22(1): 167-188.

김현주. 2008.「1950년대 여성잡지와 '제도로서의 주부'의 탄생」.『『여원』 연구: 여성 · 교양 · 매체』. 한국여성문학학회『여원』연구모임 편. 국학자료원.

김호기. 1994.「권위주의 정권의 해체와 민주주의로의 이행, 1987-1992」. 한국산업사회연구소 편.『한국사회의 변동: 민주주의, 자본주의, 이데올로기』. 한울.

김호기 · 김영범. 1995.「권위주의 정권의 해체와 헤게모니 프로젝트: 1987년 대통령 선거를 중심으로」.『전환의 정치, 전환의 한국사회』. 임현진 · 송호근 편. 사회비평사.

나성린. 1997.「고도성장기의 조세정책(1970년대)」.『한국 조세정책 50년: 조세정책의 평가(제1권)』. 최광 · 현진권 편. 한국조세연구원.

남덕우. 1973.「개발도상국에 있어서의 내자동원 문제」.『국회보』134(12월호).

남덕우. 2009.『경제개발의 길목에서: 芝巖 남덕우 회고록』. 삼성경제연구소.

남찬섭. 2008.「한국 복지정치의 딜레마: 낮은 조세능력과 자가복지(自家福祉)로 인한 한계에 중점을 두어」.『사회복지연구』38(단일호): 33-59.

내자동원실무계획반 · 재정실무계획반. 1976.『제4차 경제개발 5개년계획: 내자동원 부문계획 1977-1981』. 대한민국정부.

노동부. 각년도.『기업체 노동비용 조사보고서』. 노동부.

노인철 · 김수봉. 1996.『社會保障財政의 國際比較와 展望』. 한국보건사회연구원.

대통령긴급조치 제3호.「국민생활의 안정을 위한 대통령 긴급조치」(1974. 1. 14).

대한민국정부. 1986.『제6차 경제사회발전 5개년계획』. 경제기획원.

대한민국정부. 1987.『기금결산보고서』. 대한민국정부.
대한민국정부. 1988.『제6차 경제사회발전 5개년계획 수정계획』. 경제기획원.
류진석. 1997.「한국 기업복지의 발달과 결정기제에 관한 검토」.『동향과전망』 34: 312-326.
미하원국제관계위원회 국제기구소위원회 편. 1986.『프레이저 보고서: 유신정권과 미국의 역할』. 서울대학교 한미관계연구회 역. 실천문학사.
박선미. 2007.『근대 여성, 제국을 거쳐 조선으로 회유하다: 식민지 문화지배와 일본유학』. 창비.
박영철. 1984a.「내자동원의 극대화를 위한 금융의 역할」.『한국경제와 금융』. 김병주 · 박영철 편. 박영사.
박영철. 1984b.「특수은행기능의 재조정과 정책금융의 정비」.『한국경제와 금융』. 김병주 · 박영철 편. 박영사.
박유광. 1988.「제6차 경제사회발전 5개년계획 수정의 배경과 방향」.『감사』 14.
박종기. 2005.「재정정책의 변화와 발전」.『한국 근대화, 기적의 과정』. 조이제 · 카터 에커트 편. 월간조선사.
박태규. 1989.「공공자금의 운용방안」.『국가예산과 정책목표』. 심상달 · 이계식 편. 한국개발연구원.
박태균. 2007.『원형과 변용: 한국 경제개발계획의 기원』. 서울대학교출판부.
박현채. 1978.『민족경제론』. 한길사.
배준호. 1997.「소득세」.『한국 조세정책 50년: 조세정책의 평가(제1권)』. 최광 · 현진권 편. 한국조세연구원.
보건사회위원회. 1976. 제96회 보건사회위원회 회의록 16호.
서연주. 2008.「주변부 여성계층에 대한 소외담론 형성 양상 연구」.『『여원』 연구: 여성 · 교양 · 매체』. 한국여성문학학회『여원』연구모임 편. 국학자료원.
서익진. 2003.「한국 산업화의 발전양식」.『개발독재와 박정희시대: 우리 시대의 정치경제적 기원』. 이병천 편. 창비.
서중석. 2008.『대한민국 선거이야기: 1948 제헌선거에서 2007 대선까지』. 역사비평사.
서중석. 2010.「부마항쟁과 박정희 유신국가의 말로」.『지배자의 국가/민중의 나라』. 돌베개.
서중석. 2011.『6월 항쟁: 1987년 민중운동의 장엄한 파노라마』. 돌베개.
성경륭. 2002.「민주주의의 공고화와 복지국가의 발전: 문민정부와 국민의 정부 비교」.『한국 복지국가 성격 논쟁 I』. 김영범 편. 인간과복지.
성명재. 2011.「1990 년대 이후 정부별 소득세 개편이 세부담 및 소득재분배에 미친 효과 분석」.『재정학연구』 4(1): 111-152.
세제발전심의위원회. 1985.『세제발전연구보고서』. 세제발전심의위원회.

세제심의회. 1971. 『稅制改革에 관한 審義報告書』. 세제심의회.
손낙구. 2008. 『부동산 계급사회』. 후마니타스.
손정목. 2003. 『서울 도시계획 이야기: 서울 격동의 50년과 나의 증언(제5권)』. 한울.
손호철. 2005. 「김대중 정부의 복지개혁의 성격: 신자유주의로의 전진?」. 『한국정치학회보』 39(1): 213-231.
손호철. 2006. 「1979년 부마항쟁의 재조명: 정치적 배경을 중심으로」. 『해방 60년의 한국정치 1945-2005』. 손호철 편. 이매진.
송호근. 1991. 『한국의 노동정치와 시장』. 나남.
송호근. 1994. 『열린 시장, 닫힌 정치: 한국의 민주화와 노동체계』. 나남.
송호근. 1995. 『한국의 기업복지 연구』. 한국노동연구원.
송호근. 1997. 「배제적 민주화와 유보된 '이중전환': 한국민주화의 사회적 성과와 한계」. 『한국사회와 민주주의: 한국 민주화 10년의 평가와 반성』. 최장집 · 임현진 편. 나남.
송호근. 1999. 『정치 없는 정치시대: 한국의 민주화와 이해충돌』. 나남출판.
송호근. 2001. 「전환하는 복지국가」. 『세계화와 복지국가』. 송호근 편. 나남.
송호근 · 홍경준. 2006. 『복지국가의 태동: 민주화, 세계화 그리고 한국의 복지정치』. 나남.
신광영. 1999. 『동아시아의 산업화와 민주화』. 문학과지성사.
신광영. 2002. 「한국의 경제위기와 복지개혁」. 『국가전략』 8(1): 57-75.
신광영. 2004. 『한국의 계급과 불평등』. 을유문화사.
신광영. 2011. 「현대 한국의 일과 생활의 구조적 전환」. 2011년 비판사회학대회 추계학술대회 발표문. 국민대학교.
신광영. 2012. 「현대 한국의 복지정치와 복지담론」. 『경제와사회』 95: 39-66.
신동아편집실 편. 1988. 『가진 자와 못 가진 자: 고도경제성장의 그늘』. 동아일보사.
신동진. 2013. 『가계부채의 현황 및 대응방안』. 국회예산정책처.
신영길. 2009. 『한강의 기적: 경제개발시대의 비화: 동력의 핵심 내자동원 입법에서 실무까지, 경제기획원 재무부 최고회의 청와대 이야기』. 知訥堂.
신원철. 2006. 「1960-70년대 기계산업 노동자의 여가 및 소비생활」. 『1960-70년대 한국 노동자의 계급문화와 정체성』. 이종구 편. 한울.
안상훈. 2010. 『현대 한국복지국가의 제도적 전환』. 서울대학교출판문화원.
안태윤. 2009. 「정책과 현실 사이의 '불온한' 균열: 일제하 총동원체제와 여성의 전시생활경험」. 『동아시아의 국민국가 형성과 젠더: 여성표상을 중심으로』. 하야카와 노리요 편. 소명출판.
양재진. 2007. 「박정희시대 복지연금제도의 형성과 시행유보에 관한 수정주의적 일고찰」. 『박정희시대와 한국 현대사: 연구자와 체험자의 대화』. 정성화 · 강규형 편. 선인.

양재진. 2008.「국민연금제도」.『한국의 복지정책 결정과정: 역사와 자료』. 양재진 편, 나남.
양재진 편. 2008.「한국복지국가의 태동, 성장, 재편에 관한 질적 기초자료 수집연구」,『한국의 복지정책 결정과정: 역사와 자료』. 나남.
양재진 · 민효상. 2013.「한국 복지국가의 저부담 조세체제의 기원과 복지 증세에 관한 연구」.『동향과 전망』88: 48-96.
연하청. 1987.「사회개발의 정책과제와 재정의 역할」.『국가예산과 정책목표』. 연하청 · 이계식 편. 한국개발연구원.
연하청 외. 1990.『중산층 실태분석과 정책과제』. 한국개발연구원.
연하청 · 민재성. 1988.『사회보장제도의 정책과제와 발전방향』. 한국개발연구원.
오건호. 2006.『국민연금: 공공의 적인가, 사회연대 임금인가』. 책세상.
오건호. 2010.『대한민국 금고를 열다』. 레디앙.
오건호. 2013.「박근혜정부의 복지 전망과 복지국가운동의 과제」.『역사비평』. 2013년 2월호: 170-186.
우명숙 · 남은영. 2014.「공적 제도 인식이 친복지태도에 미치는 영향: 한국과 독일을 중심으로」.『사회보장연구』30(1): 167-195.
유경원 · 조은아. 2006.「소득계층별 가계저축률 격차 확대의 원인 분석」.『금융경제연구』. 한국은행 금융경제연구원.
유시권. 1995.「부가가치세의 발전과 정책과제」.『광복 후 50년간의 조세 및 금융정책의 발전 및 정책방향: 조세정책(제1권)』. 한국조세연구원 편. 한국조세연구원.
유원식. 1987.『(5 · 16秘錄)革命은 어디로 갔나』. 인물연구소.
유형근. 2012.「한국 노동계급의 형성과 변형: 울산지역 대기업 노동자를 중심으로, 1987-2010」. 서울대학교 사회학과 박사학위논문.
윤건영. 1991.「재정투융자」.『韓國財政 40年史: 재정운용의 주요과제별 분석(제7권)』. 한국재정40년사편찬위원회 편. 한국개발연구원.
윤건영. 1997.「경제개발 초기의 조세정책(1960년대)」.『한국 조세정책 50년: 조세정책의 평가(제1권)』. 최광 · 현진권 편. 한국조세연구원.
윤상우. 2002.「동아시아 발전국가의 위기와 재편: 한국과 대만 비교연구」. 고려대학교 사회학과 박사학위논문.
윤상철. 1997.『1980년대 한국의 민주화 이행과정』. 서울대학교출판부.
윤석명 · 양혜진 · 오신휘. 2013.「인수위 국민행복연금(안) 평가」.『사회보장연구』29(2): 27-53.
윤세익. 1995.『包括的 所得과 課稅捕捉所得과의 乖離現象에 관한 硏究: 우리나라 所得稅의 運用實態를 中心으로』. 세무대학 조세문제연구소.
윤홍식 외. 2015.「무상복지 논쟁, 쟁점과 해법은 무엇인가? 토론회: 무상복지 논란, 이

대로 좋은가?」. 『월간 복지동향』 195: 18-29.
은민수. 2013. 「양당제적 선거경쟁과 인기정책 경쟁: '증세' 없는 '보편적' 기초연금제도 도입 사례를 중심으로」. 『사회보장연구』 29(3): 273-297.
은수미. 2005. 「한국 노동운동의 정치세력화 유형연구: 노동운동과 시민운동의 관계구조 분석」. 서울대학교 사회학과 박사학위논문.
이계식. 1989. 「재정기능의 정상화와 조세부담의 증대가능성」. 『국가예산과 정책목표』. 심상달 · 이계식 편. 한국개발연구원.
이기영. 1994. 『政策金融制度의 現況, 效果分析 및 改善方向』. 한국조세연구원.
이두호 편. 1992. 『국민의료보장론』. 나남.
이만섭. 2009. 『5 · 16과 10 · 26: 박정희 · 김재규 그리고 나』. 나남.
이병천. 2003. 「개발독재의 정치경제학과 한국의 경험」. 『개발독재와 박정희시대: 우리시대의 정치경제적 기원』. 이병천 편. 창비.
이상이. 2014. 「증세 없는 복지국가, 안녕들 하십니까: 박근혜 정부의 조세정책과 복지정책」. 『시민과세계』 24: 84-98.
이소영. 2011. 「가계부채 현황 및 추이와 시사점」. 『KERI Insight』. 한국경제연구원.
이영환 · 신영임. 2010. 『2010년 세법개정안의 세수효과』. 국회예산정책처.
이용하 · 김원섭. 2013. 「인수위 기초연금 도입(안)에 대한 평가와 전망」. 『사회보장연구』 29(2): 1-25.
이우택. 1997. 「세무행정」. 『한국 조세정책 50년: 조세정책의 평가(제1권)』. 최광 · 현진권 편. 한국조세연구원.
이재은. 2008. 「한국경제의 현실과 이명박 정부 감세정책 비판」. 『시민과세계』 14: 211-239.
이정우. 1991. 「한국의 부, 자본이득과 소득불평등」. 『경제논집』 30(3): 327-364.
이준구. 2011. 『재정학』. 다산출판사.
이진순. 1990. 『韓國의 租稅政策』. 한국경제신문사.
이진순. 1991. 「조세정책」. 『韓國財政 40年史: 재정운용의 주요과제별 분석(제7권)』. 한국재정40년사편찬위원회 편. 한국개발연구원.
이창렬. 1970. 『韓國의 金融과 資本動員』. 고려대학교 아세아문제연구소.
이태수. 2015. 「보편적 복지논쟁 2라운드: 무상복지를 어떻게 볼 것인가?」. 『월간 복지동향』 195: 5-13.
이필우. 1996. 『개발독재와 재정환상』. 서울대학교출판부.
이형구 · 전승훈 편. 2003. 『조세 · 재정정책 50년 증언 및 정책 평가』. 한국조세연구원.
이혜경. 1992. 「권위주의적 자본주의 사회에서의 복지국가의 발달: 한국의 경험」. 『복지국가의 현재와 미래』. 한림과학원 편. 나남.
이혜경. 1993. 「한국의 소득보장제도: 압축성장의 한계와 탈도구화의 과제」. 『연세사회복지연구』 1: 63-92.
이혜경. 1995.「한국 사회복지정책의 현황과 발전방향」.『연세사회복지연구』 2: 125-146.
임혁백. 1992.「민주화 시대의 국가-시민사회 관계의 틀 모색: 국가, 시장, 민주주의」.『시민사회의 도전: 한국 민주화와 국가 · 자본 · 노동』. 임현진 · 최장집 편. 나남.
임현진. 1987.「보론: 종속이론의 한국적 적용」.『제3세계 자본주의 그리고 한국: 이론과 현실』. 임현진 편. 법문사.
임현진. 1998.「발전문제의 현황과 전망」.『지구시대 세계의 변화와 한국의 발전』. 임현진 편. 서울대학교출판부.
임현진. 2004.「다시 보는 부마항쟁: 민주화의 유산과 역사적 의의」.『전환기 한국의 정치와 사회: 지식, 권력, 운동』. 임현진 편. 집문당.
임현진 · 김병국. 1991.「노동의 좌절, 배반된 민주화: 국가 · 자본 · 노동관계의 한국적 현실」.『계간사상』 겨울호: 109-168.
임현진 · 송호근 편. 1995.『전환의 정치, 전환의 한국사회』. 사회비평사.
임현진 · 송호근. 1994.「박정희체제의 지배이데올로기」.『한국정치의 지배이데올로기와 대항이데올로기』. 역사문제연구소 편. 역사비평사.
장경섭. 2009.『가족 · 생애 · 정치경제: 압축적 근대성의 미시적 기초』. 창비.
장상환. 2010.「이명박 정부 감세정책 비판」.『사회과학연구』 28: 55-86.
재무부. 1974.『재무행정5년사』. 재무부.
재무부. 1979.『韓國稅制史』. 재무부.
재무부. 각년도.『한국의 재정통계』. 재무부.
재무부. 1989.『재정투융자백서』. 재무부.
재무부. 1990.『韓國附加價値稅制史』. 재무부.
재무부. 각년도.『재정금융통계』. 재무부.
재무위원회. 1974. 제90회 재무위원회 회의록 제6호, 8호, 11호, 12호, 17호.
재무위원회. 1975. 제94회 재무위원회 회의록 제8~10호.
재무위원회. 1976. 제96회 재무위원회 회의록 제13~18호.
재정금융30년사편찬위원회. 1978.『財政金融 三十年史』. 재정금융30년사편찬위원회.
재정경제부. 1999.「중산층 및 서민생활 안정대책」. 재정경제부 보도자료.
재정경제부. 2001.「금융 · 세제분야 중산층 재산형성 및 서민 생활안정 방안」. 재정경제부 보도자료.
저축추진중앙위원회. 1980.『한국인의 장기생활설계 연구: Life Cycle 모형에 의거』. 저축추진중앙위원회.
저축추진중앙위원회. 1984.「한국의 가계저축: 현황, 문제 및 대책」.『한국경제와 금융』. 김병주 · 박영철 편. 박영사.

전국경제인연합회. 1975.『新稅制의 內容과 問題点』. 전국경제인연합회.
전병목 · 안종석. 2005.『근로소득과 사업소득의 과세형평성에 관한 연구』. 한국조세연구원.
전창환. 2004.「1980년대 발전국가의 재편, 구조조정, 그리고 금융자유화」.『박정희 모델과 신자유주의 사이에서』. 유철규 편. 함께읽는책.
정무권. 1993.「국가자율성, 국가능력, 사회보장정책: 유신체제의 연금제도와 의료보험 정책을 중심으로」.『한국행정학보』 27(2).
정무권. 1996.「한국 사회복지제도의 초기형성에 관한 연구」.『한국사회정책』 3: 309-352.
정무권. 2002.「김대중 정부의 복지개혁과 한국 복지제도의 성격 논쟁에 대하여: 발전주의 유산과 복지개혁의 한계」.『한국 복지국가 성격 논쟁 1』. 김연명 편. 인간과복지.
정무권. 2007.「한국 발전주의 생산레짐과 복지체제의 형성」.『한국사회정책』 14(1): 256-307.
정무권 편. 2009.『한국 복지국가 성격 논쟁 II』. 인간과복지.
정용욱 · 정일준. 2004.「1960년대 한국 근대화와 통치양식의 전환: 군사정권의 등장과 권력/지식 관계의 변화를 중심으로」.『1960년대 한국의 근대화와 지식인』. 노영기 외 편. 선인.
정일준. 2004.「미국의 제3세계정책과 1960년대 한국사회의 근대화: 근대화이론의 제도화를 중심으로」.『1960년대 한국의 근대화와 지식인』. 노영기 외 편. 선인.
정해구. 2011.『전두환과 80년대 민주화운동: '서울의봄'에서 군사정권의 종말까지』. 역비.
제윤경 · 이헌욱. 2012.『약탈적 금융사회: 누가 우리를 빚지게 하는가』. 부키.
조동기. 2008.「중산층의 사회경제적 특성과 주관적 계층의식」.『기로에 선 중산층: 현실 진단과 복원의 과제』. 한국사회학회 편. 인간사랑.
조영재. 2008.「건강(의료)보험제도」.『한국의 복지정책 결정과정: 역사와 자료』. 양재진 편. 나남.
조영철. 2003.「재벌체제의 발전지배연합」.『개발독재와 박정희시대: 우리 시대의 정치경제적 기원』. 이병천 편. 창비.
조영훈. 2002.「'생산적 복지론'과 한국 복지국가의 미래」.『한국 복지국가 성격 논쟁 1』. 김연명 편. 인간과복지.
조영훈. 2009.「자유주의 복지유형으로서의 한국 복지국가: 민영보험의 상대적 발달을 중심으로」.『한국 복지국가 성격 논쟁 II』. 정무권 편. 인간과복지.
조효래. 1995.「민주화 이행과 민주적 공고화: 한국과 브라질, 에스파냐의 비교」.『전환의 정치, 전환의 한국사회』. 임현진 · 송호근 편. 사회비평사.
조흥식. 2015「사회복지정책 제도의 변화와 전망」.『우리 복지국가의 역사적 변화와 전망』. 김병섭 외. 서울대학교출판문화원.
주태산. 1998.『경제 못 살리면 감방간대이: 한국의 경제부총리, 그 인물과 정책』. 중앙 M&B.
중화학공업추진위원회기획단. 1973.『중화학공업 육성계획』. 중화학공업추진위원회기획단.
지명관. 1996.『한국을 움직인 현대사 61장면』. 다섯수레.
지주형. 2011.『한국 신자유주의의 기원과 형성』. 책세상.
참여정부 국정브리핑 특별기획팀. 2009.『노무현과 참여정부 경제 5년』. 한스미디어.
최광. 1988.「개인소득세 구조의 개편과 과제」.『국회보』(1988년 9월) 263호.
최광. 1989.「한국사회의 경제갈등과 조세정책: 세출정책 및 재정운용의 문제를 중심으로」.『현대사회』 35.
최광. 1991.「특별회계 및 기금」.『韓國財政 40年史: 재정운용의 주요과제별 분석(제7권)』. 한국재정40년사편찬위원회 편. 한국개발연구원.
최광 편. 1983.『재정통계자료집』. 한국개발연구원.
최균. 1992.「한국 기업복지의 전개와 성격」.『경제와사회』 16: 46-61.
최균. 2002.「한국 노동시장 구조의 분절과 기업복지 급여의 불평등」.『동향과 전망』 53: 172-206.
최장집. 1993.『한국 민주주의의 이론』. 한길사.
최장집. 1996.『한국 민주주의의 조건과 전망』. 나남.
최장집. 1997.『한국의 노동운동과 국가』. 나남.
최장집. 2005.「사회적 시민권 없는 한국 민주주의」.『위기의 노동: 한국 민주주의의 취약한 사회경제적 기반』. 최장집 편. 후마니타스.
최장집 · 박상훈. 2010.『민주화 이후의 민주주의: 한국 민주주의의 보수적 기원과 위기(개정2판)』. 후마니타스.
최저임금심의위원회. 1997.『(최저임금)심의편람』. 최저임금심의위원회.
통계청. 각년도.『도시가계조사』. 통계청.
한국개발연구원. 1983.『재정통계자료집』. 한국개발연구원.
한국개발연구원. 1991.『재정통계자료집』. 한국개발연구원.
한국경제연구원. 1985.『가계저축증대를 위한 조세정책』. 한국경제연구원.
한국경제60년사편찬위원회. 2010.『한국경제 60년사 V: 사회복지 · 보건』. 한국경제60년사편찬위원회.
한국금융연구원. 2013.『가계부채백서』. 한국금융연구원.
한국은행. 1972.『저축총람』. 한국은행.
한국은행. 2012.『부채경제학과 한국의 가계 및 정부부채』. 한국은행.
한국주택은행. 1988.『各種 公共資金의 住宅資金化에 대한 硏究: 싱가포르篇』. 한국

주택은행 조사부.
한국보건사회연구원. 1988.『최저생계비 계측조사연구』. 한국보건사회연구원.
한국보건사회연구원. 1994.『최저생계비 계측조사연구』. 한국보건사회연구원.
한국은행. 1975.『저축총람』. 한국은행.
한국은행. 1978.『저축총람』. 한국은행.
한국은행. 1988.『저축총람』. 한국은행.
한국은행. 각년도.『경제통계연보』. 한국은행.
한국은행기금운용부. 1989.『국민투자기금총람』. 한국은행.
한국은행저축부. 1969.『저축과 성장』. 한국은행저축부 편. 한국은행.
한국은행저축부. 1976.『저축시장조사』. 한국은행.
한국은행저축부. 1977.『최신 서독의 재산형성제도와 그 정책 방향』(자료 제74호, 1977.3). 한국은행.
한국응용통계연구소. 1976.『재산형성저축 해설: 저축증대와 근로자재산형성지원에 관한 법률』. 한국응용통계연구소.
한국조세연구원. 1997.『한국 조세정책 50년: 소득세 자료집(제3권)』. 한국조세연구원.
한배호. 1994.『韓國政治變動論』. 법문사.
한상진. 1983.「권위주의와 한국사회」.『한국사회의 전통과 변화』. 서울대학교 사회학연구회. 법문사.
한승수. 1982.『조세부담의 측정과 적정부담률에 관한 연구』. 한국개발연구원.
한완상 · 권태환 · 홍두승. 1987.『한국의 중간계급: 이행기 한국사회의 조사자료집』. 한국일보사.
허은. 2010.「사회개발 전략과 쟁점」.『韓國史學報』38: 213-248.
현대경제연구원. 2011.「한국 중산층의 구조적 변화: 1990년 이후 소득 및 소비구조의 변화」.『연금시장리뷰』47.
현진권 · 나성린. 1996.「소득세와 부가가치세의 형평성 측정: 근로자가구와 자영업가구의 세부담 차이를 중심으로」.『조세정책과 소득재분배』. 현진권 편. 한국조세연구원.
홍경준. 1999.『한국의 사회복지체제 연구』. 나남.
홍두승. 2005.『한국의 중산층』. 서울대학교출판부.
홍두승 · 이동원. 1993.『집합주거와 사회환경: 소형 아파트단지 과밀의 사회적 함의』. 서울대학교출판부.
홍민기. 2009.『국민연금이 노동공급과 저축에 미치는 영향』. 한국노동연구원.
홍영기. 2004.「위기 이후 금융시스템 전환의 성격과 한계」.『위기 이후 한국자본주의』. 전창환 · 김진방 편. 풀빛.
황성현. 2009.「정부 1년의 조세 · 재정정책의 평가와 향후 정책방향」.『한국경제연구』

25: 259-304.
황정미. 2001. 「여성정책에 관한 연구: 1960~70년대 한국 부녀행정을 중심으로」. 서울대학교 사회학과 박사학위논문.
岡田和喜. 1996. 『貯蓄奨励運動の史的展開: 少額貯蓄非課税制度の源流』. 同文館.
金子勝. 1991. 「企業社会の形成と日本社会: 「資産所有民主主義」の帰結」. 『現代日本社会 5 構造』. 東京大学社会科学研究所 編. 東京大学出版会.
柴垣和夫. 1985. 「日本の福祉金融: 非課税貯蓄制度と住宅金融を中心に一」. 『福祉国家 5: 日本の経済と福祉』. 東京大学社会科学研究所 編. 東京大学出版会.
野口悠紀雄. 1995. 『1940年体制: さらば「戦時経済」』. 東洋経済新報社.
新川敏光. 2005. 『日本型福祉レジームの発展と変容』. ミネルバ書房.
日本経営者団体連盟事務局. 1992. 『福利厚生費調査結果報告(平成二年度)』. 日本経営者団体連盟事務局.

Aboderin, I. 2003. ""Modernization" and economic strain: The impact of social change on material family support for older people in Ghana." in *Global Aging and Challenges to Families*, edited by V. Bengtson and A. Lowenstein. New York: Aldine De Gruyter.
Arrighi, G. 1994. *The Long Twentieth Century: Money, Power, and the Origins of Our Times*. London: Verso.
Baldwin, P. 1990. *The Politics of Social Solidarity: Class Bases of the European Welfare State, 1875-1975*. Cambridge: Cambridge University Press.
Bird, R. M. and L. H. De Wulf. 1973. "Taxation and income distribution in Latin America: A critical review of empirical studies." *Staff Papers-International Monetary Fund* 20(3): 639-682.
Bläckburn, R. 2003. *Banking on Death: Or Investing in Life: The History and Future of Pensions*. London: Verso.
Block, F. 1981. "The fiscal crisis of the capitalist state." *Annual Review of Sociology* 7: 1-27.
Block, F. 1987. "The ruling class does not rule: Notes on the marxist theory of the state." in *Revising State Theory: Essays in Politics and Postindustrialism*, edited by F. Block. Philadelphia: Temple University Press.
Boje, T. 1996. "Welfare state models in comparative research: Do the models describe the reality?" Comparative welfare systems: The Scandinavian model in a period of change, edited by B. Greve. Palgrave Macmillan.
Brautigam, D., O. H. Fjeldstad, and M. Moore. 2008. *Taxation and State-Building in Developing Countries: Capacity and Consent*. Cambridge: Cambridge University Press.

Calder, K. E. 1990. "Linking welfare and the developmental state: Postal savings in Japan." *Journal of Japanese Studies* 16(1): 31-59.

Cardoso, F. H. 1979. "On the characterisation of authoritarian regimes in Latin America." in *The New Authoritarianism in Latin America*, edited by D. Collier. Princeton: Princeton University Press.

Castles, F. G. 1998. "The really big trade-off: Home ownership and the welfare state in the new world and the old." *Acta Politica* 33: 5-19.

Chang, K. S. 2011. "Developmental citizenship in perspective: The South Korean case and beyond." in *Contested Citizenship in East Asia: Developmental Politics, National Unity and Globalization*, edited by K. S. Chang and B. Turner. London: Routledge.

Collier, D. 1979. "Overview of the bureaucratic-authoritarian model." pp. 19-32 in *The New Authoritarianism in Latin America*, edited by D. Collier. Princeton: Princeton University Press.

Collier, R. B. and D. Collier. 1991. *Shaping the Political Arena: Critical Junctures, the Labor Movement, and Regime Dynamics in Latin America*. Princeton: Princeton University Press.

Crouch, C. 2011. *The Strange Non-Death of Neo-Liberalism*. Cambridge: Polity Press.

Cumings, B. 1989. "The abortive abertura: South Korea in the light of Latin American experience." *New Left Review* 173: 5-32.

Deyo, F. C. 1992. "The political economy of social policy formation: East Asia's newly industrialized countries." in *States and Development in the Asian Pacific Rim*, edited by Richard P. Appelbaum and J. W. Henderson. London: Sage.

Doling, J. and R. Ronald. 2010. "Home ownership and asset-based welfare." *Journal of Housing and the Built Environment* 25(2): 165-173.

Esping-Andersen, G. 1990. *The Three Worlds of Welfare Capitalism*. London: Polity Press.

Estévez-Abe, M. 2008. *Welfare and Capitalism in Postwar Japan: Party, Bureaucracy, and Business*. Cambridge: Cambridge University Press.

Evans, P. 1995. *Embedded Autonomy: States and Industrial Transformation*. Princeton: Princeton University Press.

Flora, P. and J. Alber. 1981. "Modernization, democratization, and the development of welfare states in Western Europe." pp. 37-80 in *The Development of Welfare States in Europe and America*, edited by P. Flora and A. Heidenheimer. London: Transaction Books.

Fujihira, S. 2000. *Conscripting Money: Total War and Fiscal Revolution in the Twentieth Century: The Dissertation in the Department of Politics*. Princeton: Princeton University Press.

Ganghof, S. 2006. "Tax mixes and the size of the welfare state: Causal mechanisms and policy implications." *Journal of European Social Policy* 16(4): 360-373.

Garon, S. 1998. *Molding Japanese Minds: The State in Everyday Life*. Princeton: Princeton University Press.

Garon, S. 2002. "Saving for "my own good and the good of the nation": Economic nationalism in modern Japan." pp. 97-114 in *Nation and Nationalism in Japan*. London: Routledge.

Garon, S. 2010. "State and family in modern Japan: A historical perspective." *Economy and Society* 39(3): 317-336.

Genschel, P. 2002. "Globalization, tax competition, and the welfare state." *Politics and Society* 30(2): 245-275.

Gerschenkron, A. 1962. *Economic Backwardness in Historical Perspective*. Cambridge: Harvard University Press.

Giddens, A. 1985. *The Nation-State and Violence*. Berkeley and L. A: University of Caifornia Press.

Goodman, R. and G. White. 1998. "Welfare orientalism and the search for an East Asian welfare model," edited by R. Goodman, G. White and H. Kwon.*The East Asian Welfare Model: Welfare Orientalism and the State*. London: Routledge.

Gough, I. 1979. *The Political Economy of the Welfare State*. London: MacMillan Publishing Company.(김연명 · 이승욱 역. 1990. 『복지국가의 정치경제학』. 한울)

Groves, R., A. Murie, and C. J. Watson. 2007. "The property owning welfare state." in *Housing and the New Welfare State: Perspectives fron East Asia and Europe*, edited by R. Groves, A. Murie, and C. J. Watson. England: Ashgate Publishing Ltd.

Hacker, J. S. 2002. *The Divided Welfare State: The Battle Over Public and Private Social Benefits in the United States*. New York: Cambridge University Press.

Hacker, J. S. 2005. "Policy drift: The hidden politics of U.S. welfare state retrenchment." pp. 40-82 in *Beyond Continuity: Institutional Change in Advanced Political Economies*, edited by W. Streeck and K. Thelen. Oxford: Oxford University Press.

Haggard, S. 1990. *Pathways from the Periphery: The Politics Of Growth In The Newly Industrializing Countries*. Ithaca: Cornell University Press.(박건영 · 강문구 · 양길현 역. 1994. 『주변부로부터의 오솔길: 신흥 공업국의 정치경제학』. 문학과지성사)

Haggard, S. and R. R. Kaufuman. 2008. *Development, Democracy, and Welfare States: Latin America, East Asia, and Eastern Europe*. Princeton: Princeton University Press.

Herb, M. 2005. "No representation without taxation? rents, development, and democracy." *Comparative Politics* 37(3): 297-316.

Hirayama, Y. 2010. "The role of home ownership in Japan's aged society." *Journal of*

Housing and the Built Environment 25(2): 175-191.

Holliday, I. 2000. "Productivist welfare capitalism: Social policy in East Asia." *Political Studies* 48(4): 706-723.

Im, H. B. 1987. "The rise of bureaucratic authoritarianism in South Korea." *World Politics* 39(2): 231-257.

Ingham, G. 2008. *Capitalism*. London: Polity Press.

Johnson, C. A. 1982. *MITI and the Japanese Miracle: The Growth of Industrial Policy, 1925-1975*. Stanford: Stanford University Press.(김태홍 역. 1983. 『通産省과 日本의 奇蹟: 현대 일본의 경제참모본부』. 우아당)

Jones, C. 1990. "Hong Kong, Singapore, South Korea and Taiwan: Oikonomic welfare states." *Government and Opposition* 25(4): 446-462.

Jones, C. 1993. "The pacific challenge: Confuncion welfare states." in *New Perspectives on the Welfare State in Europe*, edited by C. Jones. London: Routledge.

Kato, Junko. 2003. *Regressive Taxation and the Welfare State: Path Dependence and Policy Diffusion*. New York: Cambridge University Press.

Kemeny, J. 2005. ""The Really Big Trade off" between home ownership and welfare: Castles' evaluation of the 1980 thesis, and a reformulation 25 years on." *Housing, Theory & Society* 23(1): 59-75.

Kim, P. H. 2010. "The East Asian welfare state debate and surrogate social policy: An exploratory study on Japan and South Korea." *Socio-Economic Review* 8(3): 411-435.

Koo, H. 1993. "Strong state and contentious society." in *State and Society In Contemporary Korea*, edited by H. Koo. New York.: Cornell University Press.

Krippner, G. R. 2011. *Capitalizing on Crisis: The Political Origins of the Rise of Finance*. Cambridge, Mass.: Harvard University Press.

Kwon, H. 1999. *The Welfare State in Korea*. London: St. Martin's Press.

Kwon, K. 2011. "Manufacturing the animal laborans: Moral campaigns for economic development in Japan and Korea." *The Dissertation in Department of Sociology*. The University of Wisconsin-Madison.

Langley, P. 2006. "The making of investor subjects in Anglo-American pensions." *Environment and Planning D*. 24(6): 919-934.

Lewis, J. 1992. "Gender and the development of welfare regimes." *Journal of European Social Policy* 2(3): 159-173.

Lim, H. C. 1985. *Dependent Development in Korea, 1963-1979*. Seoul: Seoul National University Press.

Linz, J. J. 1970. "An authoritarian regime: Spain." pp. 251-283 in *Mass Politics: Studies in Political Sociology*, edited by E. Allardt and S. Rokkan. New York: Free Press.

Mahoney, J. 2000. "Path dependence in historical sociology." *Theory and Society* 29(4): 507-548.

Mahoney, J. and K. Thelen. 2010. *Explaining Institutional Change: Ambiguity, Agency and Power*. Cambridge: Cambridge University Press.

Macpherson, C. B. 1964. *The Political Theory of Possessive Individualism: Hobbes to Locke*. Oxford: Oxford University Press.(황경식 · 강유원 역. 1990. 『(홉스와 로크의) 사회철학: 소유적 개인주의의 정치이론』. 박영사)

Mainwaring, S. 1992. "Transitions to democracy and democratic consolidation: theoretical and comparative issues." in *Issues in Democratic Consolidation: The New South American Democracies in Comparative Perspective*, edited by S. Mainwaring and G. O'Donnell. Indiana: University of Notre Dame Press.

Malpass, P. 2008. "Housing and the new welfare state: Wobbly Pillar or cornerstone?" *Housing Studies* 23(1): 1-19.

Mann, M. 1988. "Ruling class strategies and citizenship." in *States, War and Capitalism: Studies in Political Sociology*, edited by M. Mann. New York: Basil Blackwell.

Martin, I. W., A. K. Mehrotra, and M. Prasad. 2009. "The thunder of history: The origins and development of the new fiscal sociology." pp. 1-27 in *The New Fiscal Sociology: Taxation in Comparative and Historical Perspective*, edited by I. W. Martin, A. K. Mehrotra, and M. Prasad. Cambridge: Cambridge University Press.

Minns, R. 2001. *The Cold War in Welfare: Stock Markets Versus Pensions*. London: Verso.

Moore, M. 2004. "Revenues, state formation and the quality of governance in developing countries." *International Political Science Review* 25(3): 297-319.

Musgrave, R. A. 1965. *Revenue Policy for Korea's Economic Development*. Seoul. (재무부 역. 1965. 『韓國의 經濟開發을 爲한 歲入政策』. 財務部 司稅局)

O'Connor, J. S., A. S. Orloff, S. Shaver. 1999. *States, Markets, Families: Gender, Liberalism and Social Policy in Australia, Canada, Great Britain and the Unites States*. Cambridge: Cambridge University Press.

O'Donnell, G. 1973. *Modernization and Bureaucratic-Authoritarianism: Studies in South American Politics*. Berkeley: University of California Press.

O'Donnell, G. 1992. "Transitions, continuities, and paradoxes." in *Issues in Democratic Consolidation: The New South American Democracies in Cmparative Perspective*, edited by S. Mainwaring, G. O'Donnell, and J. S. Valenzuela. Indiana: University of Notre Dame Press.

O'Donnell, G., P. C. Schmitter, and L. Whitehead. 1986. *Transitions from Authoritarian Rule: Comparative Perspectives*. Baltimore: Johns Hopkins University Press.

O'Higgins, M. 1986. "Public/private interaction and pension provision." pp. 99-148 in *Public/Private Interplay in Social Protection: A Comparative Study*, edited by M. Rein and L. Rainwater. London: M.E. Sharpe.

OECD. 2014. *Taxing Wage*. OECD.

OECD. 2015. *National Accounts at a Glance 2015*. OECD.

Offe, C. 1984. *Contradictions of the Welfare State*, edited by John Keane. Cambridge: The MIT Press.

Orlean, A. 1999. *Le Pouvoir de la Finance*. Odile Jacob.(坂口明義 · 清水和巳 訳. 2001. 『金融の権力』. 藤原書店)

Orloff, A. 1993. "Gender and the social rights of citizenship: The comparative analysis of gender relations and welfare states." *American Sociological Review* 58(3): 303-328.

Park, G. 2011. *Spending without Taxation: FILP and the Politics of Public Finance in Japan*. Stanford: Stanford University Press.

Peacock, A. T. and J. Wiseman. 1961. *The Growth of Government Expenditures in the United Kingdom*. Princeton: Princeton University Press.

Peng, I. and J. Wong. 2008. "Institutions and institutional purpose: Continuity and change in East Asian social policy." *Politics & Society* 36(1): 61-88.

Peng, I. and J. Wong. 2010. "East Asia." in *The Oxford Handbook of the Welfare State*, edited by F. G. Castles, S. Leibfried, J. Lewis, H. Obinger, and C. Pierson. Oxford: Oxford University Press.

Pierson, C. 2006. *Beyond the Welfare State?: The New Political Economy of Welfare*. London: Polity Press.

Pierson, P. 1993. "When effect becomes cause: Policy feedback and political change." *World Politics* 45(4): 595-628.

Pierson, P. 1994. *Dismantling the welfare state?: Reagan, Thatcher, and the politics of retrenchment*. Cambridge: Cambridge University Press.

Pierson, P. 2004. *Politics in Time: History, Institutions, and Social Analysis*. Princeton: Princeton University Press.

Poggi, G. 1978. *The Development of the Modern State: A Sociological Introduction*. Stanford: Stanford University Press.(박상섭 역. 1995. 『근대국가의 발전』. 민음사)

Poulantzas, N. 1978. *Political Power and Social Classes*. London: Verso.(홍순권 · 조형제 역. 1996. 『정치권력과 사회계급』. 풀빛)

Prabhakar, R. 2009. "The assets agenda and social policy." *Social Policy & Administration* 43(1): 54-69.

Prasad, M. 2006. *The Politics of Free Markets: The Rise of Neoliberal Economic Policies in Britain, France, Germany, and the United States*. Cambridge: Cambridge University

Press.

Ramesh, M. 2004. "Globalisation and social security expansion in East Asia." in *States in the Global Economy*, edited by L. Weiss. Cambridge: Cambridge University Press.

Rein, M. and L. Rainwater. 1986. *Public/Private Interplay in Social Protection: A Comparative Study*. New York: ME Sharpe.

Ronald, R. 2008. *The Ideology of Home Ownership: Homeowner Societies and the Role of Housing*. Basingstoke; New York: Palgrave Macmillan.

Ross, M. L. 2001. "Does oil hinder democracy?" *World Politics* 53(3): 325-361.

Rueschemeyer, D., E. H. Stephens, and J. D. Stephens. 1992. *Capitalist Development and Democracy*. Chicago: University of Chicago Press.(박명림 · 조찬수 · 권혁용 역. 1997. 『자본주의 발전과 민주주의: 민주주의의 비교역사 연구』. 나남)

Schwartz, H. and L. Seabrooke. 2008. "Varieties of residential capitalism in the international political economy: Old welfare states and the new politics of housing." *Comparative European Politics* 6(3): 237-261.

Schumpeter, J. 1991[1918]. *The Crisis of the Tax State. Joseph A. Schumpeter: The Economics and Sociology of Capitalism*, edited by R. Swedberg. Princeton: Princeton University Press.

Sherraden, M. 1995. "Social policy based on assets: The impact of Singapore's Central Provident Fund." *Asian Journal of Political Science* 3(2): 112-133.

Skocpol, T. 1992. *Protecting Soldiers and Mothers: The Political Origins of Social Policy in the United States*. Cambridge, Mass.; London, England: Belknap Press of Harvard University Press.

Steinmo, S. 1993. *Taxation and Democracy: Swedish, British and American Approaches to Financing the Modern State*. New Haven: Yale University Press.

Steinmo, S. 2010. *The Evolution of Modern States: Sweden, Japan and the United States*. Cambridge: Cambridge University Press.

Steinmo, S., K. Thelen, and F. Longstreth. 1992. *Structuring Politics: Historical Institutionalism in Comparative Analysis*. Cambridge: Cambridge University Press.

Stiglitz, J. E. and M. Uy. 1996. "Financial markets, public policy, and the East Asian miracle." *The World Bank Research Observer* 11(2): 249-276.

Streeck, W. 2014. *Buying Time: The Delayed Crisis of Democratic Capitalism*. London: Verso.

Streeck, W. and K. Thelen. 2005. "Introduction: Institutional change in advanced political economies." in *Beyond Continuity: Institutional Change in Advanced Industrial Economies*, edited by W. Streeck and K. Thelen. Oxford: Oxford University Press.

Thelen, K. 1999. "Historical institutionalism in comparative politics." *Annual Review of Political Science* 2(1): 369-404.

Thelen, K. 2004. *How Institutions Evolve: The Political Economy of Skills in Germany, Britain, the United States, and Japan*. Cambridge: Cambridge University Press.

Tilly, C. 1990. *Coercion, Capital and European Sstates, AD 990-1990*. Oxford: Wiley-Blackwell.

Tilly, C. 2007. *Democracy*. Cambridge: Cambridge University Press.

Titmuss, R. M. 1976. *Essays on 'The Welfare State'* (Third Edition). London: Allen & Unwin.

Torgersen, U. 1987. "Housing: the wobbly pillar under the welfare state." *Between State and Market: Housing in the Post-industrial Era* 4: 116-127.

Valenzuela, J. S. 1992. "Democratic consolidation in post transitional setting." in *Issues in Democratic Consolidation: The New South American Democracies in Comparative Perspective*, edited by S. Mainwaring and G. A. O'Donnell. Indiana: University of Notre Dame Press.

Vittas, D. and Y. J. Cho. 1996. "Credit Policies: Lessons from Japan and Korea." *The World Bank Research Observer* 11(2): 277-298.

Watson, M. 2009. "Planning for a future of asset-based welfare? New Labour, financialized economic agency and the housing market." *Planning Practice and Research* 24(1): 41-56.

Wearer, R. K. 1986. "The politics of blame avoidance." *Journal of Public Policy* 6(4): 371-398.

Weir, M., A. Orloff, and T. Skocpol. 1988. *The Politics of Social Policy in the United States*. Princeton: Princeton University Press.

Wilensky, H. 2002. *Rich Democracies: Political Economy, Public Policy, and Performance*. Berkeley: University of California Press.

Woo, J. 1991. *Race to the Swift: State and Finance in Korean Industrialization*. New York: Berkeley: Columbia University Press.

Woo-Cumings, M. ed. 1999. *The Developmental State*. Ithaca: Cornell University Press.

Woo, M-S. 2004. *The Politics of Social Welfare Policy in South Korea*. New York: University Press of America.

찾아보기

ㄴ

ㄷ

ㄹ

ㅁ

ㅇ

ㅈ

ㅊ

ㅋ

ㅌ

ㅍ

ㅎ

발간사

다가오는 미래가 아시아의 시대가 될 것이라는 인식은 이제 우리에게 그리 새롭지는 않습니다. 그렇다면 우리에게 주어진 과제는 한국인과 한국사회는 어떤 존재로서 아시아의 시대를 살아가고자 하는가 하는 질문을 통해 우리와 남의 모습을 상상하고, 우리와 남의 관계에 대한 그림을 그리고, 그것들을 실천하는 일일 것입니다.

그러나 아시아의 시대가 온다고 해서 아시아 사람들이 저절로 잘 살게 되는 것도, 아시아가 저절로 평화롭고 정이 넘치는 공동체가 되는 것도 아닐 것입니다. 그러므로 우리는 아시아 지역을 살아가는 사람들이 어떤 공동체를 만들어가고 싶은가, 아시아 공동체가 잘 되면 인류에게 무슨 도움이 되는 것인가 하는 질문을 해야 하지 않을까 싶습니다. 오히려 아시아의 시대가 왔다고 생각하기 시작한 지난 20여 년 간 아시아 내부의 갈등과 적대, 민족주의와 인종차별 등은 더 심해지고 있다는 착각이 듭니다. 그것을 착각이라고 생각하는 까닭은 외양으로 보면 그렇게 보이지만, 실제 내부에서 일어나는 현상을 찬찬히 살펴보면, 아시아 내부의 상호이해와 교류가 느리지만 거대한 규모로 일어나고 있다고 믿기 때문입니다. 지표면에서 보면 날씨 변화도 심하고 지진도 자주 일어나지만, 땅속 깊은 곳에서 아시아의 시대를 만들어가는 지하수의 물줄기가 형성되고 있는 것 아닌가 싶습니다.

20세기 유럽과 미국이 축적한 자연과학과 인문·사회과학 등 근대의 학문적 지식은 인류 문명의 새로운 길을 열었고, 인류의 행복과 안정에 커다란 기여를 했습니다. 물론 제국주의 지배와 전쟁, 차별과 빈곤을 동시에 가져다주기도 했습니다. 아시아의 세기는 서양의 근대를 넘어서서 새로운 '근대 이후'를 만들어나가는 일이어야 합니다.

지식의 생산과 공유, 인재 양성을 책임지고 있는 대학이라는 공간에서 아시아에 대한 어떤 지식을 생산하고, 아시아에 대해 무엇을 어떻게 가르칠 것인가 하는 문제의식이야말로 서울대학교 아시아연구소에 주어진 책무일 것입니다. 서울대학교 아시아연구소는 2009년 9월 출범한 이래 지역과 주제의 결합에 기초한 아시아 연구의 세계적 허브 구축을 목표로 아시아 연구 기반 구축과 우수 연구활동 지원 등의 다양한 학술 활동을 진행해왔습니다. 특별히 아시아에 대한 지식 생산의 기반을 다지는 작업으로서, 우수한 기초 연구 활성화를 위해 노력해왔습니다.

서울대학교 아시아연구소총서는 바로 이러한 학문적 노력의 결실입니다. 앞으로도 서울대학교 아시아연구소는 국내외 연구자들의 우수한 연구를 지원하여 그 결과물을 지속적으로 발간해나갈 것입니다. 이러한 아시아연구소총서가 아시아의 시대를 열어가는 데 필요한 기반을 만드는 중요한 지적 자산이 되기를 기대합니다. 이를 바탕으로 아시아 시대를 만들어가는 지하수를 실증적으로 드러내고, 아시아 내부의 상호 이해와 교류를 넓혀갈 수 있길 바랍니다.

서울대학교 아시아연구소